中田 雅敏 著

忘れられた作家・忘れられない作品

新 典 社

目次

第二章　放浪と立志そして破滅へ

第三章　裸の自分を書く

第四章　新生日本と新しい生き方

第七章　昭和の終焉と青春の喪失

序章　文学に書かれた家庭

作家と作品の中の家庭

家庭における子へのしつけ教育は人類の発生と同時に始まったと考えられる。それは古代文学の中にあまた見出すことができる。『万葉集』の山上憶良の歌からは親子愛や貧者に寄せる心境、あるいは『古事記』や『日本書紀』の神話からは愛憎の問題、婚姻の形態などが手にとるように見えてくる。また『常陸国風土記』や『豊後国風土記』『日本霊異記』などでは各地の生活や職業や、それに伴なう母子関係、夫婦の関係性、子供の問題、など全てを含んで語られている。精神医学や発達心理学の面からの照射も考えられる。母子不分離症、過干渉、過保護などの問題もある。平安朝時代の『竹取物語』の中にも「産むための性を強いられる女性像」が描かれている。また『落窪物語』や『住吉物語』では継娘いじめ、継息子いじめの話もある。折檻や体罰、性的虐待など現代社会に通じる話が続出するが、それを子育てや教育の面から見れば現代の家政学にあたる「成女戒」と見做すことができる。虐待という言葉は現代では大きな社会問題となるが、かつては親による子へのいじめなくしては正常に子を生育させ、押し立てることができない大切な教育と考えられていた。『うつほ物語』は継息子いじめの物語であるが、これも子育て教育という点から論じれば、家を存続させ家職を継承させる伝統文化や日本文化、工芸文化などの継承と伝承に関わる凄まじい物語という見方も成立する。

近年父親の家事の従事や、父親の子育て、あるいは父親の家庭教育などへの参加が語られているが、こうした事例は古くは『平家物語』や『十訓抄』にも傅役という男性の養育係として見出せるし、幕末には勝海舟という傑物を育てた父親勝小吉の書いた『夢酔独言』にも詳述されている。総じて文学は家庭教育の宝庫である。そこで本書では文学作品の中から家という存在や子と親との関係性をめぐる問題について考えてみたい。

文学が社会に与える影響には大きな力がある。またその影響力は時には社会の習慣や風俗、生活そのものまでも変化させてしまう威力を有しているということもできる。たとえば戦後文学の特色ある作家として石坂洋次郎と石川達三の二人があげられるであろう。昭和三十年代の風俗、若者の生き方、ファッションについては石原慎太郎の『太陽の季節』が大きく影響した。他に戦後は田村泰次郎の『肉体の門』が戦後風俗を描写し、戦中は永井荷風が『地獄の花』など私娼窟に生きる日陰の女達を描いた。昭和三十年代、四十年代の三島由紀夫の『美徳のよろめき』『豊饒の海』などはいずれも社会現象となった。三島の『豊饒の海』の最終巻「天人五衰」は知識の否定と反学問の姿勢にほかならない作品ということもできる。こうした作品が社会認識を変え、そうした認識を持った人々が家庭や地域の在り方にも大きな変貌をもたらしたことは間違いない。本来文学は娯楽であり、一時的に快感をもたらすものと考えれば、文学は人間の生き方や在り方にとっては無益な品でしかないとも思えるし、またある場合は害をもなす品々でもある。

かつて話題を呼んだ青木冨貴子『７３１』は戦後六十年以上を経ても戦後がいまだに終焉していないことを改めて痛感させられた。このことは昭和三十二年（一九五七年）に遠藤周作が書いた『海と毒薬』が、戦後の日常生活の中に戦争の影が色濃く宿していることを、人体実験という事例を通して四十数年前に指摘していた。それにもかかわらず、解消されていないということを裏付けたということもできる。小島信夫、吉行淳之介、安岡章太郎、庄野潤三、遠藤周作らが昭和三十年から四十年代にかけて発表した作品には、ありふれた日常生活に潜む種々の陰影が書き込まれている。戦後の日本の在り方や占領下の影、家族意識や男女関係の変容、住宅や道路建設と自然破壊、高度成長期の繁栄と不安、現代の社会状況の発生や発端が随所に胚胎している。小島信夫の『抱擁家族』と庄野潤三の『夕べの雲』は昭和四十年（一九六五年）の作でありながらまったく異なる家族・家庭環境を描いている。核家族化した家庭それぞれの営みの中で見えてくる個々における具体的な様相や、家庭内で発生する確執やわだかまりなどの一つ一つが戦後日本の相貌を様々な角度から照射している。

文部科学省が英語教育を小学校三年生から、小学校五年生から教科化し早期導入することを決定すると「それは必要なのか」という論議が話題となったが、昭和三十五年に小島信夫は

『アメリカン・スクール』という作品で、この時から今に続いている日本の英語教育の固定化に対して、均質化され制度化された戦後の言語空間の欺瞞性を明るみにしている。戦後の七十年間でゆきすぎた性の解放や民主化に対する欺瞞性を、日常生活のことがらを英語の発音とカタカナ表記にすることによって巧みに変質させていったと説いている。そうした日常生活語を英語化してゆく対英政策の欺瞞をも鋭く指摘したのであった。この年代の作家の特徴は高度経済成長期における国民の労働力の要請と物質的欲求の充足を促すために大衆的均質性を持たせる役割を担って作品を書き続けたことにある。一方昭和五十三年に発表された吉行淳之介の『夕暮まで』という性風俗や社会通念を描いた作品は、高度経済成長期という時代の中で民主主義国家へと国民意識を統合させてゆく庶民意識を描き続け、繁栄の中の風俗意識を称して「夕暮れ族」という流行語を生むほどの弛緩した性解放社会を指摘している。それ以上に、時代の意識が社会的なものによる中途半端な公共性よりも、私利私欲を充足させる公共性の可能性が国民全体の日常感覚を麻痺させてゆく過程を臨場感を持って描き出している。この作品が社会の通念や、道徳観、倫理観などを消去させる感覚を与えたとするならば、今日の頽廃化された男女間の倫理や規範、道徳などに大きな変化をもたらしたということになる。

昭和六十年代からは社会性や社会問題を追及する作品描写の方向性は失われ、極めて個人あるいは個人の内面を追及する方法へと大きく転換してゆくこととなる。従って、その後の文学は自らの感覚で日常の中に発見できるものを、その都度回収し再構成するという描写方法で個人の内面への照射に向けられてゆくようになる。一人称の主人公が語る限定された世界を読者に提示する現代小説の方法は、主人公と読者とで親密な共犯関係を結ぶことで、現在その時点の極めて複雑化した世界が読者に覗けるように仕組まれている。庄野潤三の『静物』という小説は妻の睡眠薬服用による夫婦の危機が描かれ、さりげない日常のひとこまである、妻や子供たちとの家庭生活の「この時」や「この瞬間」などが二度と経験できなくなる風景を描いている。現代社会を構成している核家族の脆弱さや絆の薄さを見事に追求した描写は、現代小説の方向性を明確に提示している。日常の生活がいつ崩壊するかもしれない不安、変容する現実の不確かさ、流れゆく日常に生起するある凝縮した一瞬が人智を超越した神秘性、神秘的領域に到る普遍性を獲得する企てとして描かれ、日常を超越する企てを希求する現代人の不安を描く小説の特異性を提示している。

また別の見方をすれば、今日の活字離れ、文学の衰退、国語能力の低下、語彙力の不足、これらは現代を生きる私達に共通する現象であるが、現代の小説が日常性を超越した世界、バーチャルな物の世界に飛躍する状況しか描けないという点において、既に現代の小説自体が全貌を把握し得ない先行き不透明な二十一世紀を象徴しているといえよう。急激な社会変化、家族像の変貌、予測し難い時代に小説という表現形式が対応しきれない時代が到来しているといえるのである。そのことが文学離れの現象をひき起こしており、洪水のように湧き起こっている非社会的、反社会的事件の報道と、文学の崩壊や小説の崩壊とが連動しているのである。そこにはもはや人間がいかに生きるべきかの命題追求の意識はない。日々喧伝されるメディア的感性や資本主義的力学の言説が等身大的日常感覚を覆い、バーチャルなものがリアリティーの本質自体を転倒させつつある閉塞的状況を、どのような小説手法によって解決できるかを示さない限り小説と家庭の再生への提示方法はない。かくして、小説界の状況と現代家族の在り方とを結びつけて、作家が日常をどのように描いているかを考えてみたいのである。

戦後社会の今日的状況は占領軍施策と新聞小説、それに民主主義啓蒙映画によって作り出されたことに端を発する。現代社会からこの三つは完全に消滅したといってよい。一方消滅しないで未だに矛盾をはらんだまま手がつかない聖域とされているものがあるとすればそれが何であるのかが問題である。それが今日の家庭・家族の崩壊を再生産しているといってしまうと極論になるだろうが、そう仮定しておこう。昭和二十二年の民法改正による「戸主及び家族」の記述が削除され、事実上戦前まであった家制度は廃止されたが、戸籍における夫婦及び子供の同姓と戸籍の記述の序列は残存した。それによって戦後の家族意識は家の観念の一部が戸籍として家庭の中へ巧みに吸収され、個人を認めながらも戸籍の編成原理は家族単位のままであるため、実際は親族と個人という二重制度の中で人々は日々困惑しつつ生活している。この困惑に更に複雑な社会情勢がのしかかって、様々な家庭における問題が生じているといえるのである。個室を設けたことで家族が分散する家庭、家庭の建て直しを図ろうとする個人、ここに戦後の家庭家族という共同生活体と、家庭家族という集団の意識や結びつきを残したまま個人を尊重し、個人の自由を伸長させようとする現代家族の在り方の二重性の混乱を見ることができる。アメリカ型生活を送る個人が家の観念に囚われて生きる反完璧主義、住みよいはずの郊外に一家で逃れて家族が個としての生き方を希求する反完璧主義、このいずれもが全く新しい家族家庭に移行できず、また二重家族制度から個人へと移行することもできずにいる、過渡期的状況に放置されたままの制度の中で、私たちは毎日矛盾がある生活を抱えたままの有様を、さして意に介することもせずに生きている。国家による近未来の家庭家族の在り方が示されていないのが現代日本の混迷の基ともいえるのである。崩壊する家族は戦後家族制度の当然の帰結であるといえよう。昭和四十年に小島信夫が書いた『抱擁家族』と、その前年の昭和三十九年に庄野潤三が書いた『夕べの雲』の二つの小説は「残存された家族制度と個人」という二重制度の中で揺らぐ人々を描きながら、そのことが未解決のまま放置され、今日も尚人々を呪縛し続けている家庭の状況を糾弾しているのである。

それではこれまで戦後文学の二つの作品から導き出される家族家庭の矛盾を指摘したのであるが、解決し得るであろうという方法を示す文学作品はなかったのかという疑問がある。石坂洋次郎、石川達三、庄野潤三、小島信夫という四人の作家の作品は特に家族についての観察意識がつよい。では戦後家庭家族問題の要因や健全家庭の在り方を捜す文学作品はないのであろうか。実は膨大な数の文学作品がある中にはそうした視点で描かれた作品がかなり存在することも確かである。戦後作家の中で第三の新人と称される作家が登場するまでは、多くの作家が新聞小説に作品を発表しＧＨＱの検閲を受けながら書き続けた。一方ではそのように自己の主張や主義を政策という見地から転換することを容認しながらも書き続けた作家と、国家や国家主義者、あるいは国家的イデオロギーに従うことなく全く新しい世界を切り開いた作家が存在した。占領下で自己をまげて描いた文壇作家、新しい世界を開いた児童文学作家と二通りの生き方があったことを確認することができる。児童文学の多くは少年小説、少女小説、少年講談などであったが、中でも加藤武雄の『月夜の笛』、横井福次郎の『冒険ターザン』『痛快ターザン』、清水崑の『アラビアンナイト』『のらくらアブー』、横山隆一の『コマスケのぼうけん』などが漫画本として発売され、少年少女の夢をはぐくみ敗戦日本に希望の火を灯した。これらにも戦中の疎開のことや戦後の公職追放指令などのことが事実として描かれているが、結末はいずれも敗戦後の日本の復興に目を向けた作品となっている。

「己」を知るということ

島崎藤村の『家』という作品は明治四十三年から四十四年にかけて書かれた作品である。ここには家をめぐっての個人の生き方と家職に縛られる生き方という二つの問題を指摘することができる。作者を囲繞する家、桎梏する家という問題である。作者をとり巻く環境の問題ということもできる。家についての概念は世阿弥が十五世紀初頭に書いた『風姿花伝』にあり、これが一般的な家の観念となって今日まで続いていると考えてよかろう。「此別紙の口伝、当芸に於いて、家の大事、一代一人の相伝なり。例へ一子たりと云ふとも、不器量のものには伝ふべからず。家、家にあらず、継ぐをもて家とす。人、人にあらず、知るをもて人とす。と云えり。これ万徳了達の妙花を極むる所以なるべし」と世阿弥は家の概念を述べている。

世阿弥は家職といえどもその器量を有していないものは家を継ぐべきではない、といっているように技術の伝承としての家族を念頭においている。現代日本の焦眉の問題ではこの、「継承と継続」とが危機的状況にあるといってよい。たとえば学術の世界に目を向ければ一目瞭然たるものがある。世界的に高水準の素粒子物理学会などは、戦後に湯川秀樹や朝永振一郎各博士に薫陶を受けた人たちがここを引退する年齢にある。現在はその弟子の学者が活躍をしている状況である。この弟子に当たる小柴昌俊博士らに受け継がれた師弟愛は、世界に誇る「ニュートリノ」という素粒子を検出する装置の起動など、物理学での世界的な発見として結実し世界各国から注目されている。ところがこの高技術、高水準の学問を継承すべき物理学系学生希望はあるものの後陣の研究者人材不足が取りざたされていると漏れ聞いている。

全体に理科系工学系の不人気で学生数が減ったことにも一因はあるが、聞くところによると教授と学生との師弟関係が変質し、師の業績を引き継ごうという物理系研究室の学生が激減しているということである。ここにも継承の問題が大きくクローズアップされてくる。まさに世阿弥の「人、人にあらず、知るをもて人とす」ということに尽きる。企業内ではマニュアル化しにくい現場固有の技術継承が困難になるという恐れがある。これは単に、ある世代の大量離脱という一時的な現象に留まらず、従来の企業内での規律や運営マニュアルの軽視をも含め、加えて世代間の断絶ということが指摘されている。そうであればこれも世阿弥の「当芸に於いて、家の大事、一代一人の相伝なり」という後継者の育成を軽視してきた今日の日本の全てにいえることであろう。継承と継続の断絶は企業活動が停滞するだけではなく社会全体がほころび、安全が脅かされることとなる。こうした現象から見ても一事が万事で戦後の日本が営々として築いてきた規律や規範、道徳やその他遵守や継承という点を問題としなければならない。

たとえば「若年離職問題」を取り上げてみても、近年企業内で採用した優秀な学生が二、三年で辞めてしまうということである。その背景にあるのが物質文明の追求の結果であるといわれている。技術文明の日常化、家庭内化で何でもボタンを押せば一人でできる時代に育った若者は、誰とも関わらずとも暮らせるようになった。個人主義、個人重視に留まらない。「煩わしい人間関係を排除して一人で生きていくほうが気楽である」という考え方が身についてしまったことから耐性を欠き、入社しても人間関係を確立することができなくて辞めていくそうである。また企業は元来、先輩が技術を伝授するという組織的技術継承があって成長してきた。企業内で就労しながらスキルアップを図るというのが日本の基本的な就労スタイルであった。だが若い人に技術を伝授してしまうと年配の人には「お前は給料が高いから要らない」とリストラされる不安が生じる。そんな効率優先の考えが企業に入るようになった。そうなると「伝授障害」が起こり、各々が自分の立場を守るためだけに精一杯になってしまい後輩の面倒を見るということをしなくなる。その上に近年の若者の対人疎外が重なって人は萎縮し、伸び伸びと人間らしく生きることを忘れてしまう状態が生じ、現在の社会的混乱をひき起こすことになってしまったとも考えられるのである。現にこのところ各企業の伝授障害による会社の危機が報道され続けている。

日本は外国文化に接して近代化を遂げてきた。その一つは明治維新であり、二つ目は戦後改革であった。戦後の占領下での民主主義は、すべて日本的なものや考え方を棄ててアメリカ型のシステムで国家が作られてきた。高度経済成長を遂げ、技術立国として再生はしたが、それまで長い年月をかけて培ってきた道徳観や倫理観をも全否定する方向で日本の優位性を確立してきた。利害得失だけで物事の価値を判断するようになり、何をすべきかすべきでないか、という価値判断を自分で下すことができなくなってしまったといえよう。

本節の冒頭に島崎藤村のことを書いたが、家の束縛と桎梏とはいってみれば家庭に屈従してしまうことでもある。家に留まり家職を継承すれば、明治時代以来、日本では作家という仕事が成立しなかったのである。江戸時代の戯作者は皆本業を持っていた。家職の余技として読物を書いたので戯作といわれたわけであるが、隠居という制度もあった。これは正式な社会手続きとして家職を譲り自由になる身を総じていった。自分自身がいずれの年齢でも決断すればよいことであった。日露戦争後にようやく「個人は何のために生きているか」という今日私たちがよく口にする生き甲斐という問題を意識できるようになった。それは日本人が日露戦争という非常に大きな、そして様々な社会的、国際的な経験をした事によって国家の内側を見られるようになったのでそういう意識が芽生えたのであった。藤村はこのことから逆の発想で家の外の社会問題はすべて打ち捨て、視点を家の中だけに向けて、旧家の家職と担うべき人間の生活を重い境遇の中に描いた。誰しもが担わなければならないもの、成さなければならないものなどの重い境遇を引きずって生きていることを描いたのであった。それまでの血族共同体としての家が地域の中でいかなる役割を果たしていたかは、寛文十二年（一六七二年）に熊沢蕃山が書いた『集義和書』では「なさで叶わざる公役のごときもの」と述べられている。戦後の占領政策でなされたことは「封建的な日本を撲滅せよ」ということで封建的という名のもとに日本の伝統や慣習やしきたりという、日本という国家を成立させてきた根本を根こそぎ消滅させてしまったのであった。藤村の『家』にはそういう封建的な家の記憶を背負ってみんな艱難辛苦して生きている人々が描かれている。

藤村は国家や社会を描かなかったのではなく、社会的な問題を全て捨象した。意識的に視点を家に限定した。もし藤村が外側の社会を描いていれば封建的家父長制という制度の輪郭ははっきりと描けたであろうが、そこに生きる人間の諸相は描けなくなってしまう。外界や社会を捨象することによって、家の中に視点を限定してそこに生きる人間の艱難辛苦の姿を描いている。制度としての家を描きながら人間の運命や宿命というものを凝視したのが『家』という作品であった。家は家庭を成立させるための単位であり、家族は血族共同体であるわけであるから藤村は自分を頼ってくる兄弟を全部引き受けることとする。それは明治四十年代という家族制度が存在している時代であるが、昭和二十年を境にして血族共同体は次第に個人という単位に変質してくるのである。血族共同体が分解されれば一対の男女、夫と妻という現在の核家族ということになる。今日の日本人が直面しているのはこういう結果の中から生ずる家庭の崩壊という現実である。夫婦が浮気をしたり、夫婦の心がばらばらになったりして離婚に到る、あるいは結婚しない若い人たちの群れが拡大している。こうした現象は戦後のいわゆる「七十年代」から「八十年代」にかけて現れ始めている。歴史的に見れば家庭の崩壊の前に家族の解体があった。さらに遡れば家族の解体の前には、家において個人の自由を求める願望があった。家庭や家族とは生活の底面であり、社会の「沈め石」的な意味合いを持っている。家庭は人が婚姻し、子供を生み育て、やがて死んでゆく循環体のようなもので、人が生きるための根源の場所である。家の束縛、家からの自由、家族の桎梏、家族や家庭からの脱出をはかる自由という願望は、遂にはこの場所の消滅をも意味することでもある。こうした構図を誰が想定していたか。あるいは近代といい、自由という考えが家族や家庭の否定を意味するということを誰が予期したか。近代日本人の生活意識や人生観の移り変わりは文学作品を通して見ることが可能なのである。文学による家庭の考察はこうした方法で成立させることができる。

　現憲法下での婚姻は一対の男女から成立することとなっている。これが戦後憲法で規定された婚姻制度の概念である。今では見合い結婚はあまり流行らないが、恋愛結婚の根底にある考え方には、近代の個人主義という考え方は万人が正しいと認める前提があるわけである。近代的個人、何者にも人間は属さない個人、こうした純粋個人という観念を強く持ちすぎるということが正しいかどうかをいま一度検証してみる必要性があるのではないだろうか。夏目漱石は

『明暗』を大正五年に書いているが、この中で藤井という著述業の知識人が「ただ女だと思ふ丈で娘とは思はないんだろう。それが己達とは大違いだて。己達は父母から独立したただの女として他人の娘を眺めた事はない。だから何処のお嬢さんを拝見しても、そのお嬢さんには、父母という所有者がちやんと食つ付いてゐるんだと初めから観念してゐる。だからいくら惚れたくつても惚れられなくなる義理ぢやないか。何故と云つて御覧、惚れるとか愛し合ふとかいふのは、つまり相手を此方が所有してしまふといふ意味だらう。既に所有権の付いてゐるものに手を出すのは泥棒ぢやないか。さういふ訳で義理堅い昔の男は決して惚れなかつたね」との旨をいっている。漱石はこの内容を通して、純粋個人とか近代的個人というのは、それは虚妄の観念ではないかと疑問を呈している。西洋にはキリストという神が個人の存在や結婚に関わっている。絶対的個人は存在しない。十九世紀に日本に入ってきた近代的個人という考え方に日本の神は必ずしも関わりを持っていない。それ故に日本では絶対的個人を緊縛する意識が育たなかった。ここに日本近代の問題があると漱石は問いかけたのであった。神の介在しない個人は人間そのものが絶対的個人であると錯覚して認識してしまう場合が生じる。藤村は家族制度や血族共同体の中に身を置いて、進んで屈従するような主人公を『家』という小説で描いている。それは自分が九歳の年に東京で薬製造販売していた高瀬薫という人や、横浜で手広く商売をしていた吉村忠道という人に世話になって成長し、学問を身につけさせてくれたことに対し、その当時の家の概念に従えば恩人の家の家業を継ぐということが家族制度を意味していた。しかし藤村はその学問で教師となり、作家となってしまった。そのように家制度の呪縛から逃れた藤村にとって、全ての人々を引き受けても「生きねばならない」というのは一種の宿命意識になってゆき、個人として拒絶するのではなく、やむなく受け入れるという考えをするようになる。藤村の生き方を思えば、現代人による、宿命を宿命として潔く受け入れるという態度の欠落が現代の家族を崩壊させている一因とも考えることができるのである。

「宿命」を受け入れる

日本では、明治から始まる文明開化を近代といっているが、近代とは何かという問の解決はいまだに見えていない。何を基本にして近代といっているかという問に対しては西洋の十九世紀近代を真似したのが日本の近代と考えるのが大方の一致した見解であろう。フランス革命は自由、平等、博愛を市民にもたらしたといってこれを近代化と称した。しかしその後のロシア革命では何千万人という人をスターリンが殺戮した。ロシア革命の前にフランス革命がある。近年そうした視点から革命という行動そのものに諸悪の根源があるといい出されている。現代の中国でもかつての革命で始まる近代というものをもう一度考え直さなければならなくなるわけで、それをまねた日本の明治維新という無自覚な近代も問い直さざるを得なくなるわけである。西欧の制度や技術を全て取り入れた明治の文明開化の雰囲気は、戦後日本がアメリカに占領されて、アメリカ一点張りの経済復興や制度のあり方、家族や家庭の生活のスタイル、ものの考え方まで明治維新の方法と同じやり方で繰り返させてきたわけであった。実際に敗戦後の占領下の現状を「第二の開国」と呼んだ学者もいた。明治八年に著された『文明論之概略』で、福澤諭吉が開化の日本は西洋を真似する道を選ぶしかないと唱えた背景には二つの道しかなかったとの旨を述べている。前進か後退か、後退するというのは過去の伝統を大事にすること、日本文化と伝統をどこまでも守りぬくこと、これをやればインドや中国のように日本も潰れてしまったわけで、伝統を断ち切って前へ進まざるを得ないだろうというのが福澤諭吉の『文明論之概略』の趣旨であったわけで、太平洋戦争に敗れた日本は、日本が独立するためにはそれまでの日本を棄てねばならない大矛盾を含んでいたのであった。明治開化と敗戦とは「それまでの日本を棄てることから日本の近代が始まった」というしかないと考えられるのである。日本が独立を達成するには日本を棄てなければいけないという大パラドックスを明治の知識人は知っていた。これを歴史の宿命として受け入れその大矛盾に耐えていたのであり、昭和二十年の敗戦は連合軍の進駐占領という矛盾に耐え、すべてを受け入れて今日があるのだが、現代の混迷はそれを文明の問題として晒した場合、今日の国際化という矛盾に繋がり集約されてゆくのである。それ故に毎日のように報道される、家庭に起因するいたましい問題は確たる指針を持てない個々の家庭の存立方針と社会構造の矛盾として噴出しているといってよいであろう。

個人や自由、恋愛という文明開化によって称揚された様相は実は観念であって、与謝野晶子の『みだれ髪』や藤村の『若菜集』は恋愛という観念に酔っていただけで、議会も憲法も全て文明開化という観念で成り立っていたものであった。そうした観念は何年かすると必ず現実との矛盾というかたちであらわれるものである。そうした制度というものは実は上っ面の観念で、日本の大方の庶民は江戸時代十八世紀の連続性の中に生きているわけであるから、日露戦争後に一気に性犯罪が増えたり、四谷見附に江戸時代の夜鷹のような娼婦が出たり、出歯亀事件という犯罪者が続出するわけで、政府はやむなく明治四十一年十月に「戊申詔書」を発布せざるを得なくなるのである。観念と現実の矛盾の綻びから生じる犯罪や事件、人心の荒廃、やがて起こる幸徳秋水の大逆事件などによって政府は明治国家が空洞化するという危機意識を持っていたのであった。しかしそうした戊申詔書というものは国民の精神や国民に対して「真面目にやりなさい」という志の低いものであったためにたいした効果もなく明治という時代は終了した。その後は極めて今日的様相を呈する情況が生じるようになるのである。大正から第一次世界大戦による好景気が訪れ、大正デモクラシーなどと呼称して束の間の自由を、真の文明開化期が訪れたかのような錯覚を国民が抱いた。しかしそれは昭和六十年代のバブル期の様相そのものであった。

大正の好景気は恐らく明治維新以後の最初の好景気であったと思われる。その好景気も大正十年ごろから金融恐慌がじわじわと現れ始めて、大正十二年の関東大震災で壊滅的な打撃をうけて昭和の世界大戦へと入ってゆくようになるのは実に今日的状況そのものと考えてもよい。つまり家族や家庭という構造は、経済や産業構造から独立しているように思われがちであるが、実はその時代、その時勢の産業に適応するような構造変化を遂げているわけである。産業構造そのものも政治や国際状況のもとになりたち、世界情勢のあり方の中に存在するものである。歴史も同じように封建的とか前近代的という言葉だけにあまりとらわれずに実態的に見なければならないものである。いま日本が置かれている状況や担うべき国際化の中での役割についても事実を正確に把握する必要がある。家族や家庭を文学を通して見る場合は、その家族や家庭はどんな飯の喰い方をしたか、どういう夫婦喧嘩をしたか、そういう視点から生活を見ることが大切になるのであって、社会科学的にあるいは観念的に男女同権とか不平等とか、性別役割の撤廃などと、そういう観点で文学を論じても何も変わりはしないし、解決策は見出せないであろう。

第一章　親孝行とは何を意味するか

近代という時代

横浜市西区戸部町に岩亀という割烹料亭がある。開港当時は港崎町（みよざきちょう）と呼ばれ横浜随一の歓楽街で、かつて遊廓「岩亀楼」が最も豪勢を誇っていた。やがて歓楽街は高島町に移ったが岩亀楼は益々繁栄し、いまでもここは岩亀横丁という通りがある。

幕末の頃に亀遊という花魁が外国人に身請けされることを苦にし自死をした。明治開化を前にしての出来事であった。有吉佐和子はこれに材を取り『亀遊の死』という小説と『ふるあめりかに袖はぬらさじ』という戯曲を書いた。この物語の主役は遊女という孝子である。

近代文学に見る孝子を考察する前に、日本における近代化とその家族の概要について触れておきたい。明治維新によって近代国家としての道を歩き始めた日本は、まず家族関係を近代化する必要に迫られていた。一方で国家としては天皇制絶対主義の基礎としての前近代的家族の強化をはからねばならないという矛盾を抱えながら出発をした。そこで明治政府は、徳川時代の封建制社会を根底で支えていた家制度をそっくりそのまま引継ぎながらも新しい時代を迎えたと国民が認識できるように、維新の変革は成就されなければならなかった。

本来の革命を経て日本が近代国家として成長するには、家族関係も近代化されなければならないはずであった。家族ひとりひとりが権利と義務を担った法的主体として認められることが近代化であり、家産を個人的財産にすることが近代社会の構成であった。しかし、このことは伝統に支えられた家長の権威を弱める結果として家族を個人に分解する傾向をもっており、天皇制の土台をも脅かす結果に繋がるものであった。

明治民法に定められた家族法は、意識的に上層身分の家族の法認（皇族・華族・士族）と下層身分の家族生活の否認（公娼・私娼）という図式をもって成立されたものであっただけに、両者（家族法として規範化されたものと現実の下層身分の家族生活）の乖離は屢々悲劇的な様相を呈示した。武士階級には秩禄処分によって特権的身分を捨てさせ、農民に対しては地租改正によって厳しい租税を課し、地主の土地所有と土地の自由な売買を認めて共同体規制を崩した。武士階級は家禄と引き替えによって手に入れた公債を間もなく使い果たし、中農や小農は土地を失い没落していった。武士や零細耕作農民の生活生産様式は急速に窮乏化し、家族全員を扶養することが困難となり、家族からはみ出した子女は都会に出稼ぎに出されたり、若い娘は遊郭に身売りをさせられたり、工場で劣悪な条件の下で働かねばならないような状態が生じていた。

明治政府が位置付けた家族制度も、明治四年（一八七一年）十二月には在官者以外の華族・士族・卒族の職業の自由を認め、農業・工業・商業を営むことも可能となった。明治九年に秩禄処分も遂終され家禄も消滅し、武士も社会的な再生や転身を強いられるようになり多数の社会的脱落者が輩出された。とりわけ徳川期から明治期に至るまで、量的にも質的にも圧倒的に重要性をもっていた零細耕作農民の生活困窮は極度に達した。明治の近代化によって資本主義的商品経済が浸透して農産物価格が低下し、手労働を中心とする耕作から生じる農業生産量の発展の限界、寄生地主制による搾収の強化、公租公課の加重等々によって経営が困難になっていた。

福澤諭吉の『学問のすゝめ』(明治五年〈一八七二年〉十一月)は「人は生まれながらにして貴賤貧富の別なし」と画期的な進歩主義を鼓吹しながら次のように述べている。

唯学問を勤て物事をよく知る者は貴人となり、富人となり、無学なる者は貧人となり下人となるなり。(略) 凡そ人たる者は夫々の身分あれば、亦其身分に従ひ相応の才徳なかるべからず。身に才徳を備へんとするには物事の理を知らざるべからず。物事の理を知らんとするには字を学ばざるべからず。是即ち学問の急務なる訳なり。昨今の有様を見るに、農工商の三民は其身分以前に百倍し、やがて士族と肩を並べるの勢に到り、今日にても三民の内に人物あれば政府の上に採用せらるべき道既に開けたることなれば、よく其身分を顧み、我が身分を重きものと思ひ、卑劣の所業あるべからず。

凡そ世の中に無知文盲の民ほど憐むべく亦悪むべきものはあらず。智恵なきの極は恥を知らざるに到り、己が無智を以て貧究に陥り飢寒に迫るときは、己が身を罪せずして妄に傍の富める人を怨み、甚しきは徒党を結び強訴一揆などとて乱妨に及ぶことあり。恥を知らざるとや云はん、法を恐れずとや云はん。天下の法度を頼て其身の安全を保ち其家の渡世をいたしながら其頼む所を頼みて己が私欲のために又これを破る前後不都合の次第ならずや。

福澤諭吉が説くように、明治維新後の社会に出現した近代的職業は、家内領域と公共領域との分離を生み出し、男子は新しく登場した近代的職業に従事するようになり、女性は家庭の主婦として生産から切り離され、家庭から溢れ出た子女は身売りされるか、政府の官営工場の女工となった。福澤は学問によって身を立てよと説いているが、零細農民にとっては死活の問題で学問をする金銭的余裕など何もなかったのである。新政府は慶応四年（一八六八年）三月に太政官布告による「五榜の掲示」を出し、続けざまに翌年にあたる明治二年には「窮民ヲ救フ事」という「府県施行順序令」を示した。

> 鰥寡孤独廃疾ノモノヲ憫ムベキ事
>
> 何事ニ由ラス宜シカラサル事ニ大勢申合セ候ヲ一揆ト唱へ徒党シテ強テ願ヒ事企ルヲ強訴トイヒ或ハ申合セ居町居村ヲ立退キ候ヲ逃散ト申ス堅ク御法渡タリ、若シ右類ノ儀之レアラハ早々其筋ノ役所へ申出ヘシ御褒美下サルヘク事

明治元年に政治的経済的不満をもとに全国各地に湧き起った農民一揆に対する政府の対応が

示されている。政府も人民救恤と脱籍者の取締に迫られていた。「貧民ニ差等アリ救助ノ道随テヒトツナラス宜シク三等ヲ分チ以テ救助ノ制ヲ立漸次窮民減少スルニ至ルヲ要スヘシ」と政府は各県に布告している。国家の救恤策の布達はそれなりに評価されても、その後の殖産興業と富国強兵を推進する新政府には生活困窮者に対する救恤策を実施するだけの財政的基礎はなかったのである。政府は近代国家として発展するためには工業化が急務と考え、そのための施策をまず第一に行なった。官営模範工場での技術伝習によって産業が各地に興ることを期待した。零細農家から弾き出された婦女子を労働力として安く使うことを目論見、安い製品を作るために農村における急激な離農人口を安い賃金で働かせた。このようにして明治開化期の孝女は紡績女工・製糸工女として各地に送り込まれたのであった。近代明治開化大量孝女の誕生であった。

政府は明治五年（一八七二年）十月二日に「人身売買を禁止」し、旧幕時代の「年季奉公制廃止」を布告しながらも、一方では十月に官営富岡製糸工場や諏訪片倉製糸工場を開業し、零細農家の子女を大量に募り寄宿制とした。狭い寄宿舎に詰め込まれ一日十七時間から十八時間という劣悪な労働条件で働かされた。そうした女工達のおかげで一家は糊口を凌ぐことができた。まさに孝子であり、そうした孝女を描いた物語は、細井和喜蔵の『女工哀史』（大正十四年七月）に描かれ、山本茂実が『あゝ野麦峠』（朝日新聞社、昭和四十三年十月）として発表している。山本茂実はその後もここで働いた孝子・孝女に聞き取り調査を続け、『続あゝ野麦峠』（角川書店、昭和五十五年四月）に克明に描いている。政府は、明治六年六月に横浜に紡績製糸を集積し「横浜生糸改会社」を開業して輸出を開始した。横浜港は幕末に既に開港した時点から生糸貿易を行なっていたが、明治五年の時点で政府は「日本アジア協会」を設立し、『アジア協会報』を刊行して貿易振興をはかった。日本がアジアに向けて開かれた瞬間であった。アジアから貿易を開始し、やがて先進国へと拡大されていった。

横浜港崎町遊廓「岩亀楼」

横浜市高島町交差点から横浜市役所方向に向って十分ほど歩くと岩亀横丁という通りがある。道幅三十六メートルの大通りを市役所・山下公園方面に向って十分ほど行った交差点を右折した横町である。この横町の突き当りの手前右側に岩亀楼はあった。横浜は安政五年（一八五八年）に大老井伊直弼が日米修好通商条約に調印したことにもとづいて、安政六年（一八五九年）六月五日に幕府によって長崎・函館・横浜の開港がなされ、その際に同所での出稼、移住、自由売買を許可した。

幕府が長崎、函館、横浜を開港したことによって江戸新吉原にあった遊廓は品川に移り、その後横浜港の繁栄に従って、品川の遊女や近隣の農村、没落士族の娘達が家のために横浜に身売りされて来た。長崎では丸山に遊廓ができて大層な繁栄となり多くの孝女が遊女となった。

横浜の港が開港になると波止場と運上所（現・横浜税関）の東側（現・山下公園）は外国人居留地、西側は日本人居住区と定められた。南側にあった田圃と沼地は埋め立てられ新開地となった。このあたりは現在は横浜球場となっており横浜公園がある。戸部町掃部山公園下には遊廓にあった石灯龍と岩亀稲荷が移されている。沼地を埋めた新開地は港崎町（みよざきちょう）と呼ばれ横浜随一の歓楽街となった。当然そのような所には遊廓ができて多くの遊女達が集められる。その遊廓の中で最も豪勢を誇っていた遊廓が「岩亀楼」であった。岩亀楼の当主は武蔵国（現、埼玉県）岩槻の出で佐吉といったが、岩槻同様にここも沼地であったので、岩槻を音読して通称「がんき」と呼ばれていた。岩亀の楼閣は浮世絵にも描かれ、三層櫓式の絢爛豪華な大楼であった。現在の岩亀横丁は岩亀楼の遊女たちが病に倒れた時に静養する寮があった場所である。港崎町遊廓は今の「みなとみらい」あたりにあり、横浜駅から高島町交差点あたりまでの一帯に繁栄していた。岩亀稲荷を遊女達が信仰していたので今の戸部町に移したことから「岩亀横丁」と呼ばれるようになったのであった。

『亀遊の死』（『別冊文芸春秋』昭和三十六年七月、『有吉佐和子選集第十一巻』昭和四十五年六月、新潮社）と戯曲『ふるあめりかに袖はぬらさじ』（中央公論社、昭和四十五年七月）という作品は、開港から開花のことであるから当然登場人物の異国への思いが描かれるはずであるが、異文化そのものよりも世俗の最下層にうごめく人間達の物語である。岩亀楼の遊女亀遊は「喜遊」と名を変え、流れ者芸者「園」の語りと自死をめぐって時代の反応を描いている。

安政六年（一八五九年）七月二十日、ロシア士官が横浜で攘夷派に殺傷された。十一月二十一日、吉田松陰死罪。翌安政七年二月五日、オランダ人船長デ・フォスら二名が横浜で斬殺。三月三日、井伊直弼桜田門外で斬殺。十二月四日、アメリカ公使通弁官ヒュースケン横浜で斬殺。文久二年（一八六二年）五月二十九日、イギリス兵死傷。七月二十日、九条家家臣攘夷派に暗殺される。八月二十一日、イギリス商人四人生麦で鹿児島藩士に襲撃され一名が落命した。幕府滅亡が近くなると、攘夷派の浪士や志士が次々に横浜で外国人を殺傷してゆき、遂に幕府も朝廷に攘夷を約し日本中に尊王攘夷の嵐が吹き荒れていた。

時代背景は文久から明治開化。芸者「園」が語る喜遊の性格は「横浜へ来たのが十六の年ですから、世間の不安でものを異人さんへの恐ろしさ一途に煮つめてしまった」ような内向的な女として語られる。岩亀楼では日本人相手の遊女を「日本口」、外国人相手の遊女を「唐人口」として区別していた。亀遊は江戸の医師の娘で漢方医の父親が世に迎えられなくなり、生活の手立ても途絶えたことから吉原に売られ、品川遊廓に移り、それから横浜遊廓に移籍されたと伝えられている。喜遊は外国人相手に添うことは「洋妾（らしゃめん）」になるということで唐人口を拒否し続けてきた。その喜遊が異人からの身請け要求を拒否するために自害する。その自殺が時代ゆえに攘夷派によって攘夷女郎の心意気という美談に仕立てられてゆくという物語である。現在も料亭を経営している戸部町の岩亀という料亭は遊女の寮であった。

遊女という孝子

幕末から開化期にかけて多くの子女が遊廓に身売りされた。明治五年（一八七二年）に政府も太政官布告で「人身売員ヲ禁ズル旨ノ布告」や「心得書」などを出して、娼妓や芸妓らを解放させる発令をしたが一向に改善できず、却って苦界に身を置かざるを得ぬ子女を輩出した。亀遊も医師の娘であったが、字も覚えぬうちに吉原の禿（かむろ）にされた。文字を識らないはずの亀遊が自死する際に辞世を残した。無筆の亀遊がなぜ「露をだにいとふやまとの女郎花ふるあめりかに袖はぬらさじ」という辞世を残せたのか、いや遺書そのものを何故したためることができたのか、物語の発展とともにその謎を芸者園が語り、それとなく亀遊の身の上を解き明してゆくという孝女の謎解き物語ともいえる小品である。

短篇小説『亀遊の死』では「藤吉」という通訳が、横浜遊廓になぜ居るのか、という問いかけら物語は展開する。藤吉は攘夷の嵐が吹きあれる時代に、異国情緒あふれる場所に憧れを持つ唯一人の人物として登場する。アメリカに渡って医者になるという志を持っているが、物語ではあまり骨太には描かれてはいない。有吉佐和子自身がのちに戯曲化した『ふるあめりかに袖はぬらさじ』になると、がぜん横浜が異国との接点ある場所らしく描かれ、藤吉と亀遊の恋も色濃く描き直されている。藤吉は今は異人の遊廓で通訳などをしているが、医学勉学のために渡米を望む人物として設定されている。亀遊も藤吉との成就しようのない恋心をもっているが、藤吉の渡米をしたいという思いが背景にあるため藤吉と添いとげられず、死を選んだということになり藤吉の存在感が増して来る。

ところが新聞が創作した亀遊の辞世の歌と遺書とによって、その孝女性と、異人嫌いと、攘夷思想に殉じた烈女女郎として亀遊は人々の関心を集めてゆく。やがて攘夷派の志士が岩亀楼に集結し、亀遊が異人の身請けを拒んで自死した座敷を見たいと言っては大勢が登楼するようになる。岩亀楼の主人は、亀遊という源氏名を「亀勇」と変えて、その死を「異人嫌いの遊女、本邦婦女烈伝の一」という刷り物を出して見事に商売の糧としてゆく狡猾な抱屋主人として描かれている。「横浜の遊廓岩亀楼の遊女亀遊は、日本口の女郎であるにも拘らず、伊留宇須に万金を積まれたが、紅毛碧眼に身を汚されるよりはと、親から伝わる懐剣で喉を突いて死んだ、遺書には水茎の跡も見事に、一首の和歌も添えられていた」こうした刷り物で岩亀楼の主人の「がんき」は店を攘夷派贔負に仕立ててゆくのである。苦界の一人の遊女が、開化近代化期の恰好の孝子・孝女に変貌したのである。

古今の物語では、京の島原、大坂新町、江戸の吉原、長崎丸山、こうした遊廓を苦界として描き、ここで生きる遊女を親の義理や情夫の義理の肩代りとして入廓せざるを得ない孝女として考えてきた。遊里は一般的には悪所といわれながら倫理的な指弾を受けることなく、もっぱら金銀浪費の場としてのみ批判の対象となっていた。身分制の制度が存在した世界では、確かにここは四民平等の仮構的世界を現出せしめ、いわば「虚」の世界を作りあげ、そこでは金銀という通行手形を用意することによって、虚を現実のものにすることが可能であった世界で、その非日常性は彼らの日常性とごく卑近な皮一枚を隔てて見透かすことも可能なところに存在していたのである。そこに身を置く苦界の女性も孝子と女郎という皮一枚の世界に身を置いていた。その論理が亀遊の遺書なのであった。こうした遺書の思いが「孝」という仮虚の思いを支えに生きた苦界の女達の有り様なのであった。

世に苦海に浮沈するもの幾千万人と限りも候はず、我が身も勤する身の習ひとて、父母の許し給はぬ仇人に肌ゆるすさへ口惜しけれど、唯々御主人の御恩を顧み、ふたつには身の薄命とあきらめ侍りしが、その基ははかなき黄金てふもののあるが故ならめ、この金は遊女の身を切る刃に候まま、その刃の苦海を離れ弥陀の利剣に帰しまゐらせ度、主人に辞して亡き双親(かたおや)に仕へ参らせ候得ば、黄金の光をも何かせむ、おそろしく思ふうらみの夢さめよかしと、誠の道を急ぎ候まま、無念の歯がみを露(あら)はせし我死骸を、今宵の客にお見せ下され、かかる卑しき浮かれ女さへ、日の本の志は恁くぞと知らしめ給はるべく候。露をだにいとふ倭の女郎花ふるあめりかに袖はぬらさじ

これが亀遊の残したという遺書で、実に見事な文章である。

亀遊の墓は吉田新田の常清寺にあり、本名を「ちゑ」といった。時代に翻弄された亀遊は岩槻屋岩亀楼の喜遊として死に、攘夷女郎亀勇として今日まで語り伝えられている。もとは喜遊と名乗った港崎遊廓岩亀楼の遊女といわれている。『横浜開港見聞誌』（玉蘭斎貞秀、一八六一年）によると岩亀楼は、亀遊が自死した「扇座敷」のほかに松竹梅や鶴亀などと呼称される多くの座敷を持ち、諸人こぞって見物に行く、と記されている。松村春輔の『開明小説・春雨文庫』（『明治文学全集』）には江戸吉原では「子(ね)の日(ひ)華魁」と呼ばれ、横浜では喜遊と名乗った女が、横浜居留のアメリカ人で名をイールスという男に見初められ、大金をもって身請けされようとしたことが記されている。また『明治実録集』（『新日本古典文学大系』明治編13、岩波書店）にも収録されている。明治十一年（一八七八年）には月岡芳年の錦絵『吾嬬絵姿烈女競』のひとつとして「遊妓喜遊」が描かれ、イールスに身請けされそうになった喜遊が辞世の歌を残して自刃したと記している。また『明治開化期と文学』（国文学研究資料館編、臨川書店、平成八年三月）の「今古実録」にも収められており、喜遊に関わる文献が明治、大正、昭和にかけて数点発表

されている。鈴木俊裕の『横浜文学散歩』（門土社総合出版）では、「実話として亀遊が仏国の鉄砲商アポネに一度肌を許した夜に書き置きと辞世を残して果てた」と記している。

明治維新からこっち今日までも、私はこのことを一度だって一口でも洩らしたことはないんです。岩亀楼亀勇の名は、その後も一層さかんでした。小学校の教科書にも出たとかいう話ですね。公方様が大政を奉還なすって、攘夷党は一敗地にまみれてからでも亀勇さんの名声は失われないようです。（略）亀遊さんにも岡蒸気を一度でも見せてあげたかった。死なずともなんとかなったんじゃないかって気が、今になってみるとしないでもないんですよねえ。

これは『亀遊の死』において喜遊と一緒に吉原、品川、横浜と流れてきた遊里芸者である園の回想の言葉であるが、有吉佐和子が『亀遊の死』を書いた昭和三十六年（一九六一年）には、横浜港崎町遊廓抱え岩亀楼喜遊は時代の烈女として伝えられていたと考えられる。園が「死なずともなんとかなったんじゃないか」という言葉の裏には一生を夫に委ねてしまう結婚よりも、一時的な関係の自由さ、遊廓の中での賃金労働者としての自由さを強調しているとも考えられる。むしろ遊女であることはその精神の自由、身体は売っても精神は売らない、あるいはそういう精神の自由の成立の場でもあり、恋愛の成立の場にも成り得る。遊廓の中では父権性からの独立も考えられる。父権モラルの強制、家のため親のために売られる娘、あるいは明治期家族主義の下での娘が親孝行のために身を苦界に沈める。遊女という孝子のモラルがここに描かれている。売られる娘達は無教育で無筆で、文字も知らなければ計算もできない。これは「からゆきさん」の話でも同然で、少女にもならない幼い娘が売られている。ただ単に売られるだけでなく文字も読めず計算もできない。「亀遊さんは平仮名だけはどうにか拾い読みできたが全くの無筆でした」や「結構な家に生れながら」「親御さんに借金があったのかもしれません」と書かれているように亀遊も親のため、自分の病の借財のため身を売られ自ら死を選んだのであった。落籍や身請をされて妾となる遊女もいたが、明治十三年（一八八〇年）に政府は「廃妾制度」を発令している。消滅したはずの妾も戦後の民法改正まで続いていた。有吉佐和子の『亀遊の死』は、文字も知らず、身売りされた自らの身の上も知らない遊女が自死した際に遺書を残し、辞世の歌を詠んだというのが物語の主題となっているのである。

亀遊の和歌は現在の岩亀横丁の奥まったところにある「岩亀稲荷」の由緒書きにも書かれている。岩亀楼を見下ろすことのできた掃部山には巨大な井伊直弼の銅像が建っている。またここから周囲を一望すると横浜新開地の埋め立て地の跡をくっきりと見ることができる。

芥川龍之介と金子みすゞの場合

金子みすゞは本名を「テル」といった。明治三十六年（一九〇三年）四月十一日に山口県大津郡仙崎村に生まれた。父は金子庄之助、母はミチの長女として誕生。父は渡海船の仕事に携わっていた。母ミチは長女で次女はフジ、三女はヨシという三姉妹で、次女のフジは明治三十五年（一九〇二年）四月七日に赤間関市に住む、上山文英堂書店主上山松蔵と結婚したが、フジは体が弱く子供が授からなかった。明治四十年（一九〇七年）一月十九日にミチの次男正祐が上山松蔵の養子として迎えられた。

テルの父庄之助は日露戦争後、満州営口に上山文英堂書店の支店長として進出していたが、明治三十九年（一九〇六年）享年三十一歳で営口永世街で殺されてしまった。そのため、金子家は祖母ウメ、母ミチ、兄堅助、テルの四人家族になってしまった。明治四十三年（一九一〇年）テルが五歳の時、母ミチは働き口を求めて転居をした。今は長門市仙崎錦町となっている。テルの生まれた仙崎は仙崎湾と深川湾に囲まれた三角州で海に突き出た大きな堤防のような形をした土地である。テルはこの生まれ故郷の仙崎が特別好きであったのだろう。その風景を『仙崎八景』として詩にしている。仙崎のほぼ中央にある台地を王子山といい「王子山」という詩は、町を一望できる景勝を歌った作で郷愁に満ちている。

公園になるので植ゑられた／櫻はみんな枯れたけど／／伐られた雑木の切株にや／みんな芽が出た、芽が伸びた／／木の間に光る銀の海／／わたしの町はその中に／龍宮みたいに浮かんでる／／銀の瓦と石垣と／夢のやうにも、霞んでる／／王子山から町見れば／わたしは町が好きになる／／干鰮のにほいもここへは来ない／わかい芽立ちの香がするばかり

（『さみしい王女』「金子みすゞ全集」Ⅲ、ＪＵＬＡ出版局）

このように身近な故郷を詩にうたった。「角の乾物屋」「郵便局の椿」などであるが、生まれ育った『仙崎八景』は「花津浦（はなづら）」「弁天島」「王子山」「小松原（こまつばら）」「極楽寺（ごくらくじ）」「波の橋立」「大泊（おおどまり）港（みなと）」「祇園社（ぎおんしゃ）」といった仙崎の美しい景色が歌われている。「花津浦」は次のような詩である。

浜で花津浦眺めてて／「むかし、むかし」とききました／浜で花津浦みる度に／こころさみしくおもひ出す／／「むかし、むかし、むかし」と花津浦の／その名の所縁きかされた／郵便局の小父さんは／どこでどうしてゐるのやら／あのはなづらのはな越えて／お船はとほく消えました／／いまも、入日は海に燃え／いまもお船は沖をゆく／／「むかし、むかし」よ、花津浦よ／みんなむかしになりました

（『さみしい王女』「金子みすゞ全集」Ⅲ、ＪＵＬＡ出版局）

無論、この詩はテルが「みすゞ」というペンネームで童謡を書き始め、雑誌に投稿を始めて

からの詩である。大正五年（一九一六年）四月十一日に郡立大津高等女学校に入学したテルはこの頃から文章を書くことや詩を詠むことに関心を持ち始め、校友会誌『ミサヲ』に「ゆき」「我が家の庭」「さみだれ」「社会見学の記」などの小品を寄稿している。大正七年（一九一八年）母の妹上山フジが急逝すると翌年母ミチは上山松蔵と再婚をした。金子家は祖母ウメ、兄堅助、テルの三人となってしまったが、大正九年にテルが郡立大津高等女学校を卒業すると、兄堅助が大島チウサと結婚した。そこでテルは母の婚家の下関に度々でかけるようになり、大正十二年（一九二三年）五月三日に下関の母のもとに移り住むようになった。テルは二十歳になっていた。間もなく西之端町商品館（百貨店、今のデパート）内の上山文英堂書店支店で働き始めることになるのである。そこには実弟の正祐が、上山松蔵とフジの子として文英堂を継いで経営者となるべく育てられており、二人は実の姉弟であることを永く知らないままにすごしたのであった。

家庭の事情が複雑でそれが作品形成に大きな影響を与えることは文人の資質の上で重要な問題でもある。芥川龍之介は明治二十五年（一八九二年）三月一日に東京市京橋区入船町に、父新原敏三、母ふくの長男として誕生したが、父母がともに厄歳の年の子であったので、大厄の子として捨て子の形式がとられた。辰年辰月辰日辰刻の生まれにちなみ、龍之介と命名されたという。父新原敏三は嘉永三年（一八五〇年）に山口県玖珂郡美和町で生まれ、十六歳の時に長州藩御楯隊の一員として参戦し、幕府軍と芸州口大野原の戦いで奮戦したが重傷を負った。明治八年（一八七五年）頃に上京し、箱根牧場や下総御料牧場に雇われ牧畜業に精励した。明治十五年（一八八二年）三十二歳の敏三は渋沢栄一の経営する耕牧舎に勤務し、やがて築地入舟町に牛乳販売店を自ら経営し、次々に支店数を増やして成功していったのであった。これは、金子みすゞの父庄之助が渡海業の仕事をやめて、明治三十八年（一九〇五年）に清国に渡って上山文英堂書店支店長として活躍し、次々に清国・満州に支店を持って成功していったことに類似している。時代の波に上手に乗れたからであった。

芥川龍之介は、たとえそれが仮の事といえ一度両親から捨てられた。生後七ヶ月で今度は実母のふくが突然発狂したので、ふくの実家である本所区小泉町の芥川家に引きとられ、ふくの兄芥川道章と儔夫婦の養子となり、実際にはふくの姉の伯母ふきに育てられた。新原家には、ふくの妹の叔母のふゆが家事手伝いに入り、龍之介が芥川家の養子として入籍すると同時にふゆは敏三の後妻として入籍し、龍之介の異母兄弟になる得二をもうけたのである。明治三十八年（一九〇五年）四月に東京府立第三中学校に入学し、明治四十三年（一九一〇年）に成績優秀者として卒業をした。龍之介は入学を果たすとただちに級友らと回覧雑誌を発行する。そこに『流星』『曙光』『碧潮』などと題して小品や短歌、俳句、紀行や断片日記などを発表すると同時に、府立第三中学校学友会誌に『義仲論』を発表、また翌年の七月には『老狂人』という小説も書いている。

明治四十一年（一九〇八年）十一月二日に府立三中の地歴担当教師の石渡延世が病死し学校葬が行なわれ、龍之介は四年生生徒代表として弔辞を読み上げた。「黙思すれば先生の慈顔、莞爾として猶眼前にあり、静想すれば先生の温言、諄々として猶耳辺に存す」という一節は人の心を打つ名文である。龍之介十七歳の時であった。

大正七年（一九一八年）三月五日、金子みすゞことテルは卒業生総代と共に在校生総代として祝詞を読んだ。大津高女の森脇校長勤続十年を祝う会が卒業式に続いて行なわれたのであった。「滴る如き緑の影に風かをるなか今日の日をもて、校長の君の十年の御勤続を祝ひまつるべき」と型どおりに始まっているが次第に高潮し「ひたすら女子教育の為に尽し給ひし校長の君の御いさをしは、何にかたとへむ。いと覚束なきをみなへしの二葉をば雨の朝も風の夕も、いとねんごろに、やがては美しき花咲くぼかりにおほしたて給ひて」という一文にも才女の誉れ高かったその資質を垣間見ることができる。金子テル十五歳の春であった。

金子テルが大正九年（一九二〇年）三月に大津高等女学校を卒業し下関に移ったのは、その前年に母の妹フジが死去し、母ミチがフジの夫であった上山松蔵と再婚したためであった。こうした境遇も芥川龍之介とよく似ている。ふるさとを失った者、故郷を喪失した思いを、東郷克美氏は「故郷脱出及びそれに基づく生の基盤を失った魂の彷徨、それ自体が近代の文学のテーマでさえあった。近代日本の作家にとり故郷とは脱出すべきもの反逆すべきものであった。（略）近代的自我にとって故郷脱出はいわば必然のことであったのだが、故郷を捨てても魂の安住地はない」（『太宰治とその故郷』審美社、昭和三十九年〈一九六四年〉）と述べている。あるいは「芥川は、彼の故郷とも言うべき大川端をめぐる二つの作品を書いている。彼の美意識の源泉である大川端は、なつかしい郷愁の世界であると同時に寂しい死の匂いを漂わせた場所である」（『佇立する芥川龍之介』双文社出版、平成十八年〈二〇〇六年〉）とも言っている。明治四十三年（一九一〇年）九月、十九歳の龍之介は第一高等学校に入学する。同時期に芥川家は実父敏三の経営する新宿の耕牧舎牧場の脇にあった敏三の持ち家に一家で移転をした。この移転は旧幕府直参の旧家が御一新後の新興ブルジョアジーに完全に事実上の敗北を喫したことを意味していた。本所両国は芥川が幼少年期を過した、まだどこかに江戸二百六十年間の風流と匂いを残した街であった。芥川の故郷喪失はこの時から始まるのである。当時の芥川の書簡類によれば、「大川の水」は下町を去って「山の手の郊外に、雑木林のかげになってゐる書斎で静平な読書三昧に耽ってゐる」芥川にとって「何となく、涙を落としたいやうな、云ひ難い慰安と寂蓼」を与える懐旧の場所として、大川のほとりで送った幼少年期の記憶がまことに鮮やかに思い出されるのであった。

もし自分に「東京」のにほひを問ふ人があるならば、自分は大川の水のにほひと答へるのに何の躊躇もしないであらう。獨にほひのみではない。大川の水の色、大川の水のひゞきは、我が愛する「東京」の色であり、聲でなければならない。自分は大川あるが故に「東京」を愛し、「東京」あるが故に、生活を愛するのである。（『東京の水』）

大川に漂ふ死の呼吸がもたらす「寂蓼」は、芥川自身の内的自然の荒廃であり、自己の流転の始まりの相でもあった。芥川は明治四十三年（一九一〇年）に本所小泉町の家を出て以来故郷を失ったのである。石割透はこの新宿移転を「芥川家が振興ブルジョワジーたる新原敏三に敗北したことを意味する」（「大川の水論」早稲田実業高校『研究紀要』8、昭和四十八年十二月）としている。金子みすゞが生育した町は仙崎の港であり、みすゞが終生愛した土地であり喪失した故郷でもあった。みすゞは故郷を「仙崎八景」として詠んでいる。その中のひとつに「弁天島」がある。

「あまりかはいい島だから／ここには惜しい島だから、／貰ってゆくよ、網つけて。」北のお国の船乗りが、／ある日笑つていひました。／／うそだ、うそだと思つても、／夜が暗うて、気になつて、／朝はお胸もどきどきと、／駆けて浜辺へゆきました。／弁天島は波のうへ、／金のひかりにつつまれて、／もとの緑でありました。

（「仙崎八景」『さみしい王女』「金子みすゞ全集」Ⅱ、ＪＵＬＡ出版局、平成六年〈一九九四年〉）

金子みすゞは仙崎と下関の間を行ったり来たりしていたが、大正十二年（一九二三年）二十歳の四月頃に母ミチの再婚先であった下関市西南部の上山文英堂書店に移った。みすゞもまた龍之介が実父敏三の耕牧舎脇の持ち家に移り故郷を喪失したように、小さな成功者の家に移り故郷を失ったのである。養父となった上山松蔵は十歳位の時に丹波から大阪に出て岡島新聞店に勤めた。岡島新聞店は大阪毎日新聞の代理店であった。その後萩に出て本屋を始めたが、萩は城下町という事で余り本が売れず、下関に移したところ爆発的に売れ出した。下関は開化以来海外渡航の玄関口として重要な国際都市・貿易都市となっていたのであった。そこで明治三十七年（一九〇四年）の日露戦争の時、松蔵は陸軍省の許可を得て、大連、旅順、営口に支店を出した。外地に行った兵士は望郷の思いから、日本語の本を求めた。外地の兵士たちには、どんな本であろうと日本故国の本ということでいくらでも売れた。松蔵は文英堂にある全ての本や雑誌の定価をつけ直させて、次々と支店に送り込んだ。大変な成功をおさめ、みすゞの父金子庄之助も渡海船の仕事をやめて営口の支店長として清国に渡り、明治三十九年（一九〇六年）二月十日に反日抗戦のため不慮の死を遂げた。

第一次世界大戦（大正三年〈一九一四年〉）には青島にも支店を増やした。松蔵の商売は時運に乗って拡大し、下関市内にはこの頃から流行りだした百貨店といわれた商品館、盛商館、商工館の支店を持ち、特に下関西南部の本店は大いに賑わいを見せた。この維新後の成功者と江戸封建制下の渡海船業の、二人の男に嫁したのが、みすゞの母金子ミチであり、みすゞはこの新政権下の成功者の新興ブルジョワ家に引き取られたのであった。こうして龍之介もみすゞも養家先では常に孝養を尽くし、遠慮がちな生活を送り、養家のために結婚まで強要されるようになるのである。金子みすゞの詩に「芝居小屋」という作がある。

むしろで拵(こさ)へた芝居小屋、／芝居はきのふ終へました。／／のぼりのたつてたあたりでは、／仔牛(こうし)が草をたべてゐた。／／むしろで拵(こさ)へた芝居小屋、／夕日は海へ沈みます。／／むしろの小屋の屋根の上、／／かもめが赤くそまつてる。

（『美しい町』「金子みすゞ全集」Ⅰ、ＪＵＬＡ出版局、平成十四年）

この詩は大正十二年（一九二三年）の『婦人倶楽部』九月号に掲載された作品である。金子みすゞでのペンネームで雑誌に童詩を発表するようになって三ヶ月目ぐらいの作で、みすゞ二十歳の時である。選者の西條八十(さいじょうやそ)は「旅役者の群が立ち去ったあとの、海岸町のひっそりとした寂しさ」と評した。にぎやかな後の静けさと夕日に染まる町の寂蓼感、仙崎の港を思うみすゞの絶えがたい故郷への思いが歌われている。一方芥川龍之介は、大正十一年（一九二二年）に雑誌『大観』三月号に『トロッコ』という作品を発表している。工事現場の賑わいとトロッコに魅せられた良平が、山の中の目的地に着いたとき、工夫から「帰んな」と無雑作に言われる。良平は無我夢中で夕闇の山道を家へ向かって走り帰る。この作品について駒尺喜美は次のように評している。

我鬼という俳号を澄江堂に改め（大正十一年一月）、切れた蜘蛛の糸にすがり、地獄に落ちた作者が「本是山中人」と六朝風の書体で処女創作集『羅生門』出版記念会において、「ちょっとてれた」顔で揮毫したときのそのポーズがやがて『一塊の土』そして『歯車』へと自爆する軌跡の中で、この作品が単なる少年読物でなかったことは自明ではなかろうか。作者の「自殺」が、この作品のモデル及びその家族や親族といかにかかわっていたか、それを推計るべきであろう。

（『芥川龍之介事典』菊地弘ほか二名、明治書院、昭和六十二年〈一九八七年〉）

芥川龍之介三十歳の作であるが、暗くなる夕暮れの景色、闇が深まる夜、様々な評があるが、駒尺の指摘どおりこの頃より芥川龍之介の作品も寂蓼感が満ちて来るのである。

金子みすゞは下関西南部の上山文英堂本店から城山に沿って西之端の商品館まで毎日通い一人店番をして毎日働いた。兄夫婦のいる仙崎にはもはや自分の居る場所はない、さりとて下関に来ても養父の商人としての姿にはなじめなかった。この商品館内の文英堂書店の店番として雑誌に目を通し、西條八十の詩に心をときめかせた。六月初めの頃テルは「金子みすゞ」のペンネームで数誌に童詩を投稿し始めた。九月号からたちまち「みすゞ作品」が雑誌に登場するようになった。雑誌『童謡』に「お魚」「打出の小槌」、『婦人倶楽部』に「芝居小屋」、『婦人画報』に「おとむらひ」、『金の星』に「八百屋のお鳩」などが同時に発表された。『金の星』

を除いてすべて西條八十の選であり、「おとむらひ」は抒情小曲欄に掲載され、大正十三年（一九二四年）十月発行の『現代抒情小曲選集』（西條八十編、交蘭社）に再掲された。金子みすゞは西條八十によって詩人として見出されたのであった。八十は「大人の作では金子さんの『お魚』と『打出の小槌』に心を惹かれました。言葉や調子のあつかひ方にはずいぶん不満の点があるが、どこかふつくらした温かい情味が謡全体を包んでゐる。この感じはちやうどあの英国のクリスティナ・ロゼッティ女史のそれと同じだ。閨秀の童謡歌人が皆無の今日、この調子で努力して頂きたいとおもふ」という選評で、金子みすゞは一躍童謡詩人として知られるようになったのである。しかし閨秀の歌人などではなかった。ありきたりの着物を着て、書店の棚のかげで、ひっそりと人目につかないように詩を書いている田舎娘で、みすゞはまだ二十歳であった。

芥川龍之介は、大正五年（一九一六年）二月十五日、第四次『新思潮』に『鼻』を発表すると、その四日後に夏目漱石から書簡を受け取った。「あなたのものは大変面白いと思ひます。落ち着きがあって巫山戯てゐなくつて自然その儘の可笑味がおつとり出てゐる所に上品な趣があります。夫から材料が非常に新らしいのが眼につきます。文章が要領を得て能く整つてゐます。敬服しました。あゝいふものを是から二三十並べて御覧なさい文壇で類のない作家になれます」と賞賛され、漱石門下で『新小説』の編集顧問をしていた鈴木三重吉の推薦によってその五月号に再掲され、文壇的出世作となった。龍之介二十五歳の時であった。

金子みすゞは西條八十によって童謡詩人として認められその後華々しい活躍をし、大正十二年から十三年（一九二三年～二四年）までの作品百七十二編で『第一童謡集』を、大正十四年から十五年（一九二五年～二六年）までの百七十八編で『第二童謡集』を、昭和二年から三年（一九二七年～二八年）までの百六十二編で『第三童謡集』を成し、生涯で五百十二編の童謡を残して、昭和五年（一九三〇年）三月十日に、上山文英堂書店内で、二十六歳の若さで自死してしまった。枕元には夫啓喜宛、両親宛、弟正祐宛の三通の遺書を残し、そのそばにはカルチモンの空き瓶があった。その前日みすゞは、三歳になった娘ふさえのため亀山八幡隣りの三好写真館で最後の写真を撮り、遺書とともに写真の預け証をきちんと揃えて枕元に置いた。おそらく、愛娘に自分の姿を残しておきたかったのであろう。

芥川龍之介の若き日の書簡には、「寂しい」とか「寂寞」という心情表出の言葉が頻出する。それは「愛」に対する飢餓の表現であると同時に、生命的なるものへの要求が現実の壁によって塞き止められた時に起こる感情である。芥川は「烈しい生活」を憧憬しながらも、その実現を早い時期に見限り、「寂寞」の中に生きる方法を取った。そのことはおのずと幼少期から彼を空想や文学の世界に誘い込むことになるのである。芥川には早くから「死」への関心が強い傾向の作品が見られる。大正十三年（一九二四年）の『少年』には、「死んでしまふつてどうすること?」と執拗に父に問いかける幼い保吉の姿が描かれている。また明治四十二年（一九〇九年）頃の作とされる『死相』という作品がある。年とった易者から日蝕の日に向日葵が散り尽すとき「若死」すると予言され、やがてその日がやって来る、という寂しい作品である。大正四年（一九一五年）頃の執筆と推定される『人と死』には作者が月に向かって「私は、又死ぬ事を考へると何時でもきつと、さみしくなつてしまひますよ」という言辞がある。この頃の作には『青年と死』や『ひよつとこ』『老狂人の死』などの多くの作がある。「寂しい」とか「悲しい」といった感傷を含んだ意識は、青年期に特有なものだ。とはいえ、芥川の余りにも強い「寂しさ」の表白は何に由来するのであろう。芥川の場合はやはり「狂人の母」をもったという理不尽な宿命に突きあたらざるを得ない。生後七ヶ月で芥川家に引き取られ、養父母や伯母によって大事に育てられ、少なくともある時期までは養父母を実の親と思い込んでいたに違いない。十歳になるかならないうちに、それまで実の父母と信じていたのが、養父母であり、廃人同様の狂人が実の母だと知らされた子供が心にどれほどの傷を受けたかは想像するだに残酷である。龍之介十歳の時、養父道章は五十三歳、養母儔は四十五歳、伯母ふきは四十六歳であつた。この三老人が何を考えて龍之介を引き取ったかは語る必要はないであろう。

死を目前にした芥川が「彼はいつ死んでも悔いないやうに烈しい生活をするつもりだった。が、不相変養父母や伯母に遠慮勝ちな生活をつゞけてゐた」（遺稿『侏儒の言葉』）、「僕は養家に人となり、我儘らしい我儘を言つたことはなかつた。と云ふよりも寧ろ言い得なかつたのである。僕はこの養父母に対する孝行に似たものも後悔してゐる」（小穴隆一宛遺書）といったことはよく知られている。生涯一度の我儘であった結婚に関しても吉田弥生への恋の断念から塚本文との婚約に至る過程は、明らかに芥川の養父母や伯母への「遠慮」と「孝行」を示している。このように家の中でも「遠慮勝ち」で烈しい生活から閉ざされた「中流下層階級」としての中途半端さゆえに、下町の庶民的世界で「往来から弾き出されたただ眺めるだけの幼少期」を送った芥川にとって係累の桎梏は生涯に渡って芥川を苦しめるのであった。吉田弥生をめぐる恋愛の挫折は、人間の醜い面をさらけ出して見せたのであった。「周囲は醜い、自己も醜い」ことを痛切に思い知らされ、「イゴイズムをはなれた愛の存在を疑ふ」（大正四年〈一九一五年〉三月九日、井川恭宛書簡）という認識に到らしめた吉田弥生との恋愛・結婚という問題によって養家の打算を見てしまった芥川の嘆きであった。大正四年（一九一五年）春、二十四歳の失恋という挫折は、芥川が試みた最初にして最後の「我儘」であり、養父母、特に伯母ふきに対する孝道に帰した結果であった。この恋は芥川にとっても自己実現の為であっただけに、その挫折によって所謂「まことの我」に忠実に生きることは不可能であるということをあらためて痛切に思い知らせるものであった。年老いた伯母をはじめとする家族との妥協は、この現実世界における「烈しい生活」実現の最終的な断念であり、内側にあった生命的エネルギーを伝統的な秩序や洗練された行動様式である「孝」という観念で封じ込めることに他ならなかった。

芥川は常々「何のために生きてゐるのかわからない」という生に対する懐疑に苦しんだ。芥川をして三十六歳まで「死」を思いとどまらせていたものは、やはり「家族の係累といふ錘」であった。こうして生さぬ仲の父母や伯母に育ててもらったという負い目は芥川を終生支配し苦しめていたのであった。『老年』（大正三年〈一九一四年〉五月）という作品で出発した芥川文学における「老」と「孝」との問題は極めて重要であるが、芥川の作品に登場する老人が屢々醜悪なエゴをむき出しにして生きる浅ましい存在であり、いわば「下等」な人間社会の象徴の如きものであり、そのようなものとして老人を描くところに芥川の抜き難い生への嫌悪を看取することができるのである。芥川の一生はこうした「若死」の予感にせきたてられ「死ぬ前に早く生のプログラムをかたづけておかう」（大正五年〈一九一六年〉頃の書簡草稿）としたかのような生涯であった。同じように金子みすゞも大正十二年（一九二三年）九月号の四雑誌に五つの童詩を発表して、華々しく詩壇にデビューした。西條八十に評されて一躍新進詩人として名が知られるようになる経緯は、芥川が夏目漱石の賛辞を受けたことに余りにも似通っている。芥川の処女作小説が二十三歳で書かれた『老年』であり、次作が『青年と死』であったように、金子みすゞの処女作が「お魚」が掲載されていると『おとむらひの日』という作品で、みすゞの童詩にも死を扱ったものが多い。「お葬ひごつこ」「にぎやかなお葬ひ」などのように「葬ひ」

を題にした詩が目に入る。代表作の『大漁』にしても空想の中に葬ひを歌ったものである。

朝焼小焼だ／大漁だ／大羽鰮（おおばいわし）の大漁だ。／／濱は祭の／やうだけど／海のなかでは／何萬の／鰮のとむらひ／するだろう。

（『美しい町』「金子みすゞ全集」Ⅰ、ＪＵＬＡ出版局）

金子みすゞが、自身で手書き作成したという三つの童謡詩集には、『美しい町』『空のかあさま』『さみしい王女』という表題が付けられている。この表題は、みすゞが童謡詩人として出発した二十歳から、昭和五年（一九三〇年）三月十日に自ら命を絶つまでの六年間の心象の在り方を暗示している。「とむらひ」の他にも「繭と墓」「金魚のお墓」「雀の墓」など「墓」を歌った詩も多い。明るくて聡明で、成績優秀、誰からも愛された美しい才媛が何故に早くから「死」を意識したのであろう。生死に関するみすゞの感性をより鋭敏にしたのは、二歳の時に亡くなった実父庄之助への思慕であり、再嫁した母親の独善と妥協の生の存在であり、みすゞ十七歳の時に再婚した母親の夫、義父の松蔵の存在であった。「さびしいとき」という詩では「私がさびしいとき」に「よその人」や「お友だち」は私の寂しさを知らないで笑っているだけと歌っている。一方、「私がさびしいとき」に「私」を理解してくれるのは、やさしくしてくれる「お母さん」と「仏さま」の二人だけだと言っている。父の死を通して幼い時から死というものを強く認識したからこそ、生を慈しむ金子みすゞの童謡詩が多く生まれることになったのであろう。大人になり切っていない年齢で経験した、「家族が一人一人欠けてゆく寂しさ」

は耐えがたいものがあったであろう。その寂しさは家族に対する愛と係累への「孝」という行動と思考がもたらしたものであった。みすゞもまた決して我儘を言ったことはなかった。一人でいつも仙崎の海を見て孤独をなぐさめていた。やがてその思いを歌にすることを思いついた。寂しさを感じ、それを童謡詩にすることでみすゞは、寂しい日常の心を垣間みせながら自由な世界へと飛翔して、人が根源的に持つ寂しさを昇華させていったのであった。大正十年（一九二一年）にみすゞが女学校を卒業した時、義父の上山松蔵は軽い脳卒中で倒れ、福岡市の九州帝国大学付属病院に入院をした。みすゞは母のかわりに八月から十一月まで三ヶ月間松蔵の付き添い看病をした。若い娘が男盛りの義父を看病せざるを得ないところにも「孝養」という念と、母の再婚と義父の援助という「孝と義理」の問題を垣間見ることができるが、みすゞは心を込めてやさしく看病をし通した。

上山文英堂の番頭をしていた宮本啓喜との結婚を境に、みすゞは『さみしい王女』に象徴されるような「自由な自分の王国」から現実へと引き戻されることになった。啓喜との結婚は上山松蔵の斡旋によるものであったが、そこには松蔵の拭い難い打算と商魂が存在していた。この頃、みすゞが四歳の時に上山文英堂に養子として入籍していた実弟正祐（後に雅祐と改名）と実の姉弟とは知らず、二人は密かに思いを寄せるようになっていたが、実の姉弟と知るやみすゞは胸苦しくなり、文英堂を継ぐことを約束した弟正祐は実業に身が入らなくなっていた。

もとより松蔵に悪気があったわけではなかったが、みすゞと啓喜を一緒にさせることによって正祐に家業を継がせる気にさせようと考えた。正祐が自分の生立ちを知り松蔵に対して反抗的になってゆくのをみすゞは辛い思いで見ていた。これらの気持ちは養父松蔵に対する「孝」の思と心配りが重って、遂にみすゞは結婚承諾への決意をかためた。芥川龍之介が吉田弥生との恋を断念して、塚本文との婚約に到る過程は、明らかに芥川の養父母や伯母への「遠慮」と「孝行」を意味していたように、みすゞの宮本啓喜との婚姻も、松蔵と母に対する「遠慮」と「孝行」そのものであった。啓喜とて幸せを望まなかったはずもなく、二人の間には愛児ふさえも生まれ、みすゞも母となる喜びを得ることができた。しかしここからがみすゞの苦難が始まることとなっていった。

宮本啓喜はみすゞと結婚する前に女性がいて、その関係は結婚してからも続いていた。啓喜はそのような女性関係が絶えなかった。みすゞは何度も自殺を考えた。夫は「放蕩無頼の人」であり、みすゞは夫から花柳界の病を移されてしまった。しかし西條八十と下関の駅で僅かの時間合うことができたことで自殺を思いとどまった。みすゞは昭和四年（一九二九年）四月頃から昭和五年（一九三〇年）二月まで、娘ふさえの言葉を採集し始めた。手帳に『南京玉』として二百三十の片言とも詩片とも思われる言葉が書きとめられている。島田忠夫に送られた手紙には「夫は放蕩無頼の人で、詩作を全く厳禁し、一切の文通を止めてしまった」と書かれていた。童詩を書くことによってのみ、自らを純化し続けて来たみすゞにとって、最初にして最後の怒りの叫びであった。みすゞは昭和三年（一九二八年）十一月号の『燭台』に「日の光」を、『愛誦』に「七夕のころ」を発表し、以後ぷっつりと童詩を書く筆を断った。

芥川龍之介の実父新原敏三には龍之介と同年頃に生まれたと推定される庶子があり、それが妻ふくの発狂の一因ではないかという説がある。そうだとすれば結局龍之介から母を奪ったのは、他ならぬ実父だということにもなる。また妻ふく発狂後、新原家に手伝いに来ていたふくの妹ふゆに、龍之介にとっては異母弟になる得二を生ませている。こまやかで、誰からも愛され、繊細な神経と内面的な性格の持ち主であった龍之介と、龍之介を生んだこまやかな神経と周囲を気にして生きた実母ふくの発狂は、芥川家が持ち続けてきた江戸開幕以来の洗練された伝統と繊細な感受性が、地方出身の新興ブルジョワジーであった新原敏三の荒々しい無神経な力に蹂躙されということを意味する。一家で一中節を楽しみ、一家で観劇に出かける、みせかけの、世間の体裁ばかりを気にして生きる老人ばかりの家に養子に出された龍之介は、死ぬまで家人からは「龍ちゃん」と呼ばれていた。それでも養父母には「孝養」を尽くさなければならなかった龍之介は、養子の身の辛さをいやというほど感じていたに違いない。龍之介は『大導寺信輔の半生』で「信輔は壜詰めの牛乳の外に母の乳を知らぬことを恥ぢた。これは彼の秘密だつた。誰にも決して知らせることのできぬ彼の一生の秘密だつた」と書いているが、これは狂人の母を持ったことの「恥」と「秘密」にしておくこと自体が、養家への「孝道」であり、龍之介の悲劇の根源ともなった。下町の前近代を捨てて山の手の仮構の近代を生きようとした龍之介は、憎むべき実父敏三の姿でもあり、自己の姿でもあり、龍之介はここに於て二重の挫折感と敗北感を味わったに違いない。

宗教心に篤く、幼いうちに父を失い、母に置き去りにされた金子みすゞもまた、下関という近代明治国家を作りあげた町で、書店という近代商売で財を成した上山文英堂という名前からして商売上手を思わせる養父に「孝」を尽くして生きたのであった。

ひたすら周囲の人の心を尊重し、自分ひとりが耐え忍ぶという「孝」という生き方を選んだみすゞは、結婚という我身の振り方を決定づける人生の決断においても、義父への孝のため望まなかった書店の番頭と一緒になった。夫となった啓喜は、果実密製造業を営む宮本家の本家の長男であったが、シロップを卸した代金を女につぎ込み、心中沙汰をおこして相手の女は死んだものの、自分だけ生き残り、父親の宮本幸太郎に勘当されて下関にやって来た男であった。その啓喜を夫とすることも弟と母が贖われ、自らも養われることになった新興ブルジョワジーの上山松蔵に対し「孝行」を尽くさねばならなかったからであった。みすゞの父も支店長にしてもらい、一家で恩恵を受けた上山松蔵の薦める縁談に反対し背くことは「孝道」にはずれる行為であった。大津高女を優秀な成績で卒業したみすゞにとっては堪え難い屈辱であり、敗北であったに違いない。この結婚が政略結婚であったとしてもみすゞは「孝」のために黙って従うしかなかったのである。みすゞの自殺の後に松蔵がみすゞの娘ふさえを育て、金子家を継がせたのはみすゞの遺言を幸いにして松蔵が果たしたからであった。

親子の情愛と日本的家族

芥川龍之介は大正十四年（一九二五年）四月に三十三歳の若さで『芥川龍之介集』（現代小説全集、新潮社）を刊行した。この年齢で一巻になる作品を書いたということも天才作家と称される所以でもある。もっとも『羅生門』という不朽の名作を書いたのが二十歳であるから作家として既に十年を経過していることになる。この年『大導寺信輔の半生』（『中央公論』一月）という半自伝的小説を書いているので作家としては晩年ということにもなる。事実この夏頃から健康の衰えはげしく、創作活動は低調となり、翌年一月早々に胃腸病・神経衰弱・痔疾などの合併症の療養のため湯河原に転地し、さらに四月以後は養生のため鵠沼に寓居した。その翌年の昭和二年（一九二七年）七月二十四日未明に三十五歳の生涯を閉じた。この間彼は生に執着し、昭和二年三月二十八日附の斎藤茂吉宛書簡に「唯今の小生に欲しきものは一に動物的エネルギー、二に動物的エネルギー、三に動物的エネルギーのみ」と生存に対する強い意志を示している。

大正十五年（一九二六年）十二月二十五日に天皇が崩御され元号は昭和と改まった。僅か六日で昭和二年となった。義弟の塚本八洲が療養していた鵠沼へ、文夫人と生後間もない三男也寸志と共に転地療養をした頃から龍之介は精神的窮状を訴えるようになった。大正十五年五月三十日附薄田泣菫宛には「但しまだ疲れ易い。催眠薬の量はふえる。温灸をやっている」とあり、八月九日附室生犀星宛には「犬はその路の曲がり角へ来ると急に僕をふり返ったそれから確かににやりと笑った」とある。九月十六日附佐佐木茂索宛には「小生亦前途暗澹の感あり。多事、多難、多憂、蛇のように冬眠したい」とあり、十一月一日附小澤忠兵衛に宛てては「僕の頭はどうも変だ朝起きて十分か十五分は当り前でいるが、それからちょっとした事を見ると忽ちのめりこむやうに憂鬱になってしまふ。ちょっと上京した次手に精神鑑定して貰はうかと思ってゐる」と書き送るようになり、遂に十一月二十八日附斎藤茂吉宛には「胃腸は略々旧に復し候へども神経は中々さうは参らず。先夜も往来にて死にし母に出合ひ、実は他人に候ひしもびっくりしてつれの腕を捉へなど致し候」と綿々と精神の苦痛を訴えている。昭和二年一月二十八日附斎藤茂吉宛「ヴェロナールとヌマアルとをおとり置き下さるまじく候や。疲労に疲労を重ねて神経衰弱癒るの時なし」とさらに苦しみを訴え、三月二十八日附斎藤茂吉宛で「みずからくたばってしまへと申すこと度たびに有之候。御憐憫下され度候。この頃又半透明なる歯車あまた右の目の視野に回転すること有り、或は尊臺の病院の中に半生を了ることと相成るべき乎」と心中を明かしている。そして四ヶ月後に『或旧友へ送る手記』その他多くの遺稿と遺書を残して、ヴエロナール及びジャールの致死量を仰いで自裁したのであった。

芥川龍之介は明治二十五年（一八九二年）三月一日東京市京橋区入船町に生まれた。前節に述べたとおり龍之介が生まれた年は、父が四十二歳の男の厄年、母が三十三歳で女の厄年に当っており、いわゆる大厄の年の子であった。そのため旧来の迷信に従い形式的に捨て子とされた。龍之介は出生の第一歩においてたとえそれが形式的であったにせよ一応親から捨てられたのである。その後七ヶ月目に母の発狂という極めて不幸な経験をもったのであった。母の発狂は龍之介の生涯に常に澱のようなものとなって付き纏っていた。狂人の子であるという自覚は、やがて狂気の遺伝を恐れる心となり、彼の肉体の衰弱とともに次第に激しさを増していき自殺をうながす一因ともなっていったのであった。『侏儒の言葉』の中で龍之介は次のように言っている。

　人生の悲劇の第一幕は親子となったことにはじまってゐる。（略）
　遺伝、境遇、偶然、我々の運命を司るものは畢竟この三者である。

この短い言葉に狂人の母を持った彼の苦しみと愛憎とを推察することができるのである。
芥川龍之介は生後七ヶ月で実母ふくと離別し、母の実家の芥川家に引きとられ、伯父夫婦の手で育てられた。伯父夫婦には子供がなく、その上実母の姉で生涯嫁がずに家に留まった伯母ふきが実際には龍之介を養育した。ふきは、龍之介を極めて深く愛し早期教育を施し、また、七ヶ月で引き取った龍之介の残したもののすべてをきちんと整理して愛蔵した。それ故芥川龍之介の研究は彼の臍の緒から始めることができる、といわれている。これは極めて異例のことで他の作家研究とは比較にならない。龍之介の愛憎はやがてこの伯母も対象となるのである。最も恩愛を受けた伯母を最も憎まなくてはならなくなる心情はいかばかりのものであったであろう。これについては後述することとする。

実母ふくは龍之介が十歳の時に亡くなった。龍之介の実父新原敏三は妻ふくの死後、その妹の芥川ふゆを後妻に迎え、男児を一子もうけた。それが龍之介の異母弟にあたる新原得二である。龍之介は十二歳の時に正式に芥川家の養子となり、またしても実父から捨てられたというべきであろう。実父新原敏三は嘉永三年（一八五〇年）周防国生見村に生まれ、慶応二年（一八六六年）の幕長戦争では長州藩御楯隊下士卒として戦闘に加わり幕末・維新の動乱を生きた。明治八年（一八七五年）頃に渋沢栄一の知遇を得て牛乳販売業を営み、新宿に大牧場を営んだりして事業に成功した。大正八年（一九一九年）三月に蔓延していたスペイン風邪に罹患して没した。敏三は芥川家のふく・ふゆ、という姉妹とそれぞれ結婚したことになる。また妻以外にも女性との間に男子があったとも伝えられている。実母ふくの発狂はこれが原因だとも、あるいは敏三の梅毒の病の感染の結果という説もある。

龍之介は『点鬼簿』(『改造』昭和十五年十月)で実父敏三を作品化している。「小さい成功者」である父は「僕に珍らしい飲食物」を勧めて「実家へ逃げてこい」と誘った。また短気な父は、中学生の僕に相撲で負けると「血相を変へて飛びかかって来た」とも回想している。死の床についた父は、僕の手を取り、母との新婚当時のことを語っては涙を流した。臨終間際には狂気に冒されていたらしい、とも書いている。龍之介は実父に対しては「僕は父に対して冷淡だった」と書いているように生前は敏三に対して冷ややかな意識を抱いていたようである。だが大正六年(一九一七年)五月に龍之介は『羅生門』をはじめとして『鼻』『芋粥』『手巾』など合計十四の短篇から成る第一創作集『羅生門』(阿蘭陀書房)を刊行した。一ヶ月後の六月二十七日には久しく文壇で途絶えていた出版記念会が、佐藤春夫や谷崎潤一郎らが発起人となって十数年ぶりに、日本橋のレストラン鴻の巣で催された。鴻の巣の主人の求めに応じ、龍之介はその時即座に「本是山中人・愛説山中話」と色紙に書いた。山中とは新原敏三の出身地山口県玖珂郡賀見畑村生見である。この時龍之介は自身の出自を強く意識していたのである。ここの真教寺が新原家の菩提寺であり、色紙に揮毫した語が文学碑になっている。

芥川の作品群に「保吉もの」と呼ばれる一連の自伝的作品がある。未定稿『柴山』(大正十二、三年〈一九二三、二四年〉頃)の「保吉は幸ひにも純一無雑に江戸つ子の血ばかり受けた訳ではない。一半は維新の革命に参した長州人の血も混ってゐる。この血は江戸の悪遺伝を一掃したとは云ひ難いにしろ、少くとも一新したのに相違ない」という一節からも、龍之介が実父に対して愛憎の入り混った複雑な思いを抱いていたといえよう。養父芥川道章は代々御奥坊主を勤めた旧家に育った趣味人で「いかにも江戸の通人らしい趣のあるゆったりした人であった」（『友人芥川の追想』昭和二年）と友人恒藤恭は回想している。旧家の家長として家事の全てを取り仕切り龍之介もその下に置かれた生活を余儀なくされていた。まさに龍之介の人生は「修身斎家」を文字通り行なうことを求められた。またそのようにも振る舞い、家族全員で旧家のしきたりの体裁を繕ったのであった。

イギリスの精神分析者ボウルビィは、アリス・ミラーが「殺人行為の背景には乳幼児期の魂の殺人がある」と述べたことを敷衍してこの洞察を「母性剝奪」（母性的養育の喪失）と概念づけ「母子関係の精神衛生の基本は、乳幼児と母親が親密で継続的な人間関係をもち、しかも両者が満足と幸福感に満たされているような状態である。少なくとも生後三歳までの乳幼児期にはこうした愛情に満ちあふれた親密な関係が不可欠である。これが母子関係の最も健全なあり方である」（二木武訳『母と子のアタッチメント』医歯薬出版）と述べている。愛情のこもった母親の世話や働きかけが何らかの理由で奪われたりすると、乳幼児のその後の心身の発達に深刻な障害がもたらされるという論理である。母性剝奪を受けて「魂の殺人」を経験した子供にとって、その苦しみと痛みは一時的なものとして終わらず、生涯に渡って精神的に抑圧され続けてゆくという見解である。更に子どもが母親を求めるのは「愛着行動」であり、母親が子供の愛着行動に対していかに愛情をもって応答するか否かが子供の精神発達に決定的な影響を与える、という理論を構築している。

芥川龍之介の三十五歳での自死は、生後七ヶ月で生母から引き離された結果と考えてよいであろうか。ことは左様に単純には説明できまい。龍之介は非常にやさしく、家族思いで、律儀で極めて礼に厚かった人物といわれている。養父母、伯母、妻子四人、姉と一子、それにお手伝いさん二人という家族を龍之介は筆一本で支え続けた。龍之介が芥川家に引き取られた当時のことを『大導寺信輔の半生』では「信輔の家庭は貧しかった。（略）退職官吏だった彼の父は多少の貯金の利子を除けば一年に五百円の恩給に女中とも家族五人の口を餬して行かねばならなかった。（略）彼は本を買はれなかった。夏期学校へも行かれなかった。新しい外套も着られなかった」と書いているように極めて質素な生活であったことは確かである。龍之介はこうした一家の家長となるのである。

生後七ヶ月で芥川家に引き取られた龍之介を最も愛したのは、養父母よりもむしろ伯母のふきであり、一生を独身で通した伯母は、彼を腹を痛めた子のように愛し育てた。ふきはいつも抱寝をし、乳の代わりに牛乳を飲ませて育てた。亡妻の忘れがたみで長男であった龍之介に、実父敏三は愛情を断ち難かったのか屢々龍之介を連れ戻そうとしたが失敗に終った。龍之介がことの外この伯母を愛していたからであったが、後にはこの伯母と龍之介とは、愛するが故に傷つき憎み合うということも生じた。『或阿呆の一生』では「彼の伯母はこの二階で度々彼と喧嘩をした。しかし彼は彼の伯母に誰よりも愛を感じてゐた。一生独身だった彼の伯母はもう彼の二十歳の時にも六十近い年寄のようだった。彼は或郊外の二階で何度も互に愛し合ふものは苦しめ合ふのかを考へたりした」と記している。生母ふくのことは『点鬼簿』に「僕の母は狂人だった。僕は一度も僕の母に母らしい親しみを感じたことはない。僕の母は髪を櫛巻きにし、いつも芝の実家にたった一人坐りながら長煙管ですぱすぱ煙草を吸ってゐる。顔も小さければ体も小さい。その又顔はどう云ふ訳か、少しも生気のない灰色をしてゐる。僕はいつか西廂記を読み、土口気泥臭味の語に出合った時に忽ち僕の母の顔を、痩せ細った横顔を思ひ出した」と記している。

芥川の『点鬼簿』から推察すると、ふくは芝区新銭座町の新原家で、二階の座敷牢のような部屋にいたらしい。「何でも一度僕の養母とわざわざ二階へ挨拶に行ったら、いきなり頭を長煙管で打たれたことを覚えてゐる」ともいっている。ふくは「病の為よりも衰弱の為に死んだのであらう」と記されているように世間から隔離され、運動もさせてもらえず、自然に衰弱して死んだのであった。龍之介が満十歳の秋、不幸な生涯であった。こうした記述からするとボウルビィの母性剥奪がその後の生涯に影響するという論理も首肯できなくもない。

伯母のふきは三十七歳で、生後七ヶ月の赤ちゃんであった龍之介を懐にした。明治二十年代では三十七歳は初老に属したため、養い親のふきは、他の十代や二十代の母親のように体を動かして子供と一緒に、鬼ごっこやかくれんぼができなかった。ボウルビィのいう「アタッチメント不足」である。そこでふきは室内で絵本や読み聞かせなどをしながら養育した。つまり自然に文字や数などを覚えこませる早期教育を施すことになった。龍之介にとってはそれは有効に働き、書物への関心や読む早さが人並以上に優れた結果を招くと同時に、人間としてはマイナス面も残された。人見知り、はにかみ屋、小心、極度な潔癖さと律儀さ、などの人間的特質において現れている。小さい時から同年齢の仲間との交わりが少なかったことに起因しているとも考えられる。龍之介は養父母と伯母に溺愛されて育ったということもできるであろう。過度の愛情は時には過干渉や過保護や独占という行為を引き起こすこともある。実子でないということがより独占欲を増幅させてしまう場合もある。

大正三年（一九一四年）五月、龍之介二十二歳の折、龍之介は初恋を経験した。東京高女を出て青山女学院英文専科にいた吉田弥生という至って聡明な女性であった。父は吉田長吉郎といい東京病院庶務課勤務で弥生は龍之介と同い年であった。龍之介の生家新原家がこの病院に牛乳を納めており、それを機縁に交際が生じ、龍之介も弥生の許を屢々訪ねるようになった。

その年の秋に弥生の縁談が契機となって、龍之介の弥生への愛情が一気に高まり、求婚を決意するが養家芥川の全員から猛烈な反対にあって断念せざるを得なかった。東京帝国大学英文科に入学して一年を経過したばかりであった。このような点を乳幼児期の母性剝奪による我儘な性格と捉えるか、老人家族によって養育され溺愛されて育った放恣的性情によるものなのかは定かではないが、殊に大反対したのが伯母のふきであった。「伯母が夜通しないた。僕も夜通しないた」と龍之介は親友の恒藤恭に宛た便りに書いている。最も愛情を注いでくれた伯母から一晩中泣きながら反対されたことで、龍之介は翌朝むずかしい顔をして「思切る」と応えて断念をした。友人に宛てた書簡にその時の龍之介の心情の経緯を見ることができる。五月十九日附恒藤宛「僕の心には時々恋が生まれる。あてのない夢のやうな恋だ。どこかに僕の思ふ通りな人がゐるやうな気がする恋だ。けれども実際的に至つて安全である。何となれば現実に之を求むべく一つに女性はあまりに自惚がつよいからである。二つに世間はあまりに類推を好むからである」と書いている。冷静だったはずの弥生への恋であったが、翌大正四年（一九一五年）三月九日には「周囲は醜い。自己も醜い。そしてそれを目の当たりに見て生きるのは苦しい。しかし人はそのままに生きることを強ひられる。一切を神の仕業とすれば神の仕業は悪むべき嘲弄だ。僕はイゴイズムを離れた愛の存在を疑ふ。僕は時々やり切れないと思ふ事がある」と書かれていることから、龍之介の経験した不幸な恋愛の発端と結末を知る事ができると共に、この恋の結末は伯母の意志が最も強く働き、一番愛し、愛された伯母の反対で破局になったのであった。

龍之介は養子であるわが身の不自由さを痛感したに違いない。誰よりも愛する伯母に、誰よりも強く反対されたことによって、二人の間にある愛にもエゴイスティックなものを見出したに違いない。龍之介は恋を捨てて伯母への愛を取ると同時に幾ばくかの憎しみも持ったに違いない。この恋愛の破局は、愛とエゴイズムの問題を核として、芥川の人間認識に深甚な影響を与えたと思われる。例えば弥生との破恋を『羅生門』成立の主導因とする見解もある。『あの頃の自分の事』には次のようにある。龍之介二十三歳の大正四年（一九一五年）十一月頃のことである。

当時書いた小説は『羅生門』と『鼻』と二つだつた。自分は半年ばかり前から悪くこだはつた恋愛問題の影響で独りになると気が沈んだから、その反対のなるべく現状と懸け離れた、なる可く愉快な小説が書きたかつた。そこでとりあへず、今昔物語から材料を取つてこの二つの短編を書いた。書いたと云つても発表したのは『羅生門』だけで『鼻』の方はまだ中途で止つたきり、暫くは片がつかなかつた。

『羅生門』は龍之介の事実上の処女作といってもよい。それらが「なるべく愉快な小説」とは言い難い。だが、『羅生門』と『鼻』が人間のエゴイズムを扱った作品においては確かに

「現状と懸け離れた小説」であることは間違いない。義父母と伯母という老人家庭で養育され、大恩ある伯母が反対したことによって初恋を終局させた。恐らくその時の龍之介の心には愛憎入り混った感情が存在したに違いない。羅生門の楼上で老婆の論理を逆手に取って、猿のような鶏のような老婆の着物を剝ぎ取り、蹴倒す場面は若い下人に取っては痛快なことであったろう。この場面を龍之介が「愉快な思い」で描いたとしたならば、ここに登場する老婆は伯母であり、「愉快な行為」は伯母に対する反抗であり、復讐であり、自立への第一歩といってしかるべきであろう。

大正七年（一九一八年）二月二日、芥川龍之介と塚本文とは婚約一年後に結婚をした。龍之介二十六歳、文十八歳であった。結婚をしても文は夫だけと一緒に住むこともできず、田端の家で数多い老人達に仕えねばならなかった。久米正雄は『破船』という小説で塚本文のことを「健気な未亡人の手で淑しく併し確りと育てられた。若い健気な、どちらかと云へば少し円顔の可愛いい女性だった」と書いているように、しとやかで気立てのよい女性であったが、老人達との新しい家庭生活はやはり神経の疲れる日々であった。文がある日買い物帰りに龍之介のために水仙の鉢を買って帰ると早々に伯母から「結婚早々に無駄使いをしては困る」と言われた。龍之介はやむなく鎌倉に借家を見つけ、そこで妻と二人の新婚生活を送ろうとした。しかし伯母はそこまでも追従して来たのであった。龍之介は伯母の深い愛情を受けとめながらも苦痛を感じていた。「伯母がゐなかったら今日のやうな私が出来たかどうかわかりません」と龍之介はいいながら龍之介は誰よりも伯母への気遣いを怠らなかった。妻文への小言や注意も伯母に「言え」と強制されておこなったのであった。

翌年三月に龍之介は海軍機関学校を辞職し専業作家となった。鎌倉での生活も一年たらずで切りあげて再び田端の自宅に戻った。教師生活をやめて専業作家として毎日家で仕事をするようになると、三人の老人達の存在は常に監視の眼として写るようになっていた。しかし龍之介は一方で「養父母に孝」という倫理に従いそれに縛られた生活を送った。家庭人芥川龍之介は、いつも養父母と伯母ふきに遠慮がちな生活を送らざるを得なかったのである。昭和二年（一九二七年）三月に発表された『河童』という小説で詩人河童トックが自殺した場面でマックという名の河童に「トック君の自殺したのは詩人としても疲れてゐたのですね」と言わせ、また「かう云ふ我儘な河童と一緒になった家族は気の毒ですね、何しろあとのことも考へないのですから」と河童同士が対話している場面がある。また子供が生まれる際に父親が胎内の子供に生まれたいかを問う場面がある。すると腹の中の子は「僕は生れたくはありません。第一僕のお父さんの遺伝は精神病だけでも大へんです」と答えているのも、龍之介が精神病の母を持ち、その遺伝を晩年は特に気にしていたことに突き当たる。「何の為にこいつも生まれて来たのだらう。この裟婆苦の充ち満ちた世界へ。何のために又こいつも己（おれ）のやうなものを父にする運命を荷ったのだらう」とは『或阿呆の一生』の中で龍之介の長男芥川比呂志が誕生した際の「出産」という章に書かれている。芥川龍之介の人生そのものが愛憎の生涯であった。作品そのものは愛に満ちあふれているが、と同時に芥川の作品には多くの老人が登場するのは何故であろう。

芥川龍之介は死の直前に六通の遺書を残している。友人で俳句仲間であった小穴隆一宛には「僕は勿論死にたくない。しかし生きているのも苦痛である」と記し、三人の子供宛には「わが子等に」と題して、「人生は死に至る戦ひなることを忘るべからず。若しこの人生の戦ひに破れし時には汝等の父の如く自殺せよ。但し汝等の父の如く他に不幸を及ぼすを避けよ」と記されていた。妻の文には「生かす工夫絶対に無用」とある。一体芥川龍之介の遺書から推測できるのは、人間の生きることのむずかしさ、そして一家と一族の安寧を図ることの困難さを見ることができる。情愛の探さは時に憎しみを生む。それ故に龍之介は実に律儀に、実に几帳面に養子としての責任を全うした。龍之介の書き残した一字一句に愛憎の交錯が見え隠れしているが、実人生に於てはそれらをおくびにも出さなかった、短い生涯であった。『芥川龍之介全集第二十三巻』(岩波書店、一九九八年一月)に収められている遺書の冒頭には次のようにある。

僕等人間は一事件の為に容易に自殺などするものではない。僕は過去の生活の総決算の為に自殺するのである。しかしその中でも大事件だつたのは僕が二十九歳の時に秀夫人と罪を犯したことである。僕は罪を犯したことに良心の呵責は感じてゐない。唯相手を選ばなかつた為に（秀夫人の利己主義や動物的本能は実に甚しいものである。）僕の生存に不利を生じたことを少からず後悔してゐる。なほ又僕と恋愛関係に落ちた女性は秀夫人ばかりではない。しかし僕は三十歳以後に新たに情人をつくつたことはなかつた。これも道徳的につくらなかつたのではない。唯情人をつくることの利害を打算した為である。（しかし恋愛を感じなかつた訣ではない。僕はその時に「越し人」「相聞」等の抒情詩を作り、深入りしない前に脱却した。）僕は勿論死にたくない。しかし生きてゐるのも苦痛である。他人は父母妻子もあるのに自殺する阿呆を笑ふかも知れない。が、僕は一人ならば或は自殺しないであらう。僕は養家に人となり、我儘らしい我儘を言つたことはなかつた。（と云ふよりも寧ろ言ひ得なかつたのである。僕はこの養父母に対する「孝行に似たもの」も後悔してゐる。しかしこれも僕にとつてはどうすることも出来なかつたのである。）今僕が自殺するのは一生に一度の我儘かも知れない。僕もあらゆる青年のやうにいろいろの夢を見たことがあつた。けれども今になつて見ると、畢竟気違ひの子だつたのであらう。僕は現在は僕自身には勿論、あらゆるものに嫌悪を感じてゐる。

芥川龍之介

第二章　放浪と立志そして破滅へ

島崎藤村と東京

島崎藤村の父島崎正樹（天保二年五月四日〜明治十九年十一月二十九日〈一八三一年〜八六年〉）は明治七年（一八七四年）に「こんな山の中にひっこんでいて古い宿場の運命をのみ見守るべきでは」と考え、四十三歳で東京に出て教部省考証課御雇員となるが僅か五ヶ月で再び山深い飛騨国に戻ることとなる。明治新政府に大きな夢を抱いたが時の流れは正樹を受け入れることはなかった。同時に島崎家十七代目にして家政の衰運もここに窮まった。一方、永井荷風の父永井久一郎（一八五二年〜一九一三年）は明治四年（一八七一年）にアメリカに留学しプリンストン大学で学び、帰国後は文部省の会計課長に就任し高級官吏になった。二人は共に尾張の藩士と旧家出身であったが、二人の明暗を殊更隔てたものは学歴の違いであった。正樹は文久三年（一八六三年）に江戸に出て平田鉄胤に学び平田派国学の道を極めた。久一郎は明治三年（一八七〇年）に貢進生となり大学南校に学んだ。貢進生とは新政府が人材を育成するため石高に応じて、各藩から一〜三名の秀才が推挙された奨学金付の英才学生である。明治二年（一八六九年）に開学した学校で第一回生は全国から三百十名が推挙されここから日本の学歴貴族の道が敷かれた。久一郎は学歴貴族第一号生の一人、正樹は在野の儒学者であり、この時点で正樹は既に過去の時代の人であった。無論父が見果ぬ夢や成功によって自分と同じ道を子に託そうとするのは世の常である。正樹は「彼奴は一番学問の好きな奴だで、彼奴だけには俺の事業を継がせにゃならん」(『春』による)と、自らが果せなかった夢の実現のため明治十四年(一八八一年)に藤村を九歳で上京させた。京橋鎗屋町の高瀬薫方から名門泰明小学校に通わせた。一方、久一郎は五歳の荷風を明治十七年に名門女子師範学校附属幼稚園(現お茶の水女子大学附属幼稚園)に入れた。ここから藤村と荷風の東京における学歴が形作られることとなった。

藤村は三田英学校から共立学校を経て、明治二十四年(一八九一年)に二十歳で明治学院を卒業した。荷風は東京英語学校附属尋常中学、高等商業学校附属外国学校に入学するも明治三十二年(一八九九年)に二十歳で除籍された。その間二人は第一高等学校を受験するが失敗する。藤村はそれでも諦めず受験に固執した。荷風の父久一郎に「何年落第してもいいから第一高等学校の試験を受けろ」と言わしめた旧制高等学校こそが学歴貴族製造学校だったからである。ところが二人は学歴貴族の道から外れ父の期待を裏切り文学の道に流離うこととなる。父の期待は裏切ったが取りも直さず自我を貫き自己の道を開拓するには幸運であった。二人は共に新時代に目を向けることを英語学校時代に学んだのである。島崎藤村こと春樹少年が父の期待を、一族の期待をどう受け止めて上京し、文学に転向したかは後の回想を読めば理解できる。

私は野心深い少年であって、殊に其頃は単純な政治思想が青年の間にも盛んであったといふ時代であるから、自然と政治家にならうといふ考へを抱いて居た。（略）学校の図書館に入つて西洋の詩人の伝記などを読み耽るやうな青年になつた。そして政治家にならうといふやうな考へは、もう其時分は捨てて了つて快活な遊戯なども抛ち、面白い友達なども余り交際はなくなつて一時は非常に憂鬱な考へ深いやうな風になつた。そして今まで自分が思考して居たことは皮相に過ぎなかつたと思つて文学とか宗教とかいふ方に心を潜めるやうになつて了つた。

（「明治学院の学窓」『新片町だより』佐久良書房、明治四十二年九月二十二日）

藤村の東京での転居は実に十五回に及ぶ。いにしへより一所不住、無住漂泊は隠遁者の処世法であり、そこから多くの真の人間の生と文学が誕生した。こうした生き様は御一新後の近代社会にも引き継がれて多くの文学作品が輩出された。藤村は明治女学校の教職にあって教え子の一人佐藤輔子を愛し、失意のうちに関西方面の漂泊の旅に出る。関西を選んだのは『源氏物語』や芭蕉の『明石紀行』が念頭にあったのかも知れない。藤村は明治女学校の卒業生広瀬恒子を訪ね、友情を越えた仲となり暫く須磨や明石に滞在する。教え子で恋心を寄せる佐藤輔子への絶ち難い思いに駆られ、東京に戻ったり鎌倉の寺に籠ったりするが、一方では若い藤村の身体に流れる本能的な狂熱を癒す品川遊廓通いも経験する。「自分等の眼前には未だ開拓されていない領分」があり、「自分の道を見出すということは猶大切だ。人は各自自分の道を見出すべきだ」と覚悟を決めての放浪であり、この間の事情は『春』に語られている。

明治二十九年（一八九六年）、二十四歳の藤村は東京を離れ仙台に赴き、九月初旬に仙台東北学院へ赴任した。勿論東北は芭蕉や西行などの歌枕の地であり「古人も多く旅に死せる」の地である。藤村も古人に倣いその服装も羽織を着て草鞋に脚絆姿で『奥の細道』を下向した。「奥羽長途の行脚只かりそめに思ひ立ちて」の旅であったので「まだ自分は踏み出したばかりで「自分のようなものでもどうかして生きたい」という思いに駆られての決意であったが、東北滞在十ヶ月で東京に戻ることになる。東京に戻った藤村は明治三十年（一八九七年）、二十五歳で芭蕉に倣い詩集『若菜集』を刊行する。この詩集は『文学界』を発端とする日本浪漫主義運動と日本の近代詩の確立を告げる金字塔と評価されるが、「若菜」という古歌を思わせる詩集名や集中六人の乙女達の女性像は中古の説話や物語の主人公を髣髴とさせ、七五調の歌体も中世の今様体や催馬楽体、他にも隆達節歌謡体の域を出ないものである。隆達節は慶長（一五九六年～一六一五年）の頃から江戸の町で盛に流行し、哀感を伴ない男女間の恋慕の種々相を抒情味深く歌って、しみじみとした憂愁の世界を形作っている。

東京銀座から日本橋浜町への転居をはじめ、神田淡路町、猿楽町、牛込赤城元町、下谷三輪町、湯島新花町、猿若町、本郷森川町と転居を重ねること十年の歳月は藤村に江戸的な情趣や哀歓や諦念を歌った歌謡音曲を耳に焼き付けたに違いない。隆達節は藤村以後の近代歌謡にも影を落とし、竹久夢二の「宵待草」や吉井勇の「ゴンドラの唄」にそれを見ることができる。また「涙」「面影」「別れ」などの語を主要素とする現代のJ－POPにも引き継がれている。

明治三十二年（一八九九年）に藤村は東京で詩集三冊を刊行して二十七歳の春四月に信州の小諸義塾教師に赴任した。十四年間東京で生活した藤村に都会はどのように映っていたのであろう。

都会――殊に下町の夏は極めて趣味の多い時である。わけても暑い。一日を終って街々に燈火の点く頃から夜へかけてこの感じが深い。（略）都会の夏の夜は一面歓楽の時で、娯楽の機関なども備ってゐる。此の夏の夜に、私共が涼しい街々で見出す趣味の多種多様なことは、到底田舎に於ては味はふことの出来ないものである。都会の人の鋭敏な感覚は斯ういふ時に触れても最もよく発揮されてゐる。

（「歓楽時・活動の時」『新片町だより』佐久良書房、明治四十二年）

仙台から帰東した藤村は、東京は最早これ以上詩人としての仕事に何らの刺激も与えない場所と認識し信州の地で家庭を持つことになる。九歳で東京に出て小諸に帰宿するまでの経緯は、明治四十年（一九〇七年）三月号の『中学世界』に『吾が生涯の冬』と題されて詳述されている。

明治三十八年（一八〇五年）、三十三歳の藤村は『破戒』の未定稿を携えて、職業作家として立つ決意を持って再上京し西大久保に一家を構えた。翌年『破戒』は自費出版され三ヶ月で四版を重ねた。だが上京して一年足らずで三人の女子を亡くし、妻冬子も鳥目を患い、丈夫なのは藤村一人だけという有様になってしまった。作家として成功し妻子一家を構えたからといって「真の人間の幸福」がそこにあるとは限らない。藤村より十七歳年少の久保田万太郎も同様に生涯で十三回の転居をした。万太郎は人生を流寓と捉えていた。藤村も自分のためには終生「家」を持たなかった。文壇に出ることのみを夢に描いて妻子を省みない有様は、後の嘉村礒多の私小説とその生活を彷彿とさせる。『破戒』の差別の把握と不徹底さ限界とが今でも指摘されるが、「出生の秘密を負って苦悩する丑松の悲劇には『眼醒めた者の悲しみ』という藤村自身の青春の体験、自我確立のための挫折と屈辱と試行錯誤の記憶がより濃く投影されている」（『日本近代文学大辞典』三好行雄解説、日本近代文学館、講談社、昭和五十二年十一月）とする見方が定説である。小島信夫は『破戒』について父の異母妹との関係、同村の男と母の関係、直訴と放火と狂死、家の焼失と長兄の入獄などは「父の声となって掟を守れと囁いている。丑松は藤村自身であり、学校を辞して旅に出たことも、掟を破ったことを書いたのも、結局彼自身のことが書いてある」（『文芸読本・島崎藤村』文芸臨時増刊号、昭和五十四年六月二十六日）と述べている。『破戒』の直後に『春』『家』『新生』と書き続け「自分のようなものでもどうかして生きたい」という言葉に藤村特有の新生の意味があるとも述べている。伊藤整が山国の藤村のような人が都会人士に受け入れられるためには「自分のようなものでも」という慇懃さが必要であったと書いているが、伊藤整の意図するところは次の文章であろう。

島崎家ほど同族あげて東京へ出てきているところは、今でも昔でも少ないであろう。ただ出てくるばかりではない。彼らは東京で木曽の山の中の同族ぶりを再現しているのである。最早破産倒産、そのほか息苦しい出来事のために田舎に住むことが叶わぬためもあるけれども、折にふれて先祖や父のことを思い出し、家霊がついているなどといいながら、一旗あげようとするのである。それをあおったのは、藤村自身の名声であったに違いない。

（小島信夫『東京に移った同族』『文芸読本・島崎藤村』昭和五十四年六月）

歯切れの良い論旨である。再上京してからの藤村自身の生活は年譜で見る限り、愛欲や憎悪、嫉妬や破産、廃人に投獄、借金に病死と、まことに凄惨で陰惨な生活が続いている。あらゆる事件が『嵐』のごとく襲いかかり、それを藤村は告白という手法で小説にした。「過ぐる七年を嵐の中に坐り続けて来たような気もする」と書いて、思いもかけぬ新生事件の嵐を掻い潜ったのである。

葛西善蔵は「文芸の前には自分は勿論自分に付随した何物をも犠牲にしたい」と友人に告げたように、葛西の自己小説も東京に出ることによって益々生彩を放つようになる。葛西の影響を強く受けた嘉村礒多は藤村より二十五歳年少であるが、私小説の極北と称されたように、作品は自己をあからさまに剝き出しに語ることに特色がある。人間存在の極限の種々相や自己の行為を白日のもとに曝すことが主眼であった。それは文学の中で己れの罪と罪業を告白し、懺悔し、それによって自分自身を救済する道であった。藤村の『新生』は後続の作家に多大な影響を与えた。罪業をあからさまにするには故郷から遠く離れた場所がよい。生活それ自体を知られない、覗かれることがない、雑多な人が集まる、見られることがない都会でそうするしかなかった。またそうやって文学者として身を立てることが出来るのも都会であった。そのためには都会にありながらもなお、作品一作を発表する毎に住居を移すことが必要であった。葛西は東京と弘前を行ったり来たりした。藤村が旧家の淫蕩の血を意識して小説化したとすれば、藤村は隠蔽しようとする田舎者特有の視点で自己の行為を見、都会人の開放性という意識で告白したことになり、藤村は常に都会と田舎を相対的に見ていたことになる。浅草で藤村は八年を過ごしたが、下町に生まれ育った万太郎や龍之介にも「隠蔽」という意識があった。小島政二郎も『含羞』という小説を書いており、自然主義派の徳田秋声の指摘に対して、芥川は「だれが恥入りたいようなことを告白したりするものか」と言っている。

藤村は七十一歳の生涯のうち、凡そ五十年を東京で送り、東京内で居所を変えること実に十五回に及んだ。『新生』を発表した後、藤村は麻布の飯倉片町に移転し、深い谷間にあるような簡素な二階屋で四十七歳から六十五歳までの十八年間を過ごすが、それは東京での十三回目の転居であった。大正十一年（一九二二年）八月に藤村は一家を挙げて郷里に帰り、長男楠雄には明治学院中学部を退学させ、帰農させて家の再建を図ろうとした。藤村の心に望郷の思いが生じたのであった。

葛西の作品の多くは「帰らねばならぬ」という思いと「彷彿ひ歩かねばならぬ」という思いの両者が、常に対立葛藤しながらも家に帰ることも、他郷を流寓することにも安息できない人物が描かれている。藤村、葛西、嘉村の三人に共通しているものは、東京を流寓しながら、上京しなければ小説家として身を立てることが不可能であることを承知した上で、止み難い望郷の念に駆られるという点である。藤村はそのような思いを次のように記している。

ある時、自分は落魄して故郷を通ったことがあった。矢張故郷は懐しいと思った。それから昔の友達に出遇した。逢って見れば非常に昔なつかしいといふ心が涌いて来た。けれども故郷を懐しく思ふ心も、友達を懐しく思ふ心も、只それだけの話で、その友達に会って話をして見ようとか、長く故郷に逗って居ようといふやゝうな心は起らなかった。（略）自分はこの心に安んじて居るといふのではない。少しも満足して居るのではない。藻掻いて、苦んで居る。そして自分の心を癒して呉れるものは、友達の慰藉でもなければ先輩の忠告でもなく、只々「時」の力を待つより外はないと思ふ。

（「放浪者」『新片町だより』左久良書房、明治四十二年）

自己のこと、家のことを東京で書き発表し続けた藤村も、昭和四年（一九二九年）になってようやく故郷や村へと目を向けるようになる。『夜明け前』は藤村の父正樹の一代記でもある。父の生涯を描きながらも、父が生きた時代を維新前後の歴史の中に造型し、その時代と共に父を見直し、日本人の生き方を再検討する作品である。評価は、藤村の自己検証の日本自然主義文学独特な告白的な自己追求がついに父親にまで及んだとする説と、主人公の存在を認めながらも非個性的な歴史的叙述に注目し、これを作者自身の内部から遥か遠ざかった所で把えようとする二通りの見方がある。藤村自身は「『夜明け前』を出すについて」（『中央公論』昭和四年〈一九二九年〉新年号）と「『夜明け前』成る」（『東京朝日新聞』長野版、昭和十年〈一九三五年〉九月五日）という二文で心境を語っている。要約すると、「明治維新は決して僅な人の力で出来たものではない。そこにはたくさんの下積みの人たちがあった。維新といふものが下級武士の力によって出来たものだと説く人もございますが、私はさうではなしに庄屋達がたくさん働いた。そうした下積の人達を中心とした物語でございます」との旨を述べている。

永井荷風は大正五年（一九一六年）作『うぐひす』に小林老人という江戸人を登場させ「私は王政復古の際に薩長の浪人共が先に立って拵へた明治の世がいやで成らないのです。私の悪むのは薩長の浪人が官員となって権勢を恣にし一口上下の風俗人情を卑陋にさせたことを申すのです」と語らせている。学歴貴族の軌道からはずれた荷風は、立身出世主義や欧化主義などの近代日本に背を向けて生きる江戸の面影の残る下町の老人の哀歓を描いた。藤村は東京にとどまって、功利実利文明に翻弄される父の生涯を描いた。二人の父親は生きた時代を多少異にはしたが、共に尾州出身者であった。藤村は晩年に浅草や両国、新片町を「何となく古い江戸の残って居たような町で」と懐かしがり「大都市は墓地であるのだ。人間はそこに生活しては居ないのだ。しかし現に都会に居住しつつあるものに取っては、ただそれだけでは済まされない。何とかしてこの都会の澱み易い空気の中に若葉青葉のような生気をそそぎ入れなければならない。その更新を持ち来すものは、何時の場合にも地方人の気魄と野性とではないだろうか」(「春を待ちつゝ」『戦争と巴里』アルス出版、大正十四年三月)と書いている。藤村は東京での所感を六冊の感想集に残している。

また、藤村も荷風も共にフランスで異国体験をしている。二人にとって異国体験は、東京のさまざまな相貌に改めて眼を向けさせた。改良に継ぐ改良、破壊に継ぐ破壊を重ね「雑然紛然たること恰も植民地の町を見るごとく」に映った。近代実利文明、功利文明を推し進めている政府官僚こそ明治以来養成され続けた学歴貴族達であった。藤村も荷風も近代日本の凝縮された風景を東京に見、一方で伝統としての都市と東京とを視点に据えながら、二人はそれぞれの成育した土地の伝統と精神的風土の再生に文学者としての生涯をかけたのであった。

嘉村礒多『秋立つまで』

昭和五年（一九三〇年）十一月号の『新潮』に『秋立つまで』が発表された。嘉村礒多が雑誌『近代生活』の編集を退いた時期と機を同じくする。本作発表の当時、大森義太郎は「葛西善蔵氏に似てゐるにせよなんにせよ、この文章にはちとかなはない」（「文芸時評」『改造』昭和五年〈一九三〇〉十二月）と評し、広津和郎は「傾向、主義、主張の如何にかかはらず此処まで打込んだ作物には、自然と胸が迫り、涙が流れて来る」（「旅からの文芸批評」『中央公論』昭和五年〈一九三〇〉十二月）と小説家嘉村の渾身の作として絶賛した。やがて本作を表題にした作品集『秋立つまで』（創元選書、昭和十五年〈一九四〇〉十一月）が刊行されると、宇野浩二はその解説で「嘉村の全作品の中で、傑作のひとつである」と起筆して、次のように続けて評している。

嘉村が師事した葛西の作品も、嘉村の作品も、みな殆ど小説であるけれど、形は違ふが、貧苦と病苦と妙な夫婦関係とを描きながら、葛西の小説には余裕と諧謔があったが、嘉村の小説には、その主人公が、葛西の小説の主人公より遥かに偏執的であったから、余裕がなさ過ぎる上に、病的なところさへあったので、窮屈すぎるところがある。

無論宇野が賛辞を送っていることに間違いないが、後半では偏執的、余裕がない、窮屈といった評辞を見せている。嘉村の描く小説は、己の内面世界をえぐり出し、感傷を込めて事件や事実を描き、事象を外面的に辿りながら、心的事実と重なり合っている部分だけを取り出して強調する方法を取っている。『秋立つまで』の二年前に発表した『業苦』は不倫と背徳の行為におののく悲愁孤独の思いを綴り、自分がこの世に在る事自体が罪であると認識する宿業の意識を描いて好評を得た。以来、嘉村はその題名が示す通りの業苦の心境を描き続けた。宇野が指摘した「貧苦と病苦と妙な夫婦関係」のみならず、自己の暗部を、あからさまに、容赦なく、苛烈なまでに裸にして描いた。目を覆いたくなるような不幸やみじめさ、過去の家族との諍いの回想、家族を不幸の淵へ陥れたことへの自責の念、奈落の底のような女との関係、苦難の現在を、これでもかとばかりに描いた。故に嘉村の作品は文壇的にも、文学史的にも「私小説」の極北とされて来た。

一方、葛西や嘉村らが地方の出身であるところから「田舎っぺぇ小説」（松原新一「来迎の姿」『愚者の文学』冬樹社、昭和五十年）と評される傍ら、因果応報への懺悔と自虐と陶酔の姿は、当時の都会的消費的な表層を描いたモダニズム文学の中にあって、極めて異相の文学としての光りを放って人々の注目を集めた。宇野の『知られざる傑作』（『新潮』昭和三年九月）は、中村武羅夫の「公然宿命と霊性の世界に於ける人間の苦悶を描いて、それで而もわれわれに大きな戦慄を与へずにはおかない」（『新潮』昭和四年二月）という評を得た。更には『業苦』と同じ手法で描いた『秋立つまで』は同様の評価を得た。だが、中村の評には些かプロレタリア文学への対抗意識や、モダニズムに対する反発意識も含まれていると見るべきであろう。大時代的な表現や、飽く事のない不幸の描写、露骨な罪業意識などの描写は、逆に背徳行為の生生しい罪悪感を希薄にすることもある。高橋義孝は「マゾヒズムの自己讃歌」（『文芸学批判』昭和二十三年二月）とも評した。福田恆存は「罪悪感のうちに一途に宿命を仮想し、無意識に芝居をうってゐる」（「作家精神」『嘉村礒多』中央公論、昭和十四年三月）と虚構性を指摘し、「狂態のはてには疲労が材料の涸渇とともにやってきた作品、嘉村の疲労は困憊に達している」とも述べているが、ここには福田が芥川の死に臨んで評した「造型美の構築と芸術至上主義の精神」（『芥川龍之介論』角川書店、昭和二十七年）の見方を嘉村の作品にも照射したものいいと見て良いであろう。

不倫の恋の結果、東京で日蔭者の引目を負いながら孤独の生活を送らねばならなかった私は、故郷に置き去りにして来た我児や年老いた両親を思っては罪の意識に苛まれる。三畳の間で壁に向って、いつか作家として立てる日が来る事を思い筆を執る。憎み争った嘗ての妻にも申し訳なさと眷恋の情を募らせ、同時に汚辱に塗れた己の所業が甦り、繰る日も来る日も骨も肉も打砕きたいほどの羞恥心や屈辱に身を晒している。駈落ちの末同棲した女とも諍い罵る日々、前途に一片の光明も見出せぬ暗澹たる生活が繰り返される。

(太田静一『嘉村礒多その生涯と文学』弥生書房、昭和四十六年)

こうした筋に加えて、出郷当初の出来事や妻との離婚と再婚、同棲している女の母の死、過ぎ去った故郷の懐しい日々、甥の突然の上京、望帰の念、義兄の死、などが日記の形を取ったり、説経や呪文・経典の言葉を挟み入れたり、一人暮しの叔母の焼死の回想場面などを挿入して描き、やや緊密さを欠くと思われる箇所もある。『秋立つまで』を『業苦』や『崖の下』などの作品と比較すると、嘉村の感傷と止み難い望郷の思いが増幅され、文章もやや宗教色を強めたような趣きも感じられ、全体に悲壮感が大きく薄らいでいる。このような描写に対しては、森川町時代の小川ちとせとの人目を忍ぶ孤独な生活が惰性となって、緊迫が弛んだとする見方もあり、また別れた妻や故郷に対する顧恋の情が罪業感に取って変わり、そのことから「私小説」としての形から「随筆」的傾向を帯びた作品に変容したとする見方もある。また本質的には嘉村の作家としての競いの喪失も考え得る。

このような見方の背景には福田の批評などの反映もあろうが事実この年の一月には随筆『フジ』を、七月には『七月の日記』を、十月には『故郷に帰りゆくこころ』を、『秋立つまで』と併行して書き、随筆として雑誌『近代生活』に発表している。作品の中で日記体の形を取ったのも、十二月に『日記抄』を発表したものに先立ったものだろう。夢みる涅槃境は故郷の自然の懐に抱かれた無為無心の平和境で、姉の貞淑を疑う問いなどに宗教の影響を見る見方もある。

嘉村の描く小説は、内的心的事象に感傷を付加し、嗜虐的事件を取り出し、時間的継起の順序を無視し、嘉村自身の現在の時点における心情を軸として構想が練られている。自身の心情に対応する過去の事象を手繰り寄せる方法で描いてゆくため、読者は事象のある面が不当に拡大され、歪曲されているという印象を持つことが多い。作品に描かれた事象を年譜や書簡と対照してみれば、嘉村の「はからい」を窺知することができるし、福田のいう「芝居」に繋がる場面も見出せる。次に嘉村の「はからい」と思える描写を抜書きする。

① 圭一郎はものごころついてこの方、母の愛らしい愛というものを感じたことがない。母子の間には不可思議な呪詛があった。――（祖父に溺愛される）（『生別離』）

② 中学の半途退学も母への叛逆と悲哀とからであった。その頃相当の年配に達してゐた圭一郎に小作爺の倅程の身支度も母はさして呉れなかった。――（倦怠感から）（『途上』）

③ 彼女は産みの両親の顔も知らぬ薄命の孤児であって、伯父や伯母の家々を転々と引き取られて育てられたが――（『業苦』）

④ 指といふ指はすっかり節っくれてしまひ左の人差指は……斧を打ち込んで骨を砕き――（殆ど家業に就ず）（『途上』）

⑤　彼女の生れ故郷の町へ、一度は実母の重患を見舞に、一度はその死の葬ひに――（小川某の養女）（『途上』）

⑥　果樹の類を栽培して爪に火を点すやうにして厘毛を積んでゐる吾家の――（田畑八町・山村十六町を所有）（『業苦』）

⑦　僅か十町足らずの小地主として、絶えず小作人との折合ひに心身を耗り減らし――（上郷屈指の地主）（『秋立つまで』）

ここに記した事象には嘉村が自己の感傷と我身の不幸を装うための誇張がある。前妻の静子との間になした長男松美の描写にも微妙な変化が見られる。「彼は子供を一思いに刺し殺して自分でも死んでしまいたかった」「彼は一面では全く子供と敵対の状態でもあった」と『崖の下』に描き、「私は敏ちゃんの暗い運命を思ふ時慄然として我が子を産みたくありません」と『業苦』に描いているが、『秋立つまで』では益々その悲惨さを増幅する描写に変わる。「私は子供の親になりたくない」「私の過失から敏雄は不幸にして生れ出た。これが早晩自分に敵対し出すのだと思ふと、生れ立ての赤ん坊さへ愛せない」「脱腸を病む子供が」「小学校へ上ったばかりの子供は、丹毒の恐ろしい手術の結果頭部に数ヶ所の禿ができ、片眼を失明して黒眼鏡を掛けてゐる」という描写の変容に嘉村のはからいがあり、子供は障害を持つ身となってしまっている。芥川龍之介の『或阿呆の一生』の中に「二十四・出産」と題した有名な文章がある。

彼は何か鼠の仔に近い赤児の匂を感じながら、しみじみかう思はずにはゐられなかった。――「何の為にこいつも生れて来たのだらう？　この娑婆苦の充ち満ちた世界へ。――何の為に又こいつも己のやうなものを父にする運命を荷ったのだらう？」――

しかもそれは彼の妻が最初に出産した男の子だった。

（『或阿呆の一生』遺稿『芥川龍之介全集』岩波書店）

芥川のこの描写は、恒藤恭に宛てた「出産の喜びと責任感」とを綴った書簡とを比較すればその位相差は歴然とする。嘉村の作品にも実像と虚像とが綯い交ぜになっている。残されている家族写真を見ると、嘉村が障害者として描いた松美は十六歳で早世するが美少年である。嘉村の『秋立つまで』の発表は、芥川の作品に後すること僅か三年である。そういえば嘉村は大正十二年に芥川龍之介の弟子となるべく安倍能成にその斡旋を乞うたが、代りに豊島與志雄を紹介され、以後豊島に師事指導を受けた経歴も持っている。

葛西も嘉村も破滅型私小説作家と呼ばれた。「私小説」はドイツ文学のイッヒ・ロマンの訳といわれたが、「私小説の解明は蟻の穴を明らかにするよりも困難である」（『作家私論』思潮社、昭和二十四年〈一九四九年〉）と寺田透がいうように未だ定説はない。私小説を私小説たらしめているのはその自己の行状の告白性にあるとすれば、嘉村の場合は宗教性に問題があるといえる。太田静一は嘉村の宗教的懺悔と告白とを以った「懺悔道としての告白小説」で近角常観思想に依拠する「極悪最下の自覚によって、そこに人間相を証した」(『嘉村礒多その生涯と文学』弥生書房、昭和四十六年)小説として位置づけ、作中の「然(は)り、カツ子よ、行く先の分らぬことも、心細く覚ゆることも、將た世路をはかなむな。孤独な私の伴侶として、お前ほど、忍従性の強い、献身的な、貞淑な女も居ない。汝、一心正念にわれを思へ。われよく未来世まで汝を護らん」という部分も真宗の教義を説く法話の一節と見る。廣瀬晋也はこの説を受け、「私見では真宗の影響は嘉村の私小説観や文体のみならず、時に作品構想や創作上の手法にまで及んでいる」(『嘉村礒多論―「秋立つまで」の典拠と方法―』『近代文学論集11』一九八五年)として嘉村の作品を検討し、法話的語りの部分や叔母の焼死の描写を親鸞の『教行信証』中の「信巻」に典拠を求め、「信巻」に符合する描写部分を十数ヶ所指摘し、本作の構成や描写の大部分が「信巻」に依拠すると述べている。更には『秋立つまで』という題名そのものまでも迷妄執着の自分を呪い、それを主題として還元した作品と見ている。大河内昭爾は「彼のさわり的表現をある面では節談説経的習性のようにみつめる」(『他力思想と近代文学―左千夫・甲之・礒多』日本近代文学会、昭和四十二年〈一九六七年〉十一月)と説き、嘉村の文体に宗教的・説経的韻律を指摘する。

嘉村礒多の作品を「私小説なるものの極北」(『嘉村礒多の場合』『文学界』昭和九年〈一九三四年〉二月)と称したのは辻野久憲であったが、嘉村の研究が太田静一によって昭和四十六年(一九七一年）に手掛られたことによりようやく本格化し、嘉村の描く自卑や自虐の自己暴露的方法もある程度距離を置いて眺める必要が生じている。自分をこれでもかとばかりに非人間的な場所へ追い詰め駆り立て、狂気へと責め苛む描法は、芥川龍之介亡き後の芸術至上の方法であり、「私小説」という意匠を纏った芸術境の悦楽を嘉村は理想としたのであろう。『秋立つまで』で子供が胡坐をかいて、「低声で独言を始める」と「敏ちゃんは浄瑠璃の触でもやってるの」と咲子が問う場面で説経浄瑠璃の引き写しを披瀝したり、義兄の葬送で姉に「浅間しい人畜境」の性の業苦を問い掛けながらその事に触れず姉の表情描写で済ませる所に事実と真実の懸隔が見えている。

昭和初期の思想表現への法的統制と変貌する都市風俗、階級意識の台頭など時代の坩堝の中で、それぞれの作家達は自ら信じる思想や表現をとり、身の丈に合った意匠を纏い作品を作って真摯に生きた。「芸術の名を借りて、普通の道を破壊して進めば進む程」「私は自分の芸術の運命が人生と共にいよいよ心配になって来て」（『来迎の姿』）と自ら記したように、嘉村は創作の代償として家族への犠牲を強い、私小説という方法に自責の念を込めつつ、「芸術の外に自分を慰めるもの、自分を救ってくれるものはない」（『一日』）という信念に随いながら、芸術至上主義の道を選び芥川龍之介と同年の満三十七歳の短い生涯を閉じた。

吉田健一『或る田舎町の魅力』

吉田健一の紀行文『或る田舎町の魅力』は昭和四十九年（一九七四年）三月に筑摩書房から発行された『日本に就て』というエッセイ集から抜粋され、『旅ゆけば物語』（「ちくま文学の森」13、筑摩書房、平成元年）二十一作の一篇として再収されている。原稿用紙十二枚程度の短文で、勝小吉の『夢酔独言』、大和田建樹の『鉄道唱歌』、広沢虎造の浪曲『三十石道中』など旅の様子や醍醐味の触りを集めた一書である。吉田健一は政治家吉田茂の長男で、英文学者であり独特の文体で知られた名エッセイストでもある。旅については「何の用事もなしに旅に出るのが本当の旅」という信条を持っている。しかしそういう思いで旅立ちをしても、名所旧跡に行ってしまうと我れ知らずの中にひどく忙しい思いをさせられてしまうと歎くのである。本人は慌ただしさを嫌っているのである。本作の筋は次のようなものである。

箱根は温泉、吉野は桜、奈良は仏閣であるから、こういうものが何もない所に行ってみようと思い立った。そこであれこれ捜した処、埼玉県ならばこれという名所もないと考えた。数年前に伊藤整氏と二人で児玉町の高校に講演を依頼されて田島旅館に宿泊して御馳走になったことを思い出し、この町に行くことにした。『旅』という雑誌の編集者に頼んでこの町のことを調べてもらううちに、信越線・高崎線でゆく方法と八高線でゆく方法のどちらを使っても楽しい旅の方法を教わり、早速八高線に乗り八王子から児玉町に旅することにした。八高線に乗り換える頃から児玉行きの気分になった。

さて、八王子を出発するに当って、吉田は菊正の壜詰め一本と毛抜き鮨一箱を持って乗車した。八高線はその名のとおり、東京都八王子市の八王子駅から群馬県高崎市の倉賀野までの九十二キロを、当時は二時間半をかけて運行していた。倉賀野駅から高崎までは高崎線となるが、総延長九十六キロで二十四駅がある。車窓から眺める沿線の風景、車中の様子、児玉町の唯一の田島旅館、鎮守の森、武蔵七党の児玉党の城趾、町や往来の様子、塙保己一生家、金鑽神社、などがあたかも町全体を案内するように、写生文風な文体で随所に筆者の識見とユーモアを混じえながら綴られている。名所旧跡がない場所と述べながらも、片田舎町の名所とおぼしき所を紹介しているのがいかにも魅力である。

本随筆の舞台は埼玉県西北部の児玉町と八高線沿線の風景である。児玉町は小山川の谷口集落で中世に活躍した武蔵七党の児玉党の郷居地である。古くは秩父・丹沢山系の山裾に沿っていた鎌倉街道の宿駅でもあった。玉蓮寺は児玉党の頭領・児玉時国の館に佐渡流罪の身の日蓮が宿泊し、その徳にうたれて時国が日蓮の尊像を安置した寺といわれている。「児玉という町は、何も舗装道路や並木や、ジャズをやっている純喫茶だけが例の文化とか何とかというものでないことに気付かせてくれる意味で、珍らしく豊かなものを持った町である」と吉田が記すように、昭和三十年（一九五五年）に人口二万人であったが、現在では毎年減少している過疎の町である。児玉茶の生産が近年増えている。塙保己一の生家は国指定史跡となっている。この地は古墳が多くその数は四百基、中でも鷺山古墳は県内最古の四世紀の前方後円墳である。現在、町の産業は児玉瓦と称される製瓦業で県下一の生産量を占めている。吉田は「家並のどの屋根も上質の瓦で葺いてある」と記している。農業が主で牛乳と鶏卵で農業粗生額の四十パーセントを占めている。このような町であるから吉田は「児玉には何もない」と記していながらも鄙の魅力を紹介している。

この辺は軍人に作戦の演習をさせるのに非常に適した地形なので、終戦までは将校演習に多勢の人間が児玉に来てここに泊り、その時は廊下にまで蒲団を敷き並べたものだということだった。ついでに児玉の歴史についてもう少し書くと、ここは昔、武蔵七党か何かの一つだった児玉党の本拠だったので、城跡の濠が池になっている傍を、この前に来た時に通った。後には秩父銘仙の集散地としても相当なものだったらしくて、信越線が開通してからその商売を本庄辺りに奪われたのではないだろうか。しかしそのお蔭で今は我々でもそこの旅館の一番眺めがいい部屋で、文化は人口が少い所に限るなどと太平楽を並べることが出来る。

作品の舞台の大概は吉田のこの言に尽きている。江戸時代は六斎市（ろくさいいち）が開かれ、絹や繭の取引で活況を呈した。明治五年（一八七二年）に木村九蔵という人物が発明した「温暖飼育法」は養蚕の最新技術で、これを普及するため県内三十一ヶ所に伝習所が設けられた。児玉伝習所は現在の児玉白楊高校の前身である。今も残る雉岡城趾は戦国時代に山内上杉氏の居城として築かれた居館で、徳川氏の関東入国に際し松平家清が入城したが慶長六年（一六〇一年）に廃城となった。現在は城山公園となって塙記念館も設けられ、二の丸跡は児玉中学校に、三の丸跡は児玉高等学校が建てられている。

遥か昔の貞観三年（八六一年）武蔵国は「凶猾党を成し群盗山に満つる」の状態であった。坂東諸国の富豪層は「僦馬之党（しゅうばのとう）」を結んで武蔵国衙を扶けた。それが十二世紀初頭に同族的結びつきを単位にして党を結成し武士団となった。児玉・横山・猪俣・野与・村山・丹・西・私市（きさい）を武蔵七党と称し、棟梁 庄 家長（しょうのいえなが）の児玉党が地名の発祥であった。明治二十二年（一八八九年）に町制施行したが平成の大合併で本庄市の一部となった。三階建ての田島旅館は往時の姿を立派に留めている。

八高線についての吉田の感想で「乗客が少くて二等はないが、英国の汽車と同じことで三等で楽に行けるから二等車など付ける必要はない」といっているのは言い得て妙である。八高線は昭和六年（一九三一年）に倉賀野と児玉間が開通し、その後何区間か個別に開通して昭和九年に全線開通した。昭和四十五年（一九七〇年）十月まで蒸気機関車の牽引であった。「汽車の速度は日本一にのろいものに感じられた」と記されているように、非電化区間が今でもある。この路線は生糸生産地の児玉養蚕改良競進社と群馬碓氷社と甘楽社の製糸の集積のために設けられ、やがて製糸の海外輸出港である横浜を結ぶ「絹の道」の近代化、及び高崎線・信越線のバイパスの役割として八王子まで延伸された。それ故貨物輸送が主力で昭和三十五年（一九六〇年）から例外的に準急列車が増発され、上越線水上駅方面へのバイパス列車として新宿駅と水上駅間を「奥利根」「みくに」が運行された。吉田によって「終戦までは将校演習に来て」とか「アメリカの兵隊さんが利用し」「どこの飛行場なのか真黒に塗った四発の飛行機がずらりと並んで」とか「英語だったりする」と書かれているのは、八高線が東福生と箱根ヶ崎間で横田基地の側を通るからで、車窓からは米軍の横田飛行場の軍用機も見ることができる。

戦前まで朝霞、所沢、入間には陸軍豫科士官学校があり、また振武台・朝霞台とよばれるのは演習場があったためである。現在も朝霞と入間には米軍の駐屯地がある。「緑を拡げているのが鎮守の森」と記されている八幡神社は平安末期に源義家が創建したと伝えられ、大欅や能楽堂もある。雉岡城趾は横地左近将監忠晴も城主となり掘割も郭もしっかりと残っている。吉田健一は大宰相といわれた吉田茂の長男であったが、若い頃から父親に反発し政治には興味を持たなかった。興味などというものではなく、政治そのものに対する憎しみに近い感情を持っており、小説家を希望していた。本業は学者でありながら特にこうした小品は得意とするところであった。この作家が今ではすっかり忘れられた存在となってしまっている。

種田山頭火と尾崎放哉

昭和四十五年（一九七〇年）頃から俄かに種田山頭火が脚光を浴びるようになった。時は東京オリンピックを終えた日本が、その後の目覚ましい高度経済成長を達成することになるその入り口に当たっていた。やがて日本は昭和六十年（一九八五年）頃にはバブル経済の真只中を迎え、世界屈指の繁栄国家となる。この頃から新聞紙上やテレビニュースでは、親子殺人や残酷な事件が起こり始め、いまでは幼児虐待、衝動殺人事件、ホームレス殺人、働かない若者など、目にし耳にするのも耐え難い状況が日常化するようになっていた。その残忍さ、近親化は益々濃密となり、現在では耳目を集めるほどの大事件でもなくなり、政府も有効な対策を見出せる状況ではなく日常化しつつあるようである。特に事件が低年齢化しており青少年期に発生を見るようになっている。中でも三十代、四十代の働かない成人（ニート）の増加は、経済性、生産性から考えても大きな国力のマイナスともなっている。そうした若者達や、ホームレスという市民権放棄者が出現し始めたのが、昭和四十年（一九六五年）頃であった。

種田山頭火、尾崎放哉の二人が俄かに注目を浴びるようになるのが、まさにこの時期と重なるのである。若者やホームレスがこの二人に強い憧れを抱くのは、二人の内面の苦悩に思いを寄せたのもさることながら、定住しないこと、働かないことへの同情と共感であり、「放浪」への強い憧憬からであった。「無住漂泊」「一所不住」「行乞流転」などの生き方に、これからやって来るであろう不確実な時代と、繁栄の中の孤独を既に見ていたのであった。種田山頭火が行乞放浪の旅に出たのは、大正十五年（一九二六年）、四十四歳の時であった。大正という短かい期間の繁栄と自由、その後にやって来る昭和大恐慌を前にしていた。山頭火は前年の二月に熊本県東外坪井町の曹洞宗報恩寺の望月義庵を導師として、友枝寥平の立会人のもとで出家得度をした。結婚する前から「禅寺の坊主になる」といっていた念願が、思いもよらない出来事から叶ってしまった。出家後の法名は「耕畝」といい、三月五日には熊本県鹿本郡植木町味取の山中にあった味取観音堂の堂守となった。堂守りとなった当初は本心から坊さんとして生きようという決心を持っていた。

熊本の味取観音堂では五十一軒の檀家があり、近在への托鉢と勤行、朝夕に鐘を撞くことが日課で、檀家からは「種田和尚」と呼ばれた。雨の日は庵で本を読み、書き物をし、晴れれば托鉢に出て近郷を歩く生活であった。近所の子供達のために日曜学校を開き、仏の教えを冊子に綴り、村人の手紙の代筆をし、青年を集めて読み書きを教え、時には社会情勢なども語った。

こうした山林独住の気儘な生活は山頭火流の直指人心の修行であって、そのさまはあたかも良寛のようであった。こうした生活ならば私も今すぐにでもしたいと思うし、誰でも憧れるかもしれない。第一句集『鉢の子』には「松はみな枝垂れて南無観世音」という句が冒頭にある。大牟田の友人である木村緑平を呼び寄せて「昨夜の鐘を撞き忘れ二人酔うていた」とも詠んでいる。「私も二十年間彷徨してやつと常乞食の道、私自身の道、そして最初で最後の道に入つたように思ふ」と記した。

大正十五年（一九二六年）四月十日、木村緑平に宛てて「あはたゞしい春、それよりもあはたゞしく私は味取を引き上げました。本山で本式の修行をするつもりです」と葉書を出したのも束の間、一年二ヶ月余りで味取観音堂主を捨てて、あてどのない旅に出た。この行乞流転をどのように見たら良いのであろう。出家得度したとはいえ、修行僧として生きるのか、それとも市井に甘んじて生きるか、そんな迷いが生じたのであろうか。前書きに「解くすべもない惑ひを背負うて行乞流転の旅に出た」とあり「分け入っても分け入っても青い山」という句を残している。行乞流転の托鉢行脚は禅宗では大切な修業のひとつであるが、山頭火の日記には「解くすべもない惑ひを背負うて」と書いてある。これを修行として見れば、一鉢一笠の漂泊放浪の求道者の旅といえるが、山頭火はこれを「徒歩禅」といい、自由律句を詠みながらのいわば「創造」「創作」の旅ともいえた。四年に及ぶこの旅を通して第一句集『鉢の子』は生まれている。

山頭火が出家得度をしたきっかけは、熊本で前後不覚に酔いつぶれ、進行中の路面電車を仁王立ちになって止めてしまったところに、居合わせた新聞記者が泥酔の彼を禅寺報恩寺に連れて行ったからであった。この話は周知のことであるが、これ以上の詳しいことは今も分かっていない。種田家の宗旨は浄土真宗で、防府市三田尻の明覚寺の檀家である。何故の禅宗入門願望であったかも今なお分かっていない。浄土真宗の宗祖親鸞は、比叡山で天台宗を学んで法然の専修念仏の門に入り、流罪の後に浄土真宗を布教した。妻帯し子もなした鎌倉初期のいわば破戒僧である。鎌倉新仏教の祖は皆遁世僧であり破戒僧である。仏教が日本に伝来したのは五五二年といわれている。しかし戒律誓紙を授ける戒律僧がおらずその上戒壇がなかったために、日本の学問僧は七五三年に唐僧鑑真を招き律宗の開祖とした。鑑真は東大寺大仏殿前に戒壇を設け、聖武上皇以下の学僧に授戒を行ない、これによって日本仏教に官僧が誕生することになる。出家得度は授戒式でもあった。

高僧の多くは死穢を忌避し白衣を着て国家行事ばかりを執行した。中世鎌倉期には乱世や凶作続きで死者が溢れていたが官僧は救いの手立てを構じ得なかった。鎌倉新仏教の創始者も一度は受戒を受け官僧となっていたが、窮民救済のためにその身分を捨て、これら難民を救うべく諸国を放浪し、布教のための乞食流転の遁世僧となった。インド仏教ではそうした行乞漂泊の僧侶をバインダパーティカと呼んでいる。鎌倉期の新仏教創始者は皆一所不住の行乞と無住漂泊の精神をもって衆生済度を願い黒衣をまとった。官僧籍を離脱し、行乞流転の救済道を歩む遁世僧は、時代の状況をありのままに受け止め、自然(じねん)本能を認め、自己抑制と自己解脱とを民衆に説きあかした。中でも禅宗は我執を放下し絶対無我に到る無と空との大悟の道を説いた。報恩寺に住みついた山頭火は、三ヶ月後に望月義庵を導師として出家得度し、三帰・三聚浄戒・十重禁戒の十六条戒を受けて種田耕畝という戒名を授かり、戸籍にも法名を届けた。

さて、戒を授かったからといって生身の人間が急に悟りきれるものではない。山頭火の日記には到る所に後悔の情が見られる。行乞流転は山頭火において一時的な避難場所であり、やがてそれがために悩むことにもなる。出家した山頭火は仏教でいう戒の意識が常にあった。山頭火の戒というのは、かくありたいという願望のようなもので、良い習慣を身につけるための努力目標のようなものであった。だが実生活ではそれを破ることが屢々であった。山頭火の生活にあっては、持戒と破戒との繰り返しが絶え間なく、振幅が異常なほど激しかった。山頭火が「まったく雲がない笠をぬぎ」「まだ見ることもない山が遠去かる」「わかれてきた道がまっすぐ」などという句を詠むとき山野を跋渉した徒歩禅の悟りと称した。これを持戒の時期と見れば、禅僧としての体面を繕う行為であり、やがては破戒の行為に及び、やがて懺悔する繰り返しであった。持戒、破戒、懺悔の間に異色の句が作られるのであった。

昭和五年（一九三〇年）三月七日、四十八歳になった山頭火は、離縁した妻サキノと息子健を熊本に訪ね還俗をしようとした。木村緑平に宛てて「私は三月以来悩みつづけて、そしてだいぶ自棄酒を飲みましたが、とうとう落ちつくところに落ちついて来ました、嘘の法衣をぬぎすてました、前掛けをかけました」と書いて社会復帰をしようとした。しかしまたしても僅か半年で山頭火は市井生活に倦み疲れ、九月九日に再び放浪の旅に出たのであった。「焼き捨てゝ日記の灰のこれだけか」という句がある。山頭火は旅立ちにあたって、それまで書き綴って来たノート八冊の他、すべての手記を焼き捨てて大悟の覚悟と「ころり往生」の死をかけて再出発の旅に出た。この日から書き継がれた克明な生涯の記録は、以後、死の三日前まで書き続けられ『行乞記』と名付けられている。九月十四日「私はまた旅に出た。所詮、乞食坊主以外の何者でもない私だつた。愚かな旅人として一生流転せずにはゐられない私だつた」と序の一文を人吉の地で書いている。

その後の旅は行乞、無心、無銭飲食、銭拾、乞食、無銭宿泊、女郎買、など破天荒この上ない。ノートは一冊埋め尽くすと木村緑平にその都度送り、現存するだけで二十冊にも及んでいる。緑平との話の中で草庵づくりが提案されると、自暴自棄になりながら十二月二十一日に熊本のサキノのもとに転がり込んだ。人生二度目の大決意も僅か三ヶ月で崩れ去った。運よく暮れの二十四日、春竹琴平町に一軒の貸し家を借りて「三八九居（さんばくきょ）」と名付けた。ここで会員制の雑誌『三八九』を発行した。十九歳で東京専門学校に入学した時に憧れを抱いた文学への夢が実現された。友人が会友となって毎月三十銭を、特別会友は五十銭を出し、第三号を発行して自活生活も軌道に乗り始めた矢先、またも泥酔して無銭飲食し留置所入りとなってしまった。雑誌は休刊し、三八九居も返却、一年続いた熊本での生活も終わり、昭和六年（一九三一年）十二月二十二日に三度目の行乞の旅に出た。この旅の決意はいつにも増し強い志があった。

昭和七年（一九三二年）、五十歳を迎えた山頭火は歩き疲れしていた。いつしかよぎった定住への思いが、ふとしたきっかけで実現してしまった。この年の九月に小郡（おごおり）町矢足に家を見つけ草庵定住の生活に入った。自由律俳句誌『層雲』の同人で十六歳年少の国森樹明（じゅみょう）に身元保証人になってもらって定住し「其中庵（ごちゅうあん）」とした。「うしろ姿のしぐれてゆくか」「鉄鉢の中へも霰」の二句が荻原井泉水の『層雲』に採録されると、其中庵には師の井泉水も来訪した。山頭火にとって人生で最も嬉しかった出来事であった。しかし其中庵から防府に足を向けると荒れ果た生家が茫茫たる草原となっていた。「ほうたるこいこいふるさとにきた」と詠むとたまらなく、漂泊の中に生涯を終えた井上井月（せいげつ）に惹かれるようになった。井月も越後から信州伊那谷にやって来てここで俳三昧の生涯を送り、三十年間も乞食流転の生活をした幕末期の放浪僧で放浪俳講師であった。山頭火は早くから井月の生き方にあこがれていた。一度目の墓参は酒のために失敗し、どうしても井月の墓参を果たさずにはいられなかった。とにもかくにも宿願の井月墓参を済ませた山頭火は四国に渡った。昭和十五年（一九四〇年）十月十一日、終の棲と定めた「一草庵」で「ころり往生」を遂げた。享年五十八歳、死因は心臓麻痺とされている。

種田山頭火は死の一年前、昭和十四年（一九三九年）十月十日頃に小豆島に渡って、かねてより敬愛やみがたかった尾崎放哉の墓に詣でた。十月いっぱいは日記の記録はなく、「きちん宿について」「漂泊」「或る日或る夜は」「放哉坊追憶」「へんろ会話」などの見出しをつけた余白のページに句を記している。その中に「放哉墓前」として二句記されている。「ふたたびここに雑草供へて」「墓に護摩水をわたしもすする」とあり墓石の前で二人は酒を酌み交わして交感した。山頭火は師の井泉水の来訪に増して嬉しかったに違いない。翌日は三句を詠み、翌々日も三句を詠んでいる。「なかなか死ねない彼岸花咲く」と詠んで「ころり往生」を願っている。尾崎放哉は明治十八年（一八八五年）生まれ、山頭火は同十五年（一八八二年）生まれであるから山頭火の方が三つ年上であるが、忌日は、放哉は大正十五年（一九二六年）四月七日享年四十一歳、山頭火は昭和十五年（一九四〇年）十月十日享年五十八歳である。山頭火は放哉の没した死後三日目に行乞行脚の旅に出た。時は大正十五年（一九二六年）四月十日であった。

尾崎放哉も種田山頭火も学歴からいえば当時のエリートである。放哉は第一高等学校卒業後、東京帝国大学法学部卒業、二十六歳で東洋生命保険会社に入社し、妻馨と結婚する。三年後には東洋生命大阪支店長となり、大正六年（一九一七年）には東洋生命を代表して保険同業会の東京例会に参加した。この時三十二歳であった。しかしこの後は坂を落ちるが如く放哉の転落の人生が始まる。大正十年（一九二一年）東洋生命を辞職、翌十一年朝鮮火災海上保険支配人として再就職。翌十二年会社を罷免、肋膜炎を罹患、妻と別居し山科の一燈園に入る。翌十三年一燈園を退園、京都知恩院常称院の寺男となるも四月常称院を追われ、六月須磨の大師堂に入る。翌十四年須磨寺内紛により大師堂を去り一燈園に戻る、五月、福井県小浜町の常高寺の寺男となる。六月、寺の破産、七月、常光寺を去る。八月、井泉水の手引きで小豆島土庄町の西光寺の南郷庵に入庵、十二月病臥。翌十五年一月より『入魔日記』を記すも春にかけて衰弱が増す。四月七日、南郷庵にて没し西光寺の墓地に埋葬される。以上のような壮絶な転落の人生であった。

　放哉と山頭火は同じ自由律の俳人で荻原井泉水が主宰した『層雲』に投句をしたが、世間から見れば無用者であり、無能者、大酒飲みで底の抜けた柄杓（ひしゃく）のような人間である。エリートでありながら次第にコースから外れて、やがて家族を捨てて放浪行乞行脚の旅に入った無用者の系譜に属する人々である。放哉と山頭火の違いを敢えて挙げれば、二人とも草庵生活をしているが、山頭火は出家得度をし、放哉は寺男、堂守として寺に住みついたということであろう。禅門では出家者の最下位のことを上座という。その上が首座で、それを経て和尚となる。山頭火は上座どまりで所属する僧堂もない放浪僧である。禅宗の修行僧は正師を求めて山河を越えた。しかし、山頭火は自ら自然の中を跋渉し煩悩を煩悶として認め徒歩禅と称した。山頭火は煩悩を自然の中に埋没させせようとしたのであった。山頭火はすでに数回の自殺を試みている。死を観念でなく経験で捉えようとしている。経験知も禅宗の修行のひとつであるが、しかしそれは山頭火の生涯を次々に襲った呪わしい不幸な家族事情に起因している。

尾崎放哉は、その風狂性に特色があるといってよい。放哉は明治十八年（一八八五年）一月に現在の鳥取市に生まれている。前述したとおりエリートであり、生命保険会社の支店長を務めている。並の人間なら努力してもいきつけるかどうかという地位を安々と獲得している。それが四十歳の頃には妻と別れて無一物となり、托鉢生活に入っている。もっとも出家得度していないから托鉢ではなく乞食といってもよい。満州を放浪し長崎、京都、兵庫、福井などを転々とし、最後に死に場所を求めて小豆島土庄町の南郷庵にやって来た。放哉はやっと得られたこの空間に安んじ自足を求め、ランプもつけず明るくなると起き、夜は暗くなると寝るという生活で『入庵雑記』には「コレデモウ外ニ動カナイデ死ナレル」と書いている。断食をしながら徐々に肉体を衰弱させて死を待とうとした。しかしこれは狂っていたわけではない。むしろ冷やかな目を持ち、その死をじっと見つめている。「足のうら洗へば白くなる」「入れるものが無い両手で受ける」「せきをしてもひとり」「枯枝ほきほき折るによし」などの句には語感の機微がある。それは放哉が冷徹に自己の死を見詰めていたからに違いない。自らの死を見詰めるために南郷庵を出なかったのだ。ここには常住漂泊の精神を見ることができる。

西光寺奥の院、南郷庵は、放哉にとって母体のような存在であった。彼はようやく安息の場所を見つけたのである。私達は社会から様々な恩恵を受けている。しかしそれに伴う煩雑さは時々嫌になることもあるだろう。殊に人間関係の煩わしさはこの上ない。放哉もそうであった。彼が会社をやめたのもそうした人間関係が原因していたのである。「其後小生ノ身辺、常ニ口ニハ甘イ事ヲ云ヘ共、小生ヲ機会アル毎ニ突キ落シテ自己上達ノ途ヲ計ラント云フ、個人主義ノ我利我利連中ニテ充満サレ、十一ヶ年間辛抱スルモ遂ニ不平ノ連続ニテ、酒ニ不平ヲ紛ラシ、遂ニ辞職スルニ至ル。其ノ時小生、最早社会ニ身ヲ置クノ愚ヲ知リ、小生ノ如キ正直ノ馬鹿者ハ社会ト離レテ孤独ヲ守ルニ如カズト決心セシナリ」これは放哉が会社を辞める時に友人に送った手紙である。社会はある意味で人間と人間のエゴのからみ合いから成り立っている。まったく嘘のない素直な、純真無垢な生き方をする者には過酷な世界である。

山頭火の句の特徴は「雪の法衣の重うなる」「酒やめておだやかな雨」「ここに落ちつき草萌ゆる」など数ヶ月の周期で、持戒・破戒・懺悔とひとめぐりする。覚めている時は得度した身として平常心を保とうと努力する。しかしむなしい努力に終わって事態はかえって悪化してしまう。泥酔無銭飲食による警察留置、自殺未遂などが繰り返される。しかし放哉の句にはそれがない。人間の幸と不幸は社会の中の産物である。いつも幸福とは限らない。どうにも行き詰まった時にはそこより離脱したくなる。放哉は捨てて、捨て去って振り捨てて無一物となった。小豆島の南郷庵に入ってからは、自らを社会から隔絶させ、人芥山野に踏み込むことなどしなかった。だから放哉の句には明るさもある。「すばらしい乳房だ蚊が居る」「あらしの中のばんめしにする母と子」「小さい家で母と子とゐる」「障子の穴から覗いて見ても留守である」「なんと丸い月が出たよ窓」などであるが、地位を投げ捨て、会社を辞めて社会から離脱すると自然も時には酷しく見える時もあったのである。

ここで度々出て来た『層雲』と自由律俳句に触れておこう。自由律俳句は大きく分けて、明治四十四年の四月に創刊された荻原井泉水の『層雲』とこれより少し遅れて創刊された中塚一碧楼の『試作』の二つの流れがあった。『層雲』は自由律俳句以前の河東碧梧桐の新傾向俳句の中央機関紙というふれこみで創刊にこぎつけたが、それは碧梧桐の勢力圏に対する井泉水の政治的配慮であって実際には、自由律俳句の機関誌であった。井泉水はやがて季題を棄てて印象の律動をそのままリズムに乗せる自由律を主張した。井泉水に育てられた自由律俳句の作家に、野村朱鱗洞、大橋裸木、栗林一石路、小沢武二、海藤抱壺、橋本夢道などがいるが、なかでも山頭火と放哉は、その特異な個性を持った厭世詩人、世捨人として放浪生活を送り、短い一行詩に心境を託して心の内実をのぞかせ、優れた自由律俳句をつくった。山頭火の俳句には放浪生活の中で淋しさをかみしめながら耐える姿が見え、放哉には人生の寂寞の極限に立った強靭な哲学がある。人生の脱落であった二人にも個性と思惟はあったのである。

　尾崎放哉は失恋をきっかけに酒びたりとなり、幾度もの奇行を重ね、次第に呪われた人生にのめり込むようになり、挫折し再起し朝鮮大陸を放浪した後、三十八歳で社会生活に見切りをつけて妻とも別れ京都の宗教団体、一燈園に身を寄せたが、以後落ち着けないまま知恩院、須磨寺、常光寺、京都龍岸寺などを転々とし、最後は井泉水の紹介で小豆島の南郷庵(みなみごうあん)に落ち着いた。寺男や堂守が仕事であったが生来のわがままから神経質が高じて次第に人嫌いになっていった。身寄りもなかったので近所の漁師のおシゲ婆さんが身の回りの世話をしてくれたが、彼女が下の世話をしようとしても固辞した。エリート意識がそれをよしとさせなかったのであろうが、放哉は「肉がやせて来る太い骨である」という句を残して、春を待たずに遍路の鈴の音を聞きながら没した。

　山頭火を取りまく交友はなかなか稀有なものであった。放浪流転の山頭火を慈しみ、友人達が、親以上に兄弟以上に支援の手をさしのべている。彼は時にはそれに甘えることはあったが、その後には必ず自嘲、あるいは自戒の念にとらわれて、自らに厳しい処罰を課している。山頭火は孤独に耐えかねるとそれを紛らすために旅をした。多くの親友たちを各地に訪ねて恩情にも浴した。山頭火の生涯はそうした人達からの拝物拝金の人生であった。だから嫌われてもおかしくないはずなのに不思議に金を貸してくれたり、泊めてくれたりした人々が山頭火に向ける眼差しは温かいのである。己に厳しすぎた者と己に甘えすぎた者の違いがここにある。
尾崎放哉も種田山頭火も「いかに死ぬか、いかに死ねるか」、彼らはそのことばかりを考えていた。母の自殺、弟の自殺、父の死、また自らの自殺未遂、安らかに眠ることのできる墳墓の地、二人とも観念の死にとらわれることが多かった。しかし突き詰めていっても、二人にとって死が何であるかは分からなかった。もしかしたら人間誰もが死を心的に体験することは不可能であるのかもしれない。それでも放哉と山頭火はいかに死ぬかを考え続けて生きた。いろんな事情があったにせよ、放哉と山頭火は社会にあっての幸せをすべてあきらめたのであった。その結果物質に囚われない精神世界の融通無碍の境地が開かれたのであった。放浪することによって自照の精神を見出すことができた。それ故に彼ら二人の自由律俳句はこれ程までに愛され続けているのであろう。

死はだれにも訪れる。どんな高貴な人であろうと、どんなに貧しい生活を送っていた人だとしても必ず訪れるものである。山頭火も放哉もこの死にとらわれた人生であったといえる。山頭火は路面電車に突っ込んだ時点で既に死んでいた。放哉は東洋生命を辞した時点で死んでいた。既にふたりの心は彼岸と此岸とを行き来していた放浪の旅であった。

身体が頑健であった二人は、「ころり往生」を願っていたにもかかわらず、その頑健さのために死にきれなかった。禅宗の修行僧は見性を悟りとした。言葉や思弁が先行すれば口頭禅と見做されてしまう。それ故に禅匠達からは真なる禅ではないといわれてしまう。しかし二人は歩くことを徒歩禅と称し、独居を出ないことを三昧と称した。つまり二人は一度ならず、二度も三度も自殺を試みていながら「とらわれ」から脱自できなかった。禅僧は日常的自己を禅体験によってすべて覆すことで真なる自由を獲得し一切の束縛や固定概念から脱自した。放哉も思念で、山頭火は、それを俳句で自白した。禅の見性では我執と絡み合うことで得た経験知を基にして発せられた言葉は、自己中心的な見解とされた。しかしこれも修行の過程では実行されなければ、たとえそれが経験知であっても生まれない。二人の自由律俳句は、放哉と山頭火の経験知がその都度に吐き出された俳句なのである。

第三章　裸の自分を書く

佐藤春夫と芥川龍之介

文学研究の分野における芥川龍之介に関する研究は多角的な面から論じられるようになった。作品論ないし評伝研究が中心であったが、表現法や素材分析、文壇ネットワークや言語分析にも向けられるようになった。芥川の厖大な詩歌句稿についての分析も試みられている。芥川は自身の芸術観について『芸術その他』(『新潮』大正八年〈一九二〇年〉十一月)で「芸術家は何よりも作品の完成を期せねばならぬ」「僕らの作品の與へるものは何よりもまづ芸術的感激でなければならぬ」と述べ、作品は「形式と一つになった内容」の中で完成され「表現に始って表現に終わる」と断言している。芥川は性急さと青年らしい一途さからフォルムで言葉を掬い取ろうとした。

吉田精一は『芥川文学の魅力』(『國文學』學燈社、昭和四十三年〈一九六九年〉十二月)で芥川作品の読者の多さに触れ、それは佐藤春夫の要約した「精巧で俊敏で最新式な感銘を与える小形の文学」という見解に尽きるとし、第一に「表現上の無類の精進ぶり」、第二に「数多くのスタイルの採用」、第三に「該博な知識に基づくペダンチシズム」、第四に「隠見する彼の人間的弱さ」を指摘した上で、『藪の中』以前と『点鬼簿』以後との作品に二系統の幅があると述べている。第一系統は作者の意図を実現するための表現を練り上げた作品、第二系統は作者の意図に収斂させようとする言葉の集積である作品と規定している。芥川の作品は宮坂覺の言を以てすれば「特に初期の方の作品に多いですが、プロットで読んでしまうとほとんど消耗品のように思われてしまう。が、それがもう一足踏込み、その文学空間、或いは言語形成の中で、どういうふうに展開されているかという視野から切り込んで行くとまさに宝の山です。彼の持っている持ち味というふうなものが、三十五年しか生きられないのは当然かなと思うくらい、一字一句彫心鏤骨し凝縮させて宝の山を形成し、ありとあらゆるものがその中に叩き込んだという感じがする」（『解釈と鑑賞』平成十一年十一月）とある。芥川の文体の密度の濃い語彙選択に言及した言である。だが、佐藤春夫は「芥川の文章は彼の話し振りの感興豊かなのに較べるとまるで光彩がない、喘ぎ〳〵で書かれてゐるやうな気がするが、その同じことが口で言はれる時には、殆ど言葉は跳梁してゐた」（『芥川龍之介を憶ふ』『改造』昭和三年〈一九二九年〉七月）と述べ、都会的で快活で如才ない社交性を回想し文体に及んでいる。

佐藤春夫と芥川龍之介との関係を述べる際に典拠とすべきなのが佐藤春夫が著した『わが龍之介像』（有信堂、昭和三十四年〈一九六〇年〉九月一日）である。八篇の論文、エッセイから成り「わが龍之介像」と「澄江堂遺珠」との二部で構成されている。ここには芥川が「僕は自分の文学的生涯を君と一緒に踏み出す可きであつたと後悔してゐる」と語った一節がある。芥川は何を後悔したのであろう。明治二十五年（一八九二年）四月生まれの詩人兼小説家兼評論家であった佐藤春夫の文学的出発もまた芥川龍之介と同様に新宮中学時代からであり、『明星』や『文庫』『スバル』という雑誌に、短歌を投稿する早熟文学少年であった。

佐藤春夫は大正六年に『西班牙犬の家』を『星座』に発表するや立続けに『李太白』『指紋』『お絹とその兄弟』を発表し、谷崎潤一郎の推挙によって新進作家として文壇に認められた。台湾旅行、福建旅行に材を得た作風で抒情性を強め、次第に文名を高めるや大正八年（一九二〇年）には『田園の憂鬱』（新潮社）を発刊し、大正十年に第一詩集『殉情詩集』（新潮社）で文壇詩壇共に揺ぎない地歩を築いた。こうした閲歴は芥川龍之介のそれと見事に一致する。

芥川龍之介は明治二十五年（一八九三年）生まれ、府立第三中学校時代には回覧雑誌を発行し、『ホトトギス』に俳句を投稿し、『頴才新誌』に作文を寄稿する。その後『心の花』に短歌を載せ、第三次『新思潮』に習作を、第四次『新思潮』に『鼻』『孤独地獄』『酒虫』『仙人』などを書き続けた。大正五年（一九一七年）二月十五日発行の『新思潮』に掲載した『鼻』が夏目漱石の賞賛を得て文壇出世作となった。翌年第一創作集『羅生門』（阿蘭陀書房、大正六年五月二十三日）を発刊して文壇の地位を確立した。同年生まれの佐藤と芥川が深い交わりを結ぶようになるのは、この経歴のみを見ても順当であるが、それでは何故芥川は佐藤に「文学的生涯を君と一緒に踏み出す可きであつたと後悔してゐる」と語ったのであろう。

芥川のいう「文学的生涯の第一歩」とは、文壇登場の遅速ではなく、文壇への地歩の違いにあったのであろう。佐藤春夫の『田園の憂鬱』（新潮社、大正八年〈一九二〇年〉）は初め『病める薔薇』（大正六年六月に一応完成、後大正七年〈一九一九年〉天佑社）と題して『黒潮』（大正六年〈一九一八年〉六月）に発表された。後に幾度か筆を加え改作して定本となった。一人の芸術家志望の青年の内面生活を描く上で、自然と人生を独特の見方で肉化し霊化し、憂鬱と倦怠を芸術化している。無力な芸術家志望者が陥る、共通の心理と生理を身辺のあらゆるものに見出し反映させ、その内部生活を多面的に具象的に描いた作品は、いわば佐藤春夫の文壇登場までの自叙伝ということができる。少年時代から文筆によって身を立てようとした佐藤の不遇時代の座右銘「薔薇ならば花開かん」に象徴される自負心の表白として、自ら読み、書き、試みた総ての才能の総決算であり、佐藤春夫という一己の丸裸の人物像を描ききっている。憂鬱と倦怠の意識を分析し自然をはじめてきめこまかく感覚化し、肉体化し、心理化している作品を見た芥川は恐らく本作を一読した時点で自らの文芸上の、自らの人生上の弱点を瞬時に把握したに違いない。

芥川龍之介は大正三年に『大川の水』や『青年と死と』において、仮構の生に生きる虚無や死の形象化を描いている。ここには佐藤の持つ強靭さはない。『或阿呆の一生』（『改造』昭和二年十月）には「人生は二十九歳の彼にはもう少しも明るくはなかつた。が、ヴォルテェルはかう云ふ彼に人工の翼を供給した。彼はこの人工の翼をひろげ易やすと空へ舞ひ上つた。同時に又理智の光を浴びた人生の歓びや悲しみは彼の目の下へ沈んで行つた。彼は見すぼらしい町々の上へ反語や微笑を落しながら」と書かれていた。芥川は理智と知性と技巧の上に、自己の芸術世界を構築した。それらは芥川の歴史小説の中で次々に開花したが、技巧の美学は「理性のわたしに教へたものは畢意理性の無力だつた」という結末になった。更に「危険なのは技巧ではない。技巧を駆使する小器用さだ」(『芸術その他』)と自戒していた筈であったが、人工の翼という知識による技巧の美学の崩壊を見てしまった。ここに後悔の念が芽生えたのである。

芥川の作品にある技巧と理智とを当初から見抜いていたのが漱石その人であった。「材料が非常に新らしいのが眼につきます。文章が要領を得て能く整つてゐます」という賞賛の言葉は、人間の悲哀が技巧のうちに描写されていることを洞察した上での励ましであり、一瞬の火花に賭た龍之介に寄せる教訓でもあった。佐藤春夫は『芥川龍之介を哭す』(『中央公論』昭和二年〈一九二七年〉九月)で「彼は多くの場合、否、殆どいつも容易に胸襟を開くことの出来ない人」「彼のやうな性格にとつてはあらゆる種類の自己告白は野卑極まる悪趣味に見えたに違ひない」と書き、芥川が容易に自己を語らない生活を蔵していたことを述べた上で、作家としての彼を評して、流露感に乏しいことを指摘する。そして、「彼は窮屈なチョッキを着てゐる」という芥川が「さう言へば佐藤はまたあまりに浴衣がけだから」と答えたという事を書いている。

佐藤春夫と芥川龍之介という人物の相違が浮彫りにされている。三十五年六ヶ月の人生と七十二年五ヶ月の人生とを歩んだ二人の作家の似て非なる人生を、佐藤春夫は「自分は交友の上に於ては谷崎とは非常に密接であり、藝術の上でも血族には相違無いが、単に藝術の距離の近似に於ては谷崎よりも寧ろ芥川にずつと似てゐるやうな気がする」（『秋風一夕話』『退屈読本』新潮社、大正十五年〈一九二七年〉）とも回想している。佐藤春夫は『芥川龍之介を憶ふ』（『改造』昭和三年七月）では、芥川龍之介との約十年に及ぶ友情を率直に語り、二人は趣味の上でも多くの共通点があり、初対面の時に早くもそれを確認し、芥川の処女出版単行本『羅生門』を祝う会が佐藤の発案である事を語った上で「芥川はモーニングを着て出席してゐたやうに思ふ。花の多い季節で、卓上にはどつさりスイトピーや薔薇などが盛られてあつた。自分は迚も希望のない自分の文学的生涯を考へ乍ら諷爽として席の中心にゐる芥川を幸福だと思つた」と書いているのは、佐藤自身が内面に葛藤を持ち続けていた自伝ともいえる『病める薔薇』を念頭に置いた筆致と見ることができる。

大都会の近郊に若干の家産を持って独立した青年が、自分に最も乏しいものが「忍耐の美徳」であることを自覚し、それを身に付けるため蟬の生態を細かく辿り、創作なるものが一朝一夕には決して成り難いことを自覚する。芸術とは創作であり、創作は忍耐である、という自己鍛錬の苦悩と努力の跡を辿った作品は、ゲーテの「薔薇ならば花咲かん」の言葉と、「おお蓄薇汝病めり」の言葉が果てしなく続く苦悶と幻影で彩られている。佐藤は大正六年六月に『黒潮』と題して書きあげ、『田園の憂鬱』と題して『中外』に大正七年九月に発表して新進作家の声価が定まり、大正十一年一月から『都会の憂鬱』を『婦人公論』に一年間連載した。本作は同じ主人公夫妻が東京の一隅の日も当らぬ家にいて、自分の才能も妻の貞操も疑い別居生活の中で憂悶し、自虐に陥る文学老年の姿を描いた私小説であるが、強靭な理智で彼を客観化している点で私小説を免れている。感情移入の対象が自然から人間に移り、現実の秤に絶えず懸けられている困憊した人間の意識を綴ったモノローグ体の手法は、佐藤のその後の文体の基本になっていったのであった。

芥川が性格の上でも生活の上でも裸になれないと佐藤が評した生活の桎梏を、江戸城中に勤める数奇屋坊主の家系に由来するとすれば、佐藤の「文体の暗さ」も新宮町に九代も続く名医家の出で、祖父も父も詩文をよくし俳諧を好み、その上幸徳事件に連座した大石誠之助を出したほどの家系に由来したとも考えられる。佐藤自身がこの点についても芥川と自分との関係性について「非常な親愛の感情を持つてゐ乍ら他の一面ではどうしても融合出来ないやうな何物かがあつた。ひよつとするとこれは吾々二人の中に余り共通し過ぎる点があつたからかも知れない」と述べている点でも首肯できる。だが芥川の文体は冒頭に記した彫心鏤骨の言葉の凝縮という観点と吉田精一の二系統の文体観とに集約できる。原子朗は「芥川の文体は文体の宝庫であり、一般の小説の文体を論じる上でも格好のモデルになる」（『芥川龍之介事典』贈訂版、明治書院、平成十三年〈二〇〇一年〉）とし、和文体・漢文体・叙事体・独白体・書簡体などバラエティ豊かに各作品に採用している点を個々に作品名を挙げて論じ、「果して彼の文体は《つくりもの》《窮屈なチョッキ》《近代性よりも古臭いものの方の臭い》《アクセサリーの要素ばかりで成立っている》ものなのであろうか」と疑問を呈した上で「芥川の芸術的文体は自然発生的かつ素朴実在的な自然主義の作風と最も背馳するわけだが、同時に後者を抜きにしては前者の発生も考えられない」と述べてもいる。佐藤春夫はこの点について『芥川龍之介を哭す』（『文芸時評』報知新聞、昭和二年四月～九月）でいう。

僕はまた彼が常に金玉の文字を心掛けるがために、彼の作品から却って脈動が失はれるのではないかを不断から恐れてゐた。忌憚なく言ふけれども、僕の目には彼の文字は肌の色も白く目鼻立も整然とはしてゐるけれども、しかしどうしても人形を思はせるのであった。（略）彼は表現のために益々刻苦してその余り彼は氣軽るに制作を楽しむことが出来ないやうな傾があるのを僕は考へた。僕は彼に向って文章をなぐり書きすることを、つまり談話することを、楽しむところの彼が恰もしやべる時と同じやうに楽しんで書くためには、全くしやべるが如く書くことを勧告してみた。

右の引用文は知悉されている「しやべるように書け」という意の佐藤から芥川への忠告の文

章である。この忠告に芥川が「佐藤春夫氏の説によれば、僕らの散文は口語文であるからしやべるやうに書けということである。それは或ひは佐藤氏自身は不用意の裡に言つたかも知れない」と答えたことを知り、佐藤は決して不用意に述べたのではなく「充分な意識を以て述べた言葉」で「不用意のうちに作者の人柄が現はれることを喜ばうという意」で、人は完全な放心によって完全な自己表現が可能である、という自覚に基づく忠告であったと述べる。だが芥川は夏目漱石を例に挙げ「書くやうにしやべる」ことを述べたという。佐藤はここに自分と芥川の決定的な相違を見ている。

実際「しやべるが如く書く」説と「書くが如くしやべる」説とは、単に表現の問題ではなく、実に二つの人生観、いや二つの生き方そのものでなければならない。即ち絶体の他力と絶体の自力とのそれを意味する。さうして芥川氏は実に絶体の自力主義者であつたのであると言ふべきである。

（『文芸一夕話』『文芸時評』新潮社、昭和二年）

結論をいえば佐藤春夫は、表現とは単に文章表現に限らず自己表現であり、それは己の生き方の問題でもあることを指摘したのである。だが芥川はこの時点では書くこと、表現することは創作であり、自己とは無関係な文章表現上の問題に限定して答えていたのである。

芥川龍之介は文学史的には「技巧派」と称されているが、唯美主義、自然主義、白樺派の文学を含めて批判の対象とし、卓抜した表現技法と縦横に駆使した語彙の豊富さで独自の文学の花を咲かせた。芥川の作品は芸術の極致、文体の極北の感があるが、文体そのものは人工的に作りあげた天才的修辞と古今東西の名作の卓抜な模倣術にある。芥川は最初から形式的口語文のフォルムによって作品を掬い取ろうとした。フォルムで掬う早さが性急であったため作品に瑕瑾が生じてしまった。芥川が残した詩を含む厖大な俳句や短歌の詩稿は、芥川がフォルムで掬いあげた言葉や言語の拾得物であり、これらは概して文語で記述してある。芥川が詠んだ俳句は俳句作者からはことに名品の誉れが高い。俳句はフォルムで言葉を掬う芸である。作品の完成度の高さはその人の持っている感性の高さに比例するものである。芥川は生まれながら鋭敏な感性と繊細な知性を持っていた。芥川は佐藤春夫に宛てて「この頃諸詩人の集を読み、つらつら考ふる所によれば、どうも日本の詩人は聾だね。（歌人は例外）少くとも視覚的効果に鋭い割に聴覚的効果には鈍感だね。君はさう思はぬか、長歌、催馬楽、今様などのリズムもどうももう一度考へ直して見る必要がありさうだ」（大正十四年九月二十五日）と認めた上で「校正の傍ら別紙叙情詩一篇を作る」として、五七調の文語詩を添えている。佐藤はこの時点では『殉情詩集』（新潮社、大正十年〈一九二一年〉）の有名な「秋刀魚の歌」を収めた『我が一九二二年』（新潮社、大正十二年〈一九二四年〉）二詩集を発刊し、「犬吠岬旅情のうた」を収めた『佐藤春夫詩集』（新潮社、大正十五年〈一九二七年〉三月）の準備中であったからこの書簡をいかように受け取ったであろう。同時代の中野重治は「詩というよりはむしろアフォリズムである」と手厳しく論じている。近代口語自由詩を確立した二人にとって、芥川の文語詩歌は所詮フォルムで掬い上げた古い芸でしかなかったのである。詩人を志向した芥川も詰まるところ鷹になれぬ鳶でしかなかったのである。

何故に文語を用ふる乎と皮肉にも僕に問ふ人あり。僕の文語を用ふるは何も気取らんが為にあらず。唯口語を用ふるよりも数等手数のかからざるが為なり。こは恐らくは僕の受けたる旧式教育の祟りなるべし。

僕は十年来口語文を作り、一日十枚を越えたることは僅かに二三度を数ふるのみ、然れども文語文を作らしめば、一日二十枚なるも難しとせず。

右の文は、『病中雑記』(『文藝春秋』大正十五年二月)の一文であるが、芥川龍之介の青少年期の文体は漢文訓読体や日記体であり、叙事文体や文語体である。少年時代に投稿した『ホトトギス』も『頴才新誌』も実際は文語体で真の口語文には程遠いものであった。芥川と同年に生を得た佐藤について石割透の「佐藤春夫の旧蔵書は幾つかの機関に分散しているとのこと、それにしても佐藤春夫記念館所蔵のそれは壮観であり、芥川の関心と重なるのに驚かされる」などの言がある。谷崎潤一郎は「世間ではよく二人を比較して芥川を上位に置くが私は必ずしもそうとは思わない。学者としての文学の造詣は芥川の方が上だろうが、作品について言えば佐藤の作品の方が好きである」(『饒舌録』改造社、昭和二年~四年)としながら、和歌、漢詩、英詩はいうまでもなく、日本・中国の古典から外国の作品まで佐藤春夫は味読していた、と佐藤の文学的成長を賞賛している。佐藤と芥川との類似点・共通点を指摘する論は多いが、相違点は滅多に論じられない。敢えていえば芥川の文体は、文語体、乃至は漢文訓読体の形態をとどめた口語文であったといえよう。

口語文が口語文としての言文一致の形を取ることを政府機関を通して確立したのは、明治三十三年（一九〇〇年）の「言文一致会」の設立と国会請願の採択を得た時点としてよいであろう。それまでの公用文としての漢文又は漢文訓読体は漢字圏の国々に於いてはインターナショナルの言語であった。だが口語文ないし言文一致の文体を志向した時点で日本語は日本語としてのローカル性を持ち出した。明治後期から大正期の作家の多くは、文語体の特性を十分に生しながらそれぞれの口語体を確立していった。言文一致体の文章が本当の意味で確立したのは昭和に入ってからで、その意味では徳田秋声も佐藤春夫も言文一致の文体で多いに苦しんだことになるが、芥川はそういう苦しみは幸い味わわずに自裁してしまった。

明治や大正の文学者が現代人より遥かに漢文の素養があったことは確かで、佐藤春夫の『支那雑記』（大道書房、昭和十六年〈一九四四年〉十月）の序文「からもの因縁」にそうした背景が語られている。この一文には佐藤春夫の漢詩翻訳詩集『車塵集』（武蔵野書院、昭和四年〈一九三二年〉九月）の由来も書かれている。「芥川龍之介がよき霊に捧ぐ」という献辞があり、最初に出来た十数篇を芥川に見せたところ、芥川も興味を覚えたのか、同数の詩を作るから二人で共著にしようといったが、それは結局芥川の自殺によって流れてしまったので、自分一人でまとめ芥川の霊前に供えることになったと記している。『支那歴朝名媛詩鈔』という別名があるように、六朝から明・清代に至る中国女性詩人の作品から四十八篇を収録し、女性の命の一番慎ましやかな世界を四行詩に移し替えている。この詩集と対をなす『玉簪集』（武蔵野書院、大正十二年八月）もやまとぶりに傾きすぎるという評もあるが、実際古い漢学者の手から逃れた作品が、日本語で表現し得た他に類を見ない作品となっている。本作は盛唐詩人の作を翻訳した『玉笛譜』（新潮社、昭和二十三年四月）に繋がる漢詩の未開拓分野での珠玉作を紹介している。佐藤には他に『希臘古詩』（昭和四年）『尖塔登攀記』（昭和九年）『ぽるとがる文』（昭和四年）などの英詩翻訳にも異彩を放つ作品が多くある。文体は初期の彫琢のあとの深い緊密体から、大正末にかけての潤達な達意の饒舌気味の文体を経て、昭和期の、底にモノローグ調を漂わせる客観描写体へと移り、晩年には和文伝統の表現至上を強調する経路を辿っている。

佐藤は芥川が『羅生門』を出版した頃のことを回想して「芥川は日本室の畳の上へ椅子と卓子とで書いてゐた。床の間の傍が机を置けるだけ別に窪んで造られてあつた。その狭苦しい所にきつちりと体をおさめて書くのが芥川らしいと思つた。後に谷崎潤一郎がそれを見て、あんな窮屈な状態でよく書けるもんだ、と云つてゐた」と記している。芥川はここで口語文をインターナショナルにしようと格闘していたのである。佐藤は更に、芥川の文体について「独自なものは国文の古典や漢文、また鷗外の翻譯のやうな同時代の文章に俳諧の写生文のやうなものを、漱石やもつと直接に摂取して学んだと思ふ」とも述べている。芥川は小説家よりも先に俳人であった。事実、芥川は十六歳の『我輩も犬である』という文章を成しそれに自作の俳句を数句挙げているし写生文も書いている。明治三十九年六月三日発行の回覧雑誌『曙光』第四号にも十句の俳句を発表している。「木下闇七題」と題した連作俳句である。故に芥川の小説には春夏秋冬の季の感覚がよく把えられている。『蜃気楼』『年末の一日』『雛』などいずれも季感が明晰である。『庭』や『路上』『妖婆』を失敗作とするのも故なしとしない。いずれも「季」が明確でないのである。昭和三十九年五月七日の『朝日新聞』に佐藤春夫の最後の俳句が紹介されている。五月一日に堀口大学とミロのヴィーナスを見た際の句で「春灯立たす女神の腹ひかる」「古も美女はありけり春灯」「見下しつ仰ぎつ春の女神かな」「春の夜の夢ばかりとぞ眺めける」「行く春や女神は老いず二千年」の五句であるが、詩に於いては佐藤春夫が芥川に優り、俳句に於いては芥川龍之介（我鬼）が佐藤に優っている。佐藤は本質的に詩人であった。一方芥川は俳人でもあり、俳句で自嘲を籠めながらも佐藤の言を入れて「自分を裸」にしているのである。

『蜃気楼』の町鵠沼

昭和二年三月の『婦人公論』に発表された芥川龍之介の小品『蜃気楼』は、鵠沼に住む僕が、蜃気楼が現われて評判になっている海岸に二度出向いた次第が語られている。作品中の二つの章の関連性は冒頭の語り口からも意図的な構成が考えられる。㈠の語り出し「或秋の午頃、僕は東京から遊びに来た大学生のK君と一緒に蜃気楼を見に出かけて行った」の記述との不連続性を避けるために、㈡の語り出しは「K君の東京へ帰った後、僕は又、O君や妻と一緒に引地川の橋を渡って行った。今度は午後の七時頃、――夕飯をすませたばかりだった」と記され、「今度」という言葉から㈠の外出が昼食直後だったことを反転させるようにして意識させている。㈠と㈡の人の動きは、どちらも家から海辺へ行き、海辺の出来事を描き、また家に戻る、という構成を取っている。内容の記述に関しても㈠と㈡はいずれも十項目の内容で対比されている。

㈠では①鵠沼海岸の摩気楼②隣りのO君を誘う③牛車(うしぐるま)の轍の圧迫④松原を通り引地川に沿ひ海岸に行く⑤新時代の風俗を実感させる男女⑥蜃気楼と思われる陽炎⑦新時代の男女の錯覚⑧水葬者の木札⑨水葬者は混血の青年⑩蜃気楼という言葉に幽かに心が揺れ、鵠沼の本通りに戻る。という十項目の風景描写の間に、圧迫を感じたり、錯覚をしたり、偶然木札を拾って無気味さを感じたことなどの幻視や錯覚、異常知覚や異常認知などを描いている。

㈡では、O君と妻と引地川の橋を渡って行き、橋を渡って帰ったので、別のルートを取ったことになるが、記述内容は㈠と同様の十項目の場面を描いている。この時渡った橋は現在の鵠沼海岸駅近くの橋である。次の項目は帰りの道、つまり復路のできごとである。

㈡では①河口の船の目じるしとなる灯②十年前上総の海に滞在した回想③マッチを擦り夜の海を照らしたこと④游泳靴の片方を見て土左衛門の足と錯覚⑤闇夜の海岸の鈴の音⑥夢の中のトラックの運転手に確かに会ったと思う⑦夜の砂浜で顔が判然と見える⑧東家の土手の松林の梢の音を聞く⑨擦れ違った男の煙草の火を錯覚し確認する⑩妻と父親の金婚式の話や雑談をしながら、半開きの門の前まで来る。

㈠と同様に十項目の場面構成の中に、不気味に感じた事象や、鈴の音の幻聴、夢から意識の閾の外にある現象を思ったり、暗闇の浜辺で見える顔に脅えたり、錯覚や勘違いしたりなどの内面の心理が挿入されている。このように㈠と㈡の構成は見事に一致している。家を出て、ある場所に行き、家に戻る、までの出来事を鵠沼の別荘地の景や、松林や秋の海や、海岸の風景を微細に描写している。いわば描写文や写生文、スケッチといった類の作品である。故に評価も様々で定説はない。

早くは「日記の一部のような、筋も構想のあとも見られない作」（吉田精一『芥川龍之介研究』筑摩書房、昭和三十二年〈一九五八年〉一月十五日）とされ、この点を重視すれば私小説的スケッチの類で羅列的風景描写に視点を据えた作となる。構成の上からは「昼と夜との対象を粋に、蜃気楼と現実、新時代と死、光と闇などの対照が組み合わされた極めて構成的な作品」（海老井英次『國文學』一九八一年五月）と見れば構成美を重視した『話』らしい話しのない小説」に帰着する。一方、描写の合間合間に挿入される芥川の心象内部に注目すれば「日常と非日常、生と死の微妙な迫間で作品の世界は成立している」（平岡敏夫『芥川龍之介抒情の美学』一九八二年十一月二十五日）という論になろう。錯覚や幻視幻聴に注目すれば「無気味さを描いているようで実はそれをずらしていく異化の方法」（篠崎美生子『国文学研究』一九九一年一月六日）となり、題名の蜃気楼と過去への懐旧の情に焦点を当てた論となる。作中の夢の話や意識の閾の外に注目すれば「夢によって浮上する自らの無意識を顕在化し自己内部を凝視する限差し」（一柳廣孝『名古屋経済大学人文科学集』一九九二年七月）となり、龍之介晩年の神経衰弱を意識した論が導き出せよう。このように諸論あるが、鵠沼滞在中の龍之介の心境や保養の効果、鵠沼というリゾート面からの言及は意外と少ない。『鵠沼雑記』と重ねる形で幻覚や予兆を重大視し、宇野浩二の「鵠沼にゐた頃が芥川の短い生涯の中で最も陰惨な時代、短い一生の中で重大な時期の一つ」（『芥川龍之介』一九五三年十月五日）という発言に収斂されている。

本作はこうした研究成果に比べて読後の印象は明るい。「鈴の音」を聞いたことに対し、妻は木履の鈴だと冗談を言い、O君は袂に入れた鈴だと冗談をいう。闇夜の浜辺で顔だけ見えるのを「砂の悪戯」と妻が何気なさそうに言う描写にはむしろ微笑ましささえ感じる。水面の反射光でそういう事はあり得ることだ。僕が感じた陰鬱さや不気味さにしても、日常だれにでもある錯覚や不安、夢の記述でドッペルゲンゲルに脅える龍之介の終末意識とは思えない。こうした心象記述を除けば「家から海に行きまた戻る」までの写生であり、鵠沼周辺のスケッチである。大正十四年七月二十日の堀辰雄宛書簡には「ハイカラなものを書くより、写生的なものを書く方が成長のためには遥かに大事だ」とアドバイスをしている。「青いものが一すぢ、リボンほどの幅にゆらめいてゐた」ものこそ、十年前の上総の海の朧な記憶であり、「初心に帰れ」との龍之介自身の内部認識といえよう。ここには避暑地の鵠沼風景が見事な構成で詩的に余す所なく描かれている。

『悠々荘』（『サンデー毎日』一九二七年一月）や『鵠沼雑記』（『文芸的な、余りに文芸的な』一九三一年七月五日）も同様の作といえよう。この二作には鵠沼近辺の松林や砂丘、別荘や貸家の風景、東家内部や分譲地の変貌、海浜地特有の気象や現象が描かれている中に、芥川の精神状況や心象描写が、作品『蜃気楼』と比較して、より増幅されている。そのため鶴沼から友人知人に宛てた大量の苦境を訴える内容を記した書簡と併せて、自殺直前の芥川の心身衰弱とリンクさせる形で読まれたり、精神病理学的立場から研究者の注目を集めて来た。鵠沼滞在中に斎藤茂吉の勧めで東家旅館の貸家「イの四号」に移ったが、二週間後この家の前の借家にバイオリンを弾く青年が入り、騒音に悩まされて病気が悪化した。鵠沼の富士医師の往診を受けたが、快復せず、(前後左右周囲の家それぞれを挙げ)「ヴァイオリン、ラヂオ、蓄音器、笛、ラッパ、謡、鼓、の上にこの二日はお祭りにて馬鹿囃しあり」(佐佐木茂索宛、八月九日)という騒音に辟易し恐れをなし、転居を考えていた処、この日に国木田虎雄(独歩の息子)が借りていた洋館が空くと知らされ、すぐ見に行ったものの、結局これは借りずじまいであったが、この時の別荘、洋館視察が『悠々荘』の構想に繋がったとも考えられる。ちなみにに独歩はこの地で永眠した。

芥川龍之介は大正十五年四月二十二日に、鵠沼の東家旅館へ妻・文と三男・也寸志を伴ない養生に行った。妻の実家が鵠沼海岸三丁目十一番地にあった。ここでの生活は『鵠沼雑記』に書かれている。末尾に(一五・七・二〇)とあり、この記述の通りであるとすれば、『鵠沼雑記』は「イの四号」に移った時期で、青年が弾くバイオリンの騒音に悩まされて倒れる一週間前である。八月二十四日には避暑客も去って「二度目の新世帯」と自ら下島勲宛に書き送ったように、気分も幾分安らかになっていた。ここは江の電鵠沼駅から歩いて二十分、小田急鵠沼海岸駅から徒歩五分の商店街の中で、今では広い駐車場になっている。このあたり一帯が伊藤将行が開いた東家旅館の広大な敷地内であった。今でも江の電鵠沼駅近くの、松が岡の閑静な住宅地には立派な土囲や石垣などが残り、僅かに別荘地の俤をとどめている。『蜃気楼』の末尾には（昭二・二・四）と記されている。この時期龍之介は田端に帰っているから、厳密にいえば鵠沼で書かれたものではないが、大正十五年の秋に砂漠で見られる蜃気楼によく似た現象が起こったことが作品の契機となっている。昭和元年（一九二六年）十月二十七日の『朝日新聞』神奈川版に記事が書かれ、俄に評判になった。蜃気楼現象の詳細は『藤沢市史』に書かれている。

『藤沢市史』によると鵠沼は「片瀬、江の島より十丁を距らざる浜の続きの海岸にして、地勢平穏眼界曠濶なり、此地引地川の清流に包まれ、松林の翠影中に別荘、旅館の点々散在するのみにして、漁民舎屋稀に鶴犬驚かす。空気清鮮なり、藤沢停車場より約一里、旅館は鵠沼館、東家等最も広荘なものとす」とある。歴史的に鵠沼は賦課の対象にならない荒蕪砂丘のお見捨地で、堀川までが農地の南東限であった。鎌倉時代以後も専ら「砂上ヶ原」と記され、西行も長明もここで和歌を残している。太田道灌が「わが庵はまつはらつゞきうみちかく富士のたかねを軒端より見る」と歌ったのは、ここに大庭城という砦を築いた時といわれている。江戸時代初期は御料地とされたが、延宝六年（一六七八年）の検地で代官支配となり、三百九十四石三斗六升と記録されたのが最初の賦課対象と認定され地名は鵠沼村となった。維新後も大した変化はなかったが、明治四十年（一九〇八年）に藤沢町に合併された。

『蜃気楼』の記述の中の、「松風の音の中、路の左は砂原だった、疎らに低い松の間、向うの笹垣」などの風景や『鵠沼雑記』中の、「全然人かげのない松の中の路を散歩してゐた、砂の中に雨蛙が一匹もがいてゐた、曲った松の中」などと、記されている松林は鶴沼造成時の植樹林で今も旧東家に到る細道の右側の雑木林の中に残っている。ここは明治初期まで荒蕪地で砂丘が続き、海岸線は葦の群生する沼災地であったが、明治二十年（一八八八年）頃から地元の川上九兵衛、三觜小三郎、伊藤将行、田中耕太郎らが鵠沼を別荘地として開拓し、積極的に宣伝紹介に努めた結果造成地ができた。先覚者にとっては、海岸一帯の白砂青松化を図り、宅地を造成し、財界人や富豪の別荘地として分譲することが第一の目的であった。しかしこの地一帯が砂丘で秋から冬季に西風が吹くと、一夜にして砂丘が移動するという実情であったので、初めに小松苗を蜜植して砂防林を作り、笹垣根を作ったが、西風が吹くと一夜にして砂中に埋没してしまった。何度も植え替え幾回も失敗し、夜座して風向を見定め植樹をした。その結果の松林であったから作中の記述のような「疎らに低い松」「一様に曲った松」などがあったのである。現在鵠沼市中にまばらに残り、点在している松は大正、昭和に至るまで植樹されたものである。

『蜃気楼』中の、別荘らしい篠垣、家の多い本通り、砂の乾いた道。『悠々荘』中の藁葺屋根の西洋館、御影石の門、敷石を挟んだ松、庭の芝、硝子窓の前に植ゑた棕櫚や芭蕉、園芸用の石膏女人像、などの記述は別荘内の写生やスケッチである。『鵠沼雑記』中の、自動車などのはいる筈のない小道、松の中の白い洋館、麦藁帽を被った馭者、などの記述は大正末から昭和初期にかけて、小区画にされた分譲地や、別荘地の風景描写である。小田原急行電鉄支線（江の島線）が鵠沼まで延長されたのは、龍之介が亡くなった後の昭和四年（一九二八年）四月のことであるから、当時は江の電鵠沼停車場から海岸まで馬車が出ていた。洋館も藁葺屋根が多かった。

別荘地という概念は明治以降のもので、避暑や海水浴向けの、林間や臨海での避暑行楽などが目的であった。長野県軽井沢は明治十九年（一八八七年）イギリス公館付き宣教師、アレキサンダ・クロフト・ショーにより紹介され二年後に信越本線の延長開通によって発展した。湘南海岸一帯の別荘地は、明治十七年（一八八五年）に神奈川県令野村靖が居住地を湘南に求めようとして、ドイツ人医師ベルツ博士に選定を依頼した。ベルツ博士は調査の結果、第一に鵠沼海岸を挙げたが、野村県令は大磯に着手したため、鵠沼海岸の開発はやや立ち遅れた。大磯は政府要人や華族、政商財閥が別荘を構え、明治四十年（一九〇八年）には百五十余邸を数え、夏の閣議が同地で開かれたこともある。鎌倉は皇族、華族、官僚の別荘地が五百八十戸余りに上り、貸別荘や貸家も多く、文士や作家などの避暑や避寒や保養地ともなった。遠く離れた海浜に別荘を構えるという新しい生活スタイルは、新興特権階級や皇族華族がステイタスシンボルを求めていたこともあって、湘南地方は東京近郊の最大別荘地となっていった。

鵠沼海岸の開発は、明治二十年（一八八八年）に鵠沼館が建てられ、続いて対江館、東家など次々に大規模旅館が建ち、四季を通じて都会人の清遊人士を誘致することから始まった。鵠沼の別荘地はその一区画が湘南地方中最も広く、いずれも千坪以上を誇っていた。開発が遅かったこともあって、地価が最も低廉であったからである。明治四十年（一九〇八年）頃は一反歩が一円で売れると赤飯を炊いて祝ったという話もある。伊藤将行が開発中に人夫賃の代わりに土地をやろうとしたら断られた。それは砂原の土地を貰ってもどうにもならなかったからである。大正十二年（一九二三年）の関東大震災は震源地が伊豆大島の東方であったが、東京よりも湘南の方が近かったにも関わらず、殆んど人的被害を被らなかったことからその後の鵠沼は別荘地から住宅地へと変貌し始めた。広大な東家の敷地も井桁に仕切って坪単位で分譲した。貸家であったが龍之介が泊まった、東家敷地内の「イの四号」、「イの二号」、「イの四号」裏の二階家がそれである。

明治末期に東京の都市環境が悪化し、良好な住宅環境づくりに対する関心が高まり、郊外鉄道の敷設とともに、理想的な住まいを求めて郊外に住宅が盛んに造成された。龍之介が大正三年（一九一四年）に田端に転居したのもそのひとつである。この年龍之介は友人山本喜誉司の鵠沼の別荘に三日間滞在している。関東大震災後は更に郊外に住宅を求める傾向も強まり、

「文化住宅」と呼ばれた新式洋風住宅が建築されるようになっていった。鵠沼も関東大震災後、一本松踏切より伸びていた「砂の乾いた大通り」は鵠沼新道となり、引地川も水路として改修されている。東家は十年前に旅館経営を廃業して現在はその広大な敷地跡は駐車場となってしまい、分譲されて民家が建ち並び往事をしのぶものは何ひとつない。更に現在は引地川には立派なタイル貼りの大橋が掛られている。昭和八年（一九三三年）頃には次々と耕地整理も行なわれ、新興別荘地や住宅地は三十地区にも増え不動産会社も参入し別荘が住宅地として分譲され、いわば一つのブームともなった。またその総面積は二万八千坪に達していた。

『蜃気楼』と同時期に書かれた『悠々荘』の描写の廃墟と化した別荘や『鵠沼雑記』に白い歪んだ洋館が描かれているが、別荘地から住宅地へ移行する過程での相続税の高騰や大震災後の荒廃で、廃櫨になった別荘が放置され、次の買手を待っていた建築物は何軒もあった。また当時は建築の基礎も簡便で、その上砂地であったから大震災で歪んだものもあり、龍之介の幻覚ではなく事実の描写なのである。京浜地区の経済発展に伴ない、明治末期から横浜出身の生糸貿易商や、その他の新興資本家がこの地の別荘取得者となった。龍之介が逗留した大正末年から昭和初期にかけて鵠沼の別荘売買は再転した。飽和状態になっていた鎌倉や逗子などの別荘や住宅地に替わって、軍事都市横須賀の膨張との関係で退役の軍部指導者や軍関係の医者や国学関係などの学者や知識人、それに画家や音楽家や芸術家、文化人などが別荘居住者の中心となった。それ故龍之介はバイオリン青年に悩まされ、また「歯イシヤ」という札を出す一風変った軍関係の変り者医者も実際いたのであろう。五月一日の葉書には「海岸も差支へなし」とあるから到着以後毎日海浜を散歩していたのである。

別荘地は概ね避暑と行楽を兼ね備えており、海水浴も含まれる。『蜃気楼』の中にも「新時代」と称される風体で海水浴に来たと思われる若い男女を描き、『鵠沼雑記』にも「白い水着を着た子供」と書いている。今井達夫は『鵠沼にゐた文人』（高木和男『鵠沼海岸百年の歴史』フジ出版社、昭和十三年〈一九三八年〉四月一日）に「海岸の砂原に海の水を引いた安全海水プールといふ泳ぎ場が経営されてゐて随分繁昌してゐた。（略）向ふ岸でくるりとターンして抜手を切って泳いで来る顔を見ると、思はずぞっとした。芥川龍之介氏だったのである」と鵠沼の龍之介の一端を伝えている。七月二十九日の手紙には「海へも入らず暑い思いをしている」とあり下痢で泳げないことを残念がっている。

海水浴は明治初年の頃は健康保持、身心鍛練を目的として海水に浸るだけであったが、それでも狂人視された。湘南海岸の海水浴の発祥は、明治十八年（一八八五年）に松本順により開かれた大磯の照ケ崎海岸であるといわれている。松本は明治六年（一八七三年）五月に初代陸軍々医総監になった人で『海水浴法概説』（明治十九年〈一八八六年〉八月）を刊行している。海水浴の効果が宣伝され、大磯海岸に人が集まると、それに伴ない全国各地で海水浴場の開発が活発になった。別荘地の開発の先駆として、鵠沼では大型豪壮な避暑旅館があった上に、海水浴客のために、引地川のほとりに明治館と待潮館を建築して海水浴客を誘致した。中でも学習院の学生が毎年、片瀬鵠沼海岸で遊泳演習を行なったのは絶大な効果があった。

男子の海水浴が徐々に普及する中で海水着も褌からショートパンツに移っていったが、女子の場合は女性解放の過程と連動するような形で海水浴も普及したので、急激な移行はなかった。主流は襦袢（じゅばん）とロングスカートの上下組み合わせによる「金巾（かなきん）」と呼ばれる木綿生地の着物姿であった。神奈川県はそれでも明治二十一年（一八八八年）八月三十一日に「水浴場取締規則」全十八か条を布達して男女の混浴、混泳を禁止した。明治二十二年（一八八九年）八月十七日の『朝野新聞』が「身に薄き金巾の西洋寝巻を纏ひ、首に大なる麦藁帽を冠り、三々五々相携えて余念もなく海中に遊び戯むる事なり」と記すように「西洋寝巻」の海水着は明治四十年（一九〇七年）から、半袖のワンピース風上半身と下半身は膝上までのショーツ型の組み合わせに変わっていった。大正半ばには模様も大胆になり、袖なしランニング型やワンピース型も現われ、海岸で見られる光景は時代の最先端をいく新風俗で、新時代を象徴する流行風俗であった。今も鵠沼海岸では流行の水着を付けて、ビーチバレーボールの国際大会も開かれて華やかである。『蜃気楼』の若い男女の風俗も大正末から昭和初期に流行した「断髪」と呼ばれたボブ・ヘアーにスカートとハイヒールやローヒールを穿いたモダンガールの風俗で「新時代」の象徴であった。富士医師は『文藝春秋』（昭和十年〈一九三五年〉十月）に「芥川氏は当時青年子女の崇拝の的であった。氏が夫人と共に海岸に立たれると、青年子女がぐるりと遠巻にして囁くのを見た」と記し、鵠沼滞在中に龍之介は屢々海岸に行ったらしく保養に努めていたのであろう。

芥川龍之介は鵠沼に逗留する一週間前に小穴隆一の下宿を訪ね、自殺の決意を伝えたという。（小穴隆一『二つの絵芥川龍之介自殺の真相』『中央公論』一九三二年〜一九三三年）そのためこの時期に書かれた作品に芥川の終末意識や精神異常、自殺願望を読み取ろうとする傾向が強かった。関口安義は『悠々荘』に「過去と訣別し、新たな創作に邁進しようとする決意めいたものが読み取れる点で、晩年の芥川を考える上での重要な作品」（『芥川龍之介とその時代』平成十年〈一九九九年〉三月二十日）と積極性や意欲を見て取ろうとする視点は見逃せない。『蜃気楼』の中で、木札を拾って無気味さを感じたとする記述を重要視すれば死の恐怖や死後の不安とも取れるが、「混血児の青年を想像した、日本人の母のある筈だった」という記述に落ち着いた響きが感じられるのは、外国人の居留地が、安政元年（一八五四年）の神奈川条約の締結以来鵠沼にも多くあったことも意識した言であろう。別荘の多くは外国人によって提唱された。全般的に冷涼な気候の国から来た外国人にとって、蒸し暑い日本の夏は耐え難かったようで、外国人のリゾートライフ用地として別荘は造られた。居留地に住む外国人は本国での生活習慣を高原や海浜のリゾート地に持ち込んだ。軽井沢などは外国人で溢れ、海外の植民地のようであった。湘南の海浜別荘地は避暑と避寒に加え、海水浴と大気療法という健康維持を兼ねた、極めて西洋的な思想の享受から出来た別荘地であった。その中には日本人女性を妻に持った外国人も多く居たに違いない。中国上海を見て来た龍之介にとって混血児は見過ごしに出来ない問題であった。龍之介生誕の地も外国人居留地に近い所であった筈である。そういう原風景と現風景とを目の当りにして「日本人の母のある筈だ」と記したのである。鵠沼で龍之介を診察した富士医師は「秋になり氏が頭を垂れて瞑想しながら松林を散歩してゐるのに屢々会った。御気分如何と尋ねると氏は黙って頷いた。相変らずといふ意味だろうと察した。而して創作に対する瞑想の連絡を断たれるを好まないのだと考へた」と記して、この地における龍之介の穏やかな表情を伝えている。ここには龍之介の母への思慕の念も読み取れ、『点鬼簿』（『改造』一九二六年十月）で「僕の母は狂人だった」と初めて自己の出自を明かす心境に到る過程も見ることができる。鵠沼は結婚十年目にして初めて心まで裸になることができた「二度目の結婚」と呼ぶ生活を持つことができた地であり、束の間の安らぎを得た地であり、龍之介の自己放下と悟達の境をここに見ることもできる。鵠沼滞在を決意させたのは東京からの逃避であったのだろう。現実問題として龍之介を悩ませたのは興文社問題で、「あのお礼は口数が多いので弱った。少し借金した。編サンものなどやるものぢやない」と山本有三に訴えているように世俗の煩わしさで、鵠沼滞在はこの問題の冷却期間であり、一時的な「身の隠し」であった。「唯今当地に義弟のゐる為しばらく女房と滞在している」と書いているように、龍之介一家にも大きな影を落とした。金銭問題で伯母のふきは度々ヒステリーをおこすようになっており、鵠沼滞在中の書簡には特にこの記述が目立って増えている。鵠沼滞在が長期に及んだのも龍之介の身体的な問題ばかりではなく、諸問題からの回避の意味もあった。龍之介にとってここでの生活は今までにない心の安らぎを与えられた土地だったといえよう。

芥川龍之介は小説家よりも詩人と呼ばれることを何よりも喜びとしていたし、唯よりも萩原朔太郎に詩人と認めてもらうことを光栄としていたという。「健康の衰弱の中の死と近接した幻覚や予兆をリアリティにするのが晩年の『詩』に近い小説」であった」（石割透『芥川龍之介事典』解説、昭和六十年〈一九八五年〉十二月十五日）と『鵠沼雑記』を見ているのも、この地で書かれた作品の中に一種の心の安らぎが見出せるからであろう。

果てしなく暗い道

芥川龍之介の短編『雛』は老女の回想物語である。没落した豪商が娘のために買った雛人形を外国人に売りに出すこととなり、少女がもう一度飾ってほしいと切望する。娘には首を横に振っていた父親が、夜中にそれを飾ってひとりで蔵の中に明りを灯している風景が描かれている。

龍之介は、この短編の冒頭に「箱を出る顔忘れめや雛二対」という蕪村の句を置いた。『芥川龍之介未定稿集』に別稿『雛』があるが、こちらには蕪村の句はない。大正十二年（一九二三年）に発表する際に意識的に置いたものであろう。

蕪村の句はどこか小説的で物語めいた構成がある。この短編も蕪村の句を冒頭に置くことによって少女の回想性を支え「忘れめや」という反語の持っている確述性を効果としている。「箱を出る」という表現は、「箱を出す」とは全く違う。雛に生命を吹き込んで、自分から出て来るようにしたのである。家族が寝静まった蔵の中で一人、明りの中で飾られた雛を見入る父の姿。「夜更けに独り雛を眺めてゐる年とつた父を見かけました。これだけは確かでございます。さうすればたとひ夢にしても別段悔やしいとは思ひません。――女女しい（略）その癖おごそかな父を見たのでございますから」としているところは、あたかも雛の魂に魅せられた父の姿を描ききって、雛の生命に導かれる父子の姿と捉えられなくもない。

後記には、「四・五日前横浜の或英吉利人の客間に古雛の首を玩具にしてゐる紅毛の童女に遇つたからである。今はこの話しに出て来る雛も、鉛の兵隊やゴムの人形と一つ玩具箱に投げこまれながら、同じ憂きめを見てゐるのかも知れない」とあるのは、売られたその後の雛のありさまを想起させるような効果もさることながら、蕪村の句にある生命を吹き込まれた雛の哀れさに、作家として自分の姿を重ね合わせていたのかもしれない。生命を吹き込まれて文壇に登場し、売文生活の苦渋と家族の桎梏に襤褸布（ぼろきれ）のようになっている自分を、この雛の末路に見ていたのかもしれない。かつて『野呂松人形』に「僕達の書いてゐる小説も、何時かこの野呂松人形のやうになる時が来はしないだろうか」と書いて、自己の拠って立つ芸術への不安を漏らしたが、台頭しつつある新たな潮流に押し流され、他の作家と一緒くたにされて玩具箱に投げ込まれようとしている。そうした「滅び」の美しさが見事に描かれた作品である。滅びてゆく行く末を描くことによって、滅びそのものの美しさを描く物語はほかにもある。

歌舞伎の『妹背山婦女庭訓』の吉野川の雛流しの発想は、近松半二らが劇中に取り入れたものと思われる。愛し合う若い男女がついに添うことなく、男は切腹、女は母に斬られて死ぬが、雛鳥という娘の首を、妹山から雛の道具に入れて背山の久我之助のもとに、川を渡して送るという悲劇で、華やかな雛がその哀れさを強調している。芥川龍之介の後記には、そうした「妹背山」の雛と首の話があるいは下敷にあったかもしれないし、また、芭蕉の「草の戸も住み替る代ぞ雛の家」が脳裡を掠めたかもしれない。

明治二十六年（一八九三年）正岡子規は「雛祭り」と題する俳文を発表し、さらに翌年の三月九日に「雛の俳句」という小品を発表している。『鷹筑波』『毛吹草』『増山の井』『雑巾』

『虚栗』といった古俳書から、雛を詠んだ名句八十七句を選り抜いて、その詠みぶり、視点、様態、雛の飾られている場所等あらゆる角度から分類している。芭蕉、蕪村の句はもとより、自作の句「物のけの雛にありけり嫁が君」という、別稿『雛』で「雛段のみしりみしりかね」という会話を援用したと思われる句もある。これらの雛の句をイメージ化すると、取りあえず『雛』のモチーフは成立するようである。ここには蕪村の「箱を出る顔忘れめや雛二対」「たらちねの抓までありや雛の鼻」の句に並ぶようにして次の句がある。

土雛や鼻のさきから日の暮るる　　丈左

龍之介には小説『鼻』があり、「鼻」を詠んだ句もあるが成立年代ははっきりとしない。

水涕や鼻の先だけ暮れ残る　　龍之介

堀辰雄によれば大正八、九年（一九一九、二〇年）頃の作とあり、村山古郷は大正十四年（一九二五年）という。周知のように「自嘲」と前書したこの句を書いた短冊を、自殺して果てた前夜、「下島先生に渡して下さい」と告げ、寝に就いていた伯母の枕元に置いたとして、辞世の句と見なされている。しかしこの句を成す前に、龍之介は雛の題で何句か詠んでいる。

土雛や鼻の先だけ暮れ残る　　龍之介
土雛や鼻の下だけ暮れ残る　　〃
水涕や鼻の下だけ暮れ残る　　〃

龍之介の「水涕」の句の初案は「土雛」の句で、江戸の俳人「丈左」の改作であった。改作に改作を経て「水涕」の句として定着をみ、右の事情から凄愴味のある境涯句となったが、かくいう事情を除けば、龍之介らしい機智に富んだ滑稽句である。龍之介の俳句には先人の句が多々透けて見えることに気付かされる。

降る雪や明治は遠くなりにけり　　草田男

天下周知の有名句であるが、この句の前に、

獺祭忌明治は遠くなりにけり　　（作者不詳）

という類似の句があったということも広く知られている。中村草田男の句は昭和六年（一九三一年）の作で、類句問題が取り上げられたのは昭和三十六年（一九六一年）である。嶽墨石が『旅と俳句』に「昭和七、八年頃神戸の句会によく出席していた志賀芥子という年少俳人が訪ねて来て『中村草田男氏はけしからん。僕の句を盗んで改作しホトトギスに出しよった。これからすぐホトトギス社に類句取り消しの抗議をしようと思うがどうだろうか』といった」と書いているのが発端であった。そうして見ると芥川の自負心は詮議だてを遙かに越えその弁解の余地すらない。

労咳の頬美しや冬帽子　　龍之介

これは飯田蛇笏の大正四年（一九一五年）の次の句を模している。

死病得て爪うつくしき火桶かな　　蛇笏

飯田蛇笏宛の私信にも「尊句からヒントを得たもの」と記し、他の文章にも同じように記し、さらに「後期印象派の肖像画を喜び見しころ、或ひとの姿の目に残れるを」と前書きまでしている。芥川句の剽窃（ひょうせつ）を指摘した草田男は、そうした関係を「蛇笏の句が、蕪村の『腰ぬけの妻美しき炬燵かな』に胚胎していることを芥川は見抜いていたのかも知れない」と述べる。

夏目漱石の『文鳥』は明治四十一年（一九〇八年）の『ホトトギス』十月号に転載された写生文体の小品である。漱石の中にあるロマンチックなものが可憐な文鳥に結びつけられる。文鳥に託して回想した「美しい女」の夢が、文鳥に死をもたらした家人たちの不注意に対する怒りとなって爆発したのだとする。そう考えると、この作品は漱石の家庭における孤独を如実に語っているといえよう。同年に書かれた漱石の『夢十夜』は伊藤整が「人間存在の原罪心理」を主題にしたものと解釈して以来、多くの批評家によって語られ、漱石内面のカオスを象徴する因子を見出そうとする試みがなされている。ここで大正九年（一九二〇年）に書かれた芥川の小品『沼』を思い起こしてみる。

おれは沼のほとりを歩いてゐる。

昼か、夜か、それもおれにはわからない。唯、どこかで蒼鷺の啼く声がしたと思つたら、蔦葛に掩はれた木々の梢に、薄明りの仄めく空が見えた。（略）

此処に待つてゐても、唯芦と水とばかりがひつそりと拡がつてゐる以上、おれは進んで沼の中へ、あの「スマトラの忘れな艸の花」を探しに行かなければならぬ。（略）あすこから沼へ飛びこみさへすれば、造作なく水の底にある世界へ行かれるのに違ひない。おれはとうとうその柳から、思ひ切つて沼へ身を投げた。

この作品の冒頭だけでも漱石の『夢十夜』に似通う筆の運びを見ることができよう。龍之介は漱石の『永日小品』に心惹かれているところがあった。その多くは随筆風の文章で、日常身辺の観察体験を描いた諸篇は、掌篇小説のようなものもあり、多面な書き方で個性的である。この中の「蛇」や「暖かい夢」の書き初めの二、三行の簡潔で充実した印象描写のすばらしさを、龍之介は嘆賞してやまなかった。『沼』の冒頭は『夢十夜』の第三夜を思わせるところがある。

こんな夢を見た。

六つになる子供を負つてゐる。慥に自分の子である。只不思議な事には何時の間にか眼が潰れて、青坊主になつてゐる。自分が御前の眼は何時潰れたのかいと聞くと、なに昔からさと答えた。声は子供の声に相違はないが、言葉つきは丸で大人である。しかも対等だ。左右は青田である。路は細い。鷺の影が時々闇に差す。

「御父さん、重いかい」と聞かれ、「重かない」と答えると、「今に重くなるよ」という。最後に石地蔵のように重くなるという予言である。こうして「自分」は怨霊の支配下に入って、意のままに動かされてしまう。漱石は心の内に、ただ漠然とした不安や恐怖を抱いていたところがある。それが漱石の人間像を翳らせている。龍之介にも全く同じような漠然とした不安があった。漱石はこのことを「夢」の最初に描き、最後にその原因を百年前のこととして明らかにした。幼い時に養子に出され、父から疎まれた漱石に「オイディプス王」の「父親殺し」の願望があったかどうかは定かでないが、「背中の子が急に石地蔵の様に重くなった」と感じた重さは、実存の重さであり、奈落へ引き込む実在の重さであった。それは龍之介の「存在の苦しみ」と同質のものであったのだろう。漱石も龍之介も人間存在の不可思議に悩まされ、その上家族の桎梏から逃れられないでいたのであった。

龍之介の処女小説『老年』や戯曲『青年と死』は二十二歳の時の作である。藤村は三十六歳で『春』を、漱石は三十九歳で『坊っちゃん』を、鷗外は四十八歳で『青年』を書き、いずれも作家としての出発に当たって死臭のただよう作品などは書いてはいない。宇野浩二が龍之介の初期の三編をあげて「二十三・四歳の作家の小説として見ると（いや、三十歳の作家の小説としてみても）みな、妙にうまくてませてはゐるが、若々しい所など全くない」と評したのは有名であるが、そこには老人の孤独の影が老いの翳りとなって死臭が漂っている。

龍之介は青春に燃える前に「唯静かに老い朽ちたい」と願う精神生活の翳りを若い相貌によ

ぎらせている。『歯車』という作品に「僕は運河に沿ひながら、暗い往来を歩いて行つた。そのうちに或郊外にある養父母の家を思ひ出した。養父母は勿論僕の帰るのを待ち暮らしてゐるのに違いなかつた。恐らくは僕の子供たちも——しかし僕はそこへ帰ると、おのづから僕を束縛してしまふ或力を恐れずにはゐられなかつた」と書いた。「或力」とは龍之介の精神生活を多分に苦しめた「家族の係累という錘」のことであろう。「不相変養父母や伯母に遠慮勝ちな生活をつづけてゐた」と『或阿呆の一生』にも書いた係累の錘は、年を重ねるにつれ重さを増した。後年口癖のようにした「多事、多難、多憂」の中に占めた割合は計り知れないものであったろう。

龍之介の作品そのものに「父母」を恨む直接の言辞は見出せないが、龍之介をして「生存苦」の認識にまで到らしめた思いは、漱石の『夢十夜』の第三夜に見出すことは可能であろう。「今から百年前文化五年の辰年のこんな闇の晩に、此の杉の根で、一人の盲目を殺したと云ふ自覚が、忽然として頭の中に起つた」とする過去の人殺しを百年後に思い出すのは、輪廻の自覚に近い。俗事俗用の雑紛に閉口しながらも、係累という錘に首を引っぱられずにおれなかった龍之介にとって、それは養父母のせいでも、伯母のせいでもない、芥川家代々の系図と家職と下町という封建時代の陰影のせいであった。『夢十夜』の第三夜は、百年前の父母未生以前に自分の存在が決定しているという過去世の着想から出発している。

狂人を母に持ち、「本是山中人」と求められるまま好んで揮毫した龍之介に輪廻の意識がなかったと誰がいえよう。『年末の一日』には龍之介の体臭が色濃く漂っている。墓地裏の八幡坂の下で肉屋の車に近い箱車に出逢う。「横に広くあと口に東京胞衣（えな）会社と書いたものだつた。僕は後から声をかけた後、ぐんぐんその車を押してやつた。それは多少押してやるのに穢い気もしたのに違ひなかつた。しかし力を出すだけでも助かる気もしたのに違ひなかつた」と書き、後に押し戻すことで「助かる」と考えた龍之介は、現実を過去に押し戻すことを夢見た。ここに父母未生以前の力を見出していた。龍之介は胞衣塚（胞衣は胎児を包む膜。産後五〜七日後に壺に納めて土中に埋める風習があった）を、自裁して果てた昭和二年（一九二七年）作の『夢』にも使用している。胞衣から自分の出生へ、出生から母へ、母から自分を今日あらしめている生存へとその力を働かせ、そうした過去世との因果を後に押し戻すことで「助かる気がした」と思い込む。『夢』もモデルの女性が胞衣塚を媒介として、自分の出生に思い到る物語であるように、芥川は過去世と現世との意識の連続性をここに見ている。

再び『沼』に戻るが、水中に横たわる男の目の前に、「何やら細い茎が一すぢ、おれの死骸の口の中から、すらすらと」長く伸び始め、水面に届くと睡蓮の花が花開く。「これがおれの憧れてゐた、不思議な世界だつたのだな。――おれの死骸はかう思ひながら、その玉のやうな睡蓮の花を何時までもぢつと仰ぎ見てゐた」と記した。死骸から一すぢの茎が伸びて花開かせるモチーフは漱石の『夢十夜』の第一夜に倣ったものであろう。『夢十夜』の第一夜は百合の花であり、『沼』の睡蓮との違いこそあれ、花と開くことによって再生するモチーフに変わりはない。漱石は男が百合の花と接吻することによって、女が再生したことに気付かせるように描いているが、転生譚であることには違いはない。漱石が転生を信じていたかは定かでないが、漱石の俳句にはそれが如実に詠まれている。

聖人の生れ代りか桐の花　　　漱石
人に死し鶴に生れて冴え返る　　〃
生き返り御覧ぜよ梅の咲く忌日　〃

漱石の『夢十夜』の第一夜は俳句という短詩の抒情性を、漱石創案の俳体詩から、めりはりの効いた小説へと仕立てあげた俳句の拡大化かもしれない。
龍之介には漱石を慕い漱石句にならった句がある。

怪しさや夕まぐれ来る菊人形　　龍之介
春寒く鶴を夢みて産みにけむ　　〃

『沼』で用いた睡蓮を、翌大正十年（一九二一年）の『往生絵巻』に転用している。「この法師の屍骸の口には、まつ白な睡蓮が開いてゐるぞ。さう云へば此処へ来た時から、異香も漂うてはゐた容子ぢや」と書かれたこの作品は神聖な愚人を主人公としている。五位という人物が物狂いの後、口中から白蓮華を咲き出させるという奇異な出来事を通して、阿弥陀に知遇できたとする刹那の幸福を描いたところに、芥川の苦悩のありさまが看取できる。その後の『藪の中』や『六の宮の姫君』という龍之介の作品には、中有に漂う人間認識が目立ってくる。

漱石には、後の『文鳥』の素材となったと思われる『心』という文章がある。手の中に飛び移った鳥を眺めて何も思い出せなくなり、はっと思って路地の入口に百年の昔から立っていたという女に逢う。「自分の後を跟けて来いと云ふ。自分は女の黙つて思惟する儘に、此の細く薄暗く、しかもずつと続いてゐる露地の中を鳥の様にどこ迄も跟いて行つた」ここでいう百年と『夢十夜』の百年は、通常の時間性ではない。ある物語では死を、ある物語では生誕を意味しているとも考えられる。死や再生が百年の長さという象徴として表現されている。『夢十夜』の第一夜は女の再生という形で自分の死を想起させ、第十夜では女の誘惑の前に尻込みする男に、生への固執を描いて女を悪鬼のように変貌させる。この作品から我々が感得するのは、人間の生存条件に関する漱石の本質的な洞察力であり、自分の生死に関わる内側から見た問い懸にほかならない。

『永日小品』の『心』に描かれた「細く薄暗くしかもずつと続いてゐる露地の中」を女に跟いていくくだりは、「内側から見た生」に関して考えれば、この露地は死にいたる洞窟であり、龍之介の『年末の一日』でいえば胞衣から胎内に至る産道と考えてよいであろう。このモチーフは龍之介の『河童』に生かされている。

「わたしもほかの河童のやうにこの国へ生れて来るかどうか、一応父親に尋ねられてから母親の胎内を離れたのだよ。」

「しかし僕はふとした拍子に、この国へ転げ落ちてしまつたのです。どうか僕にこの国から出て行かれる路を教へて下さい。」

「出てゆかれる路は一つしかない。」

「と云ふのは？」

「それはお前さんのここへ来た路だ。」

僕はこの答を聞いた時になぜか身の毛がよだちました。

「その路が生憎見つからないのです。」

ここへ来た道しか脱出する手立てはないということは、ここへ来た道をひきかえすことにほかならない。「僕」がこの時「身の毛がよだつた」のは、胎内に回帰することしかなくそれが死ぬことと同じことを意味したからである。龍之介の心性に漱石と類似するものがあるとすれば、いずれも生母から捨てられたという共通性によるものかも知れない。ついでながら龍之介の大正十一年（一九二二年）作の『着物』は夢の中で、着物の品評に託して文壇の情勢を語ったものであるが、「こんな夢を見た。何でも料理屋か何からしい。広い座敷に一ぱいに大ぜいの人が座つてゐる」という書き出しで『夢十夜』の書き出しにひどく似通っている。『沼』は、龍之介が『秋』という長編小説に取り組み、二進も三進もいかなくなって、その解決の糸口を探っていた時期に同時に書かれたものである。作家としての一転機を脱出する羅針盤を、誰に求めるかは重大な問題である。『秋』が信子という主人公を通して、感受した「冷やかな寂しさ」は、龍之介の不倫相手秀しげ子とその妹とを題材にし、龍之介自身としげ子との不義姦通関係を見詰めようとした作品である。その意味からすれば、この二つの作品は龍之介の生存条件に関わる「内側から見た生の洞察」への挑戦と思えなくもない。

龍之介が小説に行き詰まる「自動作用」に陥り始めたのは大正七年（一九一八年）頃からといわれる。それが決定的となったのは大正八年（一九一九年）五月の『路上』の失敗を見た時からであり、次の句を作る。

　われとわが綺羅冷やかに見返りぬ　　龍之介

作家として地獄を見て、死に瀕していた龍之介は右に漱石、左に鷗外を見て道を開こうとしている。明治二十四年（一八九二年）の濃尾を襲った大地震に材を求めた『疑惑』は、大正八年（一九一九年）の六月に発表されたものだが、鷗外の『高瀬舟』にそのモチーフは極めて類同している。『高瀬舟』は喜助という主人公が、病気を苦にして自殺を図った弟の首の剃刀が抜けないでいるのを見て、剃刀を抜いて死なせてやる安楽死と、護送される喜助と庄兵衛との心を通して知足の観念を扱った小説であるが、龍之介の『疑惑』は大地震によって倒壊した家の下敷きになった夫婦を描く。火災が発生して、妻が梁の下敷きになって逃げられないでいるのを「妻は生きながら火に焼かれて死ぬのだ」と思って、妻を瓦で打つて殺した男の述懐である。「助からぬ命ならせめて楽にしてやりたい」というモチーフと述懐の場面は、鷗外の『高瀬舟』と全く同じと見てよい。

しかしその後の述懐の中で、妻を殺したのは安楽な死に方を図ってそうしたのだろうかと自ら疑念が湧いてくる。「生きながら火に焼かれるよりはと思つて、私が手にかけて殺して来ました」と言いながらも「当時の私が妻の小夜を内心憎んでゐた」と考えるようになる。再婚した男はこのことを告白し狂人扱いされる。この作品で龍之介は「人間の心の底に潜んでゐる怪物」をえぐり出して見せた。しかし作品としてそれ以上の進展を見なかった点が作家としての自同作用であった。新境地を開けない停滞を証した作ともなっている。俳句作品で丈左や蛇笏の句に材を取りながら、それを超える作品を残した俳人・芥川龍之介であったが、さて小説においては、漱石・鷗外を超えて見せえたといえるであろうか。龍之介みずから諸友人に「新しい作品が書けなくて困った。同じような発想しか思い浮かばない自動作用に陥っている」と書き送ったように停滞を迎えていたことは確かであり、俳句作品の数がこの頃より増して来るようになる。俳句を詠むことでこれを脱しようとしていたのかも知れない。

第四章　新生日本と新しい生き方

石坂洋次郎の文学と家庭

昭和二十年に日本は敗戦した。国土は空襲によって焦土と化し、農地は荒廃し主食の米は配給制となり、国民の多くは食料を求めることにも難儀をするほど戦争の傷跡がいまだ生生しい年であった。アメリカの占領軍は日本国民の民主化を推進し昭和二十二年の五月には、占領軍の指導の下に新憲法が施行された。主権在民、平和主義、個人の尊厳を三大原則とする民主主義憲法であった。国民意識を一挙に変えるものとして、こうした国状の中で石坂洋次郎は『朝日新聞』に『青い山脈』を連載した。石坂洋次郎の最初の新聞連載小説であった。日本が民主国家として再生しようとしていた時期でもあり、石坂自身も「憲法や法律で成文化された民主主義の精神を、日常の中でどう生かしていくか、小説の中で追求してみようと思う」と書いている。それ故この章では「新しい生き方」とはどうすればよいのか、民主主義とは具体的にどういうことなのか、男女交際や家庭はどのようなものであるのか。夫婦や家庭・家族はどうあるべきか、暴力は否定されるべきものであるのかを考えてみたい。民主主義という言葉だけが軍関係者や新聞に大きく文字化されるだけでその内容はどんなものなのかをだれも知らなかった。石坂洋次郎は民主主義ということを手掛かりとして新生日本の青年たちの生き方を求めようとしていた。敗戦の混乱した世相の中でどう生きてゆけばよいのか、明日の暮らしの目途も立たなかった人々がこの小説の熱烈な読者となった。そこには敗戦による空虚感と絶望感にあえいでいる困民がいたのである。新聞連載中から映画化が決定し、九月に連載が終わると直ちに東宝映画として撮影が開始された。映画が封切られたのは昭和二十四年（一九四九年）であった。大正の頃から映画製作に取り組んでいた今井正監督は、原節子、池部良、杉葉子という俳優を起用した。西條八十作詞、服部良一作曲の主題歌は映画に先行して大ヒットし、大正という時代に登場したマスメディアは戦後いち早く復活を見たのであった。石坂洋次郎は、「私は、その小説で、地方の高等女学校に起った新旧思想の対立を主題にして、これからの日本国民が築き上げていかねばならない民主的な生活の在り方を描いてみようと思っているのである」と『石坂洋次郎作品集』の「あとがき」で述べている。また「この作品にはモデルがなく、私の三女が疎開通学していた女学校で、卒業式が終ってから有志が生意気な下級生を呼び出してひっぱたく、男の学校並みの野蛮な習慣があるということを聞かされてびっくりし、そんなことが一つのヒントになったかもしれません」と著書だよりに書いている。

敗戦の傷跡が残り、多くの人々が衣食住に不自由しており、これといった娯楽もない時代に、映画『青い山脈』は国民に夢と希望を与えた作品であった。六助役を演じた池部良は、その時のことを回想して「当時、戦争の残滓のようなものがあって、僕は陰々滅々としていた。戦時中は指導者に抑えつけられ、帰ってみると負けたことさえ終戦という言葉でごまかされ、すっきりしなかった。青い山脈は、そんなもやもやっとした気持ちを晴らしてくれるエポックメーキングな映画でした」(「私の二十世紀芸能史」『秋田魁新報』平成十一年五月二十七日)と語っている。

粗筋を記しておきたい。『日本現代文学大事典』(明治書院、平成六年〈一九三四年〉)による。

六月のある晴れた日曜日、旧制高校生の金谷六助と女学校生の寺沢新子はふとしたことで知り合いになる。積極的性格の新子の言動は他の女学生たちの反感を買い、にせラブレター事件をひきおこす。これは町の有力者をも巻き込み、進歩的な島崎雪子先生の排斥運動にまで発展し、ついに学校の理事会での対決となった。しかし、島崎先生に好意を寄せる沼田医師等の尽力で事件は無事解決する。その後、新子は『桜の園』の悲劇と闘うべく、リンゴ密移出を実行したりする。稔りの秋、沼田は島崎と結婚することを決意する。六助も新子も遠からぬ将来に期待を寄せる。闇米、密移出、ダンスの流行、セップン映画というように戦後まもなくの風俗をふんだんに採り入れた本作は戦後民主主義の教科書たり得たいという著者の意図通りの出来栄えとなっている。

(「青い山脈」昭和二十二年六月～九月、朝日新聞連載)

地方における県立女学校へ私立女学校が持っている劣等感から、卒業式の日に下級生に上級生が制裁を加える事件をおこしてしまう。学園有力者の娘や世知に長けた学生を中心とする学園派の女学生、これに必死で立ち向かってゆく清純な一人の女学生、こうした人々が登場人物である。ここには地方に残る官尊民卑、男尊女卑など、古い因習や封建制がこれでもかとばかり物語の背景として描かれている。石坂が新聞小説としての目的を持って連載した小説であるから、当然毎回こうした封建制の残滓をひとつひとつ取り上げ、それと対比する形で新生日本の民主的あるべき姿を提示することが必要であった。物語の発端の「にせラブレター」事件も女学生たちの男女交際や共学問題、愛校心といった表立った問題に限らない。この映画に映し出される新しい生き方は、当時の占領下での教育政策の指導に従った石坂なりの解答であったはずである。

昭和二十二年（一九四七年）三月に公布された教育基本法には、女子も男子も同資格で官立大学に入学が許可され、新憲法の第二十四条には男女平等の権利が謳われ、改正民法によって家族家父長制も廃止され、女性はあらゆる束縛から解放されるようになっていた。映画が作成された時に石坂洋次郎は次のようにいっている。

日本人は演劇でも映画でも読物でも一般に暗くじめじめした感じのものが好きである。このことは終戦後評判になった小説や映画演劇を考えてみるとすぐにうなづける。そしてこの傾向は敗戦に伴う社会の疲弊に多少影響されているだろうが、しかし、戦争前から日本人の好みがそういうところにあったことは確かだ。それで私は、日本人の民主化ということは演劇や映画や読物の好みの上で示された、ハッキリした、陰険な血なまぐさい粘液性の低いものから、風通しの良い、はっきりした明るい気質に移って行くことだろうと考えている。『青い山脈』もそういう観点から、私どもの社会生活の民主化に幾分でも役立つようにという趣旨で書かれたものである。原作の弱点がそのまま映画の弱点になりはしないかと心配している。作品の出来についてはシナリオの推敲、出演俳優の選定、その他いろいろ準備に製作関係者がかなう限りの努力を払ったことを知っている私としては、私の原作の細かい背景を気遣うとともに最も時宜に適った作品となっている。

（『ＴＯＨＯＳＣＲＥＥＮ』特別号、新東京出版、昭和二十四年〈一九四九年〉六月十日）

石坂が最も時宜に適った作品、といっているのは、米軍のＣＩＥ（占領軍総司令部民間情報教育局）が日本人の再教育にとって価値のない現実逃避的な娯楽映画よりも、民主主義映画、民主主義啓蒙映画、と称する独特のメッセージを含んだ映画を作らせていたことを意味している。昭和二十年（一九四五年）九月から敗戦国日本はＧＨＱによる統治が開始され、昭和二十七年（一九五二年）まであらゆる日本の制度生活に到るまで占領政策と民主化が進められた。映画産業のみならず映画そのものまで厳しい検閲を受けた。十月になるとＣＩＥが日本映画産業全体を管理し、映画製作者は企画と脚本をあらかじめ英訳して許可を受け、完成したフィルムはＣ

ＣＤ（民間検閲支隊）の検閲を受けねばならなかった。ＧＨＱは十一月になると十三項目にわたる製作禁止リストを作成した。国家主義や封建主義を礼賛するもの、仇討ちに関するもの、自殺を是認するもの、残忍非道な暴力を謳歌するもの、これらが厳重なチェックの対象となった。これによって最も打撃を受けたのが時代劇や仁侠映画などであった。占領軍は日本映画にこうした禁止条項を並べたばかりでなく、アメリカ風の民主主義を国民に啓蒙する積極的なアイディア映画を作製することを奨励した。アメリカ側は徹底した民主主義を礼賛する作品を強要すると同時に、昭和二十一年（一九四六年）二月に初めてアメリカ映画も放映して競わせた。黒澤明は『わが青春に悔いなし』を、吉村公三郎は『安城家の舞踏会』を、溝口健二は『女性の勝利』や『我が恋は燃えぬ』などの、自由・民主主義・男女平等などをスローガンにして自立した女性を描いた。中でも溝口健二は封建日本の中で政治的にも社会的にも目覚めてゆくヒロインを描いた「女性解放映画三部作」を作成し、田中絹代・山田五十鈴・原節子を起用して名作を残した。占領下の数年間、原節子は「民主化の女神」の名を冠せられたほど人気が高まった。『青い山脈』は、封建的因習の残る地方に赴任した進歩的な女教師が、自己と同じような性格を持った女生徒の寺沢新子や旧制高校生や校医の沼田などの協力を得て、因習に満ちた一派を駆逐する爽快な映画であるが、石坂洋次郎は解放性が弱いという懸念を持っていた。それを「原作の弱点が映画の弱点になりはしないか」と語ったのであった。またこの時期には、家族や家庭を描いた『秋刀魚の味』や老夫婦を描いた『東京物語』やハンセン病の患者を描いた『小島の春』『いのちの初夜』などの戦後の状況を描いた作品が続々と作られた。

昭和三十一年（一九五六年）代になると、無軌道な少年を描いた『太陽の季節』が上映されるが、この作品は当初、日活社内でも歓迎されざる作品であったという。「こんな不道徳なものを」「女のくせに」「不良の話題を映画に」こういう批評から始まり更にはプロデューサー全員が反対をしたということである。無論作品の概要は凡そ次の話題から知り得ることが出来る。

要するにおれたちは退屈なんだ。

インテリどもが小うるさくいう思想なんてものは言葉の紙屑みたいなものさ。昔と違って今のおれたちは、そんな上品な思想におぼれていられなかったんだ。

俺たちがなにかこう思い切ったことをしたくらいでもよ。正面きってやるなにが、どこにあるんだ。

要するに退屈なのよ人生ってものは。現代ってものは。（『太陽の季節』石原慎太郎）

太陽族の言葉を生んだ『太陽の季節』（昭和三十一年五月）や、次作『狂った果実』（昭和三十一年七月）から湘南族という言葉が生まれ、日本映画は、派手なアクションとモダンなジャズバンドに支えられた。石原裕次郎主演の日活映画が、東映や東宝、松竹に並ぶ五大映画会社として一翼を担うようになった。敗戦後は日本も近代化して「モダン」な社会にしなければと、日本人はそれなりの努力を重ねてきたが、モダンとか近代化という概念は頭脳では理解することができても、肉体で会得するところまではいかず、むしろ物質的な豊かさと経済成長という数字こそが理解し易かった。昭和三十五年（一九六〇年）の所得倍増計画をメルクマールとする高度経済成長策も軌道に乗り、諸産業の発展や給与のアップ、衣食住の向上といった目に見える部分では徐々に成長と成果が現れ始めていた反面、人々の意識や価値観、考え方や暮らしの作法といった形に現れにくい部分では、それ以前の流儀や作法がまだ健在な部分もあれば、日常の中に根付いていたそれ以前の流儀が、新たな価値観の台頭によってマイナス面となって表面化し意識化されるようになって来た。伝統と新文化のせめぎ合いといえた。

昭和三十年代は古い流儀と新しい価値観が並存したが、根底的な変革の波に覆われるまでには到っていない時期であり、いかにも断層的な過渡期的な時代であった。時代に先行して生きる若者には、陰りと行き詰まりを見せ始めた所得倍増計画は目的の見えない社会とうつり、生き方の見出せない社会という印象を与えた。世の中に対していささか斜にかまえ、恋愛を遊戯として扱う世界を描いた作品が『狂った果実』であり、日活は昭和三十七年までこうした作品を作り続けた。日活アクション路線を支えたのが齋藤武市、蔵原惟繕といった監督であったが、日活には石原裕次郎の無軌道路線とは異なった形でもう一つの路線があった。中原康監督は石原裕次郎をデビューさせ、彼の神話化を完璧なものにすると、吉永小百合と浜田光夫を『泥だらけの純情』（昭和三十八年〈一九六三年〉）で日活純情路線のヒロインとヒーローに仕立てて多くの青春映画を製作した。これは日本の所得倍増政策の行き詰まりとその後にやってくる高度経済成長への転換を予期させるものでもあった。

日活純情路線は吉永小百合・浜田光夫というコンビに限らず、次々と新人スターを誕生させていった。舟木一夫・和泉雅子・西郷輝彦・松原智恵子・橋幸夫らをスターとして誕生させた。昭和三十七年（一九六二年）度レコード大賞を受賞した吉永小百合と橋幸夫のデュエットを主題歌にした映画『いつでも夢を』（出演　吉永小百合・橋幸夫・浜田光夫・松原智恵子）は翌三十八年（一九六三年）一月一日から全国上映され、お正月映画の先駆けとなり、歌謡映画と称されて多くの若者を魅了した。だがこの映画は、この年の興行ベストテンには入らなかった。封切り直前に同タイトルの主題歌の方がレコード大賞を受賞するという追い風を受けていたにもかかわらず不振であった。意外な結果ではあったが、『あいつと私』（出演　石原裕次郎・吉永小百合、昭和三十六年）、『青い山脈』（出演　吉永小百合・浜田光夫、昭和三十七年）、『光る海』（出演　吉永小百合・浜田光夫、昭和三十八年）などの石坂洋次郎原作が毎年上位を占めていたのである。『青い山脈』が上位ランクであったのは、吉永小百合・浜田光夫というコンビの好条件に限らぬ、映画の中に撒き散らされた純愛性、大学生と高校生の恋、都会の女子英文科という最新学問を修めた島崎先生と地方の名家出の風変わりで正義感に富む沼田医師など、バラエティーに飛んだキャラクターがリメイク版によって一九六〇年代の社会世相問題を多数内蔵して提供されていたからであった。石坂洋次郎の作品は、『青い山脈』『山のかなたに』『寒い朝』『光る海』など主題歌がそのままヒットする歌謡映画としても他作品に劣らぬ力を発揮したのであった。こうした映画の中に核家族化した家庭、進歩的な家庭家族、古いしきたりを守る商家や芸妓の置き屋、それに滅び行く旧家などが描かれていた。

『青い山脈』の主人公寺沢新子は、バイクで通学し、金谷六助は大学進学を諦めた金物屋の坊ちゃん。六助の友人安吾は六助と同級生であるが、既に大学二年生に在学している。新子も女子高校を途中で辞める形にもなる。ここには、高度経済成長に伴う高学歴化や男女交際の在り方、進路の選び方などの世相が背景にある。原作の昭和二十二年刊行の小説では新子と六助の出会いが、新子の闇米売りと六助に昼炊飯を頼まれる場面から始まるが、映画では吉永演じる新子が卵を売りに来て六助と出会うように変わっている。他にも映画では新子についてきて手相を見て貰っている所を浅子らに目撃されて、男と女と連れ立って歩くのは言語道断、学校の名誉を著しく汚した行為と非難される。昭和三十七年（一九六二年）のリメイク版作品では、卵売りに行った新子の足元に突然鼠が出て六助に倒れ掛かったところを目撃され、接吻していたと非難される。ここにも明らかに性のモラルが時代差によって演じ分けられている。二人が交際を始める際にもどちらも両親にきちんと紹介してから交際に入っている。交際を続けながら相手のことをしっかり解り合おうとする純愛で恋は成就するが無論肉体的愛には到らない。昭和三十五年（一九七〇年）から四十年までの間で結婚形態も、それまで圧倒的であった見合い結婚に対して恋愛結婚とが逆転してゆくのである。

小説での島崎先生への沼田医師の求婚は、見合いと恋愛の折半のような形で畏ったものであるが、三十八年版の映画では海辺にサイクリングに行った若い男女が愛を確かめ合い、沼田医師はその場で直接プロポーズをしている。この時期から見合い婚は減少し、恋愛婚へと国民感情も結婚観も大きく傾いた時期でもあった。昭和四十年（一九六五年）に日活は『北国の街』（出演　舟木一夫・松原智恵子）で大ヒットをした。その中の「僕たちの愛を確かなものにするためにも実らせるためにも、お互いにもっともっといろんな経験が必要だと思う。僕たちが精神的肉体的に成長し変化しても、ずっと愛し続けていられるかどうか試したいんだ」という科白は、藤井淑禎監督が当時の文部省社会教育編の『性と純潔――美しい青春のために』（文部省、昭和三十四年）の「ほんとうに幸福な結婚というものは、精神的にも肉体的にも相互に信頼し合える男女が周囲の人々の祝福のうちに結ばれて始めて得られるものであって、その状態が続く限り人生のあらゆる幸福を生み出す源泉となるのであります」という教育文言に求めたといっている。

石坂洋次郎自身も当然映画を製作する上で占領軍民間情報局や民間検閲支隊（後の映倫）な

どからそうした民主教育に関する知識を得ていたことは確かであろうが、石坂自身は早くから民主的で明朗な映画をつくることが私の目指していたもので、自説であったと述べている。『暁の合唱』では、「私の彼もまた神様でも王様でも騎士でもない。私よりかずっとましであるとしても、やはり私と同じやうに沢山の欠点を備えた一個の男性であるにすぎない。そこに二人の生活を建設していく努力と歓喜があるのだ」と主人公の朋子に語らせている。『青い山脈』にはそれより更に現実味を帯びた考え方が示されている。「学校の仕事を通しても自分を成長させていけるであろう。結婚して子供を生み、家庭の主婦となっても、女としてもっと充実したコースを通って自分の人格を豊かに培っていきたいと思った。夫としての沼田を考えると、不満な点が沢山あった。しかし信頼できる部分の方が多かった。欠点もあるが大きな長所もある。そういう人間の方が好きだ」と島崎雪子に結婚を決意させ、職業婦人としての自立の選択をさせているのである。このころから職業婦人という言葉が語られるようになり、「共稼ぎ」という夫婦が共に働きながら家庭を築くというスタイルが主流となっている。石坂洋次郎の作品には必ず時代のメッセージが込められている。これらを見落としてはならない。

日活青春映画、歌謡映画が高度経済成長期の過渡的な作品であったとすれば、次にやってくる閉鎖状況の中で作られる仁侠映画、ポルノ映画へと頽廃化してゆく世相に対して、「青春映画」「青春物語」というメッセージには、文部省内の純潔教育側からの製作意図があったのであろう。新子も六助も私服の場面がある。これも学校での制服、家での私服という生活がやっとおとずれた昭和三十年代後半の風俗である。それだけ映画の中の登場人物が身近な人の行動を代弁してくれているという点も映画に対する親近感を生み出した効果として見逃せない作品である。更に石坂は「修身の教科書のように円満な人格者は好まなかった」とも書いている。

初編の『青い山脈』について直接の感想は一般に「透明で清潔」「明るく知性的」「大抵の恋愛は社会から圧迫を受けるが、この映画では盛り立てられている」「新子は今までの貞淑な女性でない」「迫るものがない」「沼田の知性は風土に根を下ろし一歩擢んでて逞しさがある」「新子の勇ましさには魂げた」「不良の一歩手前で不良さが微塵もない」「日本の民主化は男女の交際の面ばかり進んで他が追付いて行かない、人の幸福を叩壊し邪魔をする」「池部良の六さんが暗かった」「信州人は学校に嫌らしさを感じている」（『上伊那教育』上伊那教育会、昭和二十五年三月一日）と述べられている。映画全般に対する詳評であるが今日に通じる部分を抄録した。なお岩木山麓には「石坂洋次郎と青い山脈の碑をつくる会」の人々の尽力で平成十三年に岩木山を背に『文学碑』が、白神連山を背にして『青い山脈歌碑』が建立された。映画『青い山脈』は追憶のかなたのものとなったが主題歌は世紀を越えて今なお歌い継がれている。昭和四十年代からマイホームを得るための遠距離通勤、次の単身赴任、またその次のリストラ、と今に到るまで世の中と時代は大きく様変わりをした。その結果、家庭・家族の間には解決されず放置されたままの問題が山積している。文学作品をひもときながらそうした視点で家族問題を意識的にながめてみたいし、主体的に関わってみたい。昭和四十年代から始まったマイホーム化と核家族化の中で失われてゆくものと、残しておくべき大切なもの、これは次の時代の家庭・家族問題として山田洋次監督が『男はつらいよ』シリーズ作で描き続けてきた。山田監督は『男はつらいよ』の終幕後は、『東京家族』や『家族はつらいよ』というリメイク作品を作り続けている。過去を振り返ることからこれからどうすべきかが見えてくるということであろう。家庭や家族の在り方も温故知新によりこれからなすべきことや取り組まねばならない課題が見出せるのである。

石坂洋次郎『石中先生の洋行』

石坂洋次郎は昭和十六年（一九四一年）十二月に陸軍報道班員としてフィリピンに派遣され、翌年は七月にマニラでの第一回新比島文化建設懇談会に出席し、昭和十八年（一九四三年）三月には三たび大本営報道部より占領地行政視察の名目でフィリピン諸島に派遣された。この年四月に石坂は従軍記『マヨンの煙』を『主婦之友』に発表している。

戦中の石坂については『南方徴用作家』（神谷忠孝・木村信一編、世界思想社、平成八年〈一九九七年〉三月）や『特集・石坂洋次郎の世界』（『国文学解釈と鑑賞』平成十二年九月一日）に島田昭男が「石坂洋次郎論」として詳述している。それによると石坂は「彼等の中に眠つてゐる精悍且つ勤勉なアジア民族の意識を呼び醒まし、東亜の同胞として、相協力して白人の侵略に拮抗し得るやうな民族に育て上げてやらなければならない」と記し、同行した今日出海は「東亜人の解放の真義が私の胸に一種義憤の如く湧き上るのを覚える」と記している。スペインやアメリカなどの欧米の植民地政策により人間的荒廃と文化的衰退に堕していたフィリピン島の人民を、アジア民族として再生することが宣伝班員の目的であると固く信じていた。宣撫工作員としての任務に忠実たらんとする石坂の姿が見えるが、一方で日本人の在り方にも疑問を提した記述も見える。

此の頃一部の識者の間には、外国に行く日本人が行ったさきざきの外地の風習に感化され易い事実が指摘され、憂慮されてゐる。そして要するにそれらの同胞は日本精神が十分に徹底してをらないからだと断ぜられてをるやうである。（略）外国人の風習が私共にうつり易いのか（文学にも音楽にも絵画にも、文化一般にこの考へ方は通ずる）、私共の暮し方のどこにさういふ弱点がひそんでゐるのか、それを誠実に考へてみる必要がある。

（昭和十八年七月）

この文章と前文とを比較すると報道班員としての記述は宣撫工作員としての任務の認識度を

意識しての記述であったとしか受け取れない。戦前戦後を通して石坂の随筆集は『雑草園』（中央公論社、昭和十四年〈一九三九年〉六月）、『小説以前』（共立書房、昭和二十一年〈一九四六年〉十月）、『私の鞄』（実業之日本社、昭和二十三年〈一九四八年〉六月）、『私の手帖』（中央公論社、昭和三十三年一月）などがあるが、中でも『小説以前』は敗戦直後の卒直な心境が語られている。「私はひそかなアメリカ映画ファンになってしまった。いまから考へると、その頃の私が日課のやうにしてアメリカ映画を見てまはったのは、単なる暇潰しといふ以外に別な心理が働いてゐたやうに思はれてならない」昭和二十年十一月に書かれたフィリピンに派遣されてマニラに滞在している間に見たアメリカ映画に関する感想である。ここには宣撫工作員としての悩み以前の人間石坂洋次郎の姿がよく窺える。

私はフィリッピンに派遣されてはじめて外国の土を踏み、そこで日本人と外国人を比較して眺める機会を与へられた訳だが、私の目にうつる日本人の姿は理窟なしに私を憂鬱にさせた。見るごとに聞くごとに私の心は萎縮するばかりだった。かくも貧しく、かくも歪められた風習を持つ日本人が、日本が、どうして異民族を感化し得ようか。

その頃、戦況は必ずしも日本側に不利ではなかったが、街に日本人が溢れるほど、私の心気はしだいに衰へていった。かりに大東亜共栄圏といふものが確立されたとしても、周囲の日本人を見てゐるかぎり、私はその先に少しも明るい本質的な希望を感ずることが出来なかった。（略）ともかくアメリカ映画の世界といふものは途方もなく明るいものであった。暗い題材のものを原作に忠実に扱った作品でも、見たあとの印象はやはり明るいのである。日本の映画のやうにジメ〳〵した後味を残すものは皆無である。（略）フィリッピンではおひく〳〵日本映画も公開されるやうになったがアメリカ映画に対抗出来なかったことは云ふまでもない。

（『外地で見た日本映画』『小説以前』昭和二十年十一月）

終戦直後の感想であるから解放感が手伝ったであろうことを差し引いても石坂が占領後のフィリピンの統治に情熱を持っていなかった大胆な物言いといえる。石坂の書いた作品が戦前から「民主的で明るい、反封建性の強い作品」と称されたのも首肯できる言説である。代表作『若い人』（改造社、昭和十二年〈一九三七年〉二月）の舞台が「米国系のキリスト教会が経営している、自由博愛主義標榜のミッションスクール」であったり、創設がミス・ケートで生徒もその薫陶を受け、簡素な通学服で伸び伸びと楽しんでいる、と欧米礼讃の記述をしているのも石坂の体質にそうした文化を受け入れる開放的な一面があったことを物語っている。昭和十二年は盧構橋事件で日中両軍が衝突し、八月には国民精神総動員実施要綱が閣議決定され、十一月に宮中に大本営が設置され、十二月十三日には日本軍が南京を占領し日本軍の中国侵攻が拡大していった年である。いわば石坂作品は日本が軍事国家として始動したのと併行する形で反時代的作品を書いたのである。

昭和二十九年五月十日、石坂洋次郎・うら夫妻は三女路易子の嫁ぎ先のピアス家の招きに応じて渡米した。この渡米に先立って石坂は再び連載を始めた『続石中先生行状記』（『小説新潮』昭和二十五年一月〜昭和二十九年六月）に次のように心境を書いている。

予定の旅行のことだが、これはのんきな物見遊山ではなく渡米中の石中先生の娘がアメリカ人と結婚したので、親類の顔合わせに行くわけなので、英語を解せず、社交性の乏しい石中先生は今から頭痛のタネにしている。なろうことなら行かずにすませたいのだが、それでは娘が肩見が狭いだろうし、それに先方の両親がたいへん熱心に渡米をすすめるので清水の舞台から飛び下りる気持ちで、一世一度の赤毛布旅行に出かけることにしたのである。

（『石中先生の洋行』昭和二十九年一月）

三女路易子はアメリカコロラド州デンバー市にアーサー・P・ピアスと結婚して居住していた。その婚家からの招待による渡米であった。昭和十八年（一九四三年）十月に石坂一家は大学在学中の長男と長女を東京に残し、弘前市田茂木町の夫人の実家の借家に疎開した。昭和二十一年九月に大森区田園調布に転居するまでここに住んだ。弘前市の借家はそのままにして春秋二、三ヶ月一人暮らしをした。終戦間もなく弘前市にも進駐軍が駐屯し、石坂家に米軍将校が訪れた。米軍将校は牧師、医師、写真家を職業とする人達で広子と路易子が英会話を学ぶようになった。路易子はその後、昭和二十四年八月に米国に留学し、翌々年には長男信一が早大理工科を卒業後米国ペンシルバニア大学に留学をする。

石坂家が戦後いち早く米軍将校を家に招くなどという開明的ともいえる行動が取れたのは石坂自身の欧米的文化に寄せる理解があった。昭和二十三年に纏められた随筆集『私の鞄』は昭和十年一月に書いた『同窓』を巻頭とし、昭和十五年（一九四〇年）七月の『医者のゐる村』まで十八篇が収められている。昭和十一年四月に慶応大学で催された三田文学復活十周年記念講演では「私の中に今日もなほ根強く巣を喰ってゐる不逞的なもの、変態的なものを少しづつ克服清算して、呼吸の強い、健康な、多くの人を楽しませるやうな文学の道に進みたいと心がけてゐるのであります。敢へて諸君の御声援を期待する次第であります」と述べたり、「事局の圧力が文学者の筆を萎縮させるといふ、不平も囁かれてゐるやうだが、その種の苦情はいつの時代だって絶えるものではなく、それよりは事変の圧力に捨身でぶつかって、それを乗り越えた千古不動の文学的境地に到達することを心がけたいものだと思ふ」と『風流』（昭和十四年四月）と題した文章で「わが往く道」を屹然と示している。

男女の在り方にしても「私は女性尊重論といふのは好かないが、男女平等論には趣旨に於いて賛成である。但しそれは男と女の独得な天性と素質を十分に考慮し、更にその国々の民情風俗を併せて斟酌した上での平等でなければならない」と述べ、夫婦の在り方についても「相手が妻であり夫であると同時に躓き易い一個の人間であることを認め、寛容の精神を以て、相手の危機や困難を協力して排除するやうに努めなければならない場合もあらう。妻が夫を、夫が妻を、これは自分の物だと狭く思ひ込んで相手の生活を窮屈に局限しようとするのは間違ったことである」（『夫婦随筆』昭和十四年十月）と記している。『小説以前』は昭和七年八月の「葛西善蔵氏の覚え書」を巻頭に昭和二十一年四月の「軽音楽述義」を巻末にして三十七篇の随筆が収められている。昭和十六年（一九四一年）四月の『わが往く道』にも作家としての確たる信念が描かれている。

この逼迫した時局下にあって、お前はどんな態度で文学者として立つてゐるのか？　私には態度がない。特に文学者としての独特な態度などは全くもち合せがない。あれば平凡な一市民、一国民としての態度ばかりだ（略）況んや私の作品を通して読者を政治的に指導するなどといふことは夢にも考へてゐない。一個の文学者として日常生活の瑣事に拘はらず天下国家の赴く所を作品や論文の上で取扱ふのも立派な態度である。私のなし得る所は、自分の坐臥の小世界に反省の眼を注ぎ、欠けたもの、歪んだものを補ひ引き直し、蛞蝓のやうに少しつつ先へ動いていくことである。

この年の十二月八日、日本軍はマレー半島に上陸し、三時十九分にハワイ真珠湾を攻撃した。四時すぎに野村・来栖両大使はハル国務長官に最後通諜を手交し米・英両国に宣戦を詔書した。そのような時局下に於いても石坂は「読む人々に心の楽しみと潤ひを与へたい」という信念で小説を書いていたのである。石坂の作品の特徴を大井広介は、石坂が少年時代に愛読した押川春浪の影響や長じてからのアメリカ映画の影響を強く指摘している。(『石坂洋次郎』『昭和作家論』下巻、小学館、昭和十八年〈一九四三年〉)石坂の随筆には確かに映画に関する記述が多い。『小説以前』所収の随想テーマだけでも『何処への映画化』(昭和十六年九月)、『外地で見た日本映画』(昭和二十年十一月)、『フィリッピンで観たアメリカ映画』(昭和二十一年二月)などがあり、他のテーマについても折りに触れてアメリカ映画の明るさ、陽気さについて触れている。こうした石坂の素地があって弘前の疎開先への米軍将校の訪問となったのであろう。

終戦の放送を私は疎開先の郷里弘前市で聞いた。間もなくアメリカ軍が弘前市にも進駐して来た(略)私共の家には娘達が教会の英会話の講習会で知り合いになった従軍牧師や軍医や写真班の少尉などが遊びに来るようになった。みんな茶目っ気のあるいい人達ばかりで年頃の娘二人を抱えている私共に微塵も不安の念を抱かせたことがなかった。(略)東京の高等女学校を卒業した末の娘のRがアメリカに留学したいと云い出した。彼女の場合、弘前市でアメリカの軍人から受けた好印象が留学を希望するようになった有力な動機の一つであったらしい。(略)勝気なRはほとんど自分一人で占領軍や日本側の役所をかけめぐって留学の許可をとり、私が手紙の上で知り合ったデンバー市在住の日系市民K氏を頼って横浜から汽船でアメリカに旅立った。この汽船には朝永振一郎博士も乗っておられたそうである。新聞に文士の娘がぜいたくな一等船室におさまっているのに、国際的な科学者朝永博士は穴蔵同様の三等船室に閉じこめられている云々と毒づかれて私はすっかり恐縮した。

Rは無事にデンバー市につきK氏のお世話で土地の私立の女子高等学校に入り寮生活を送ることになった。この学校では月に何回かダンスパーティーを催し街に三つある男子の大学の学生達を交互に招待することになっていたそうだが、寮の女子学生達に結婚のチャンスを与える狙いであることは云うまでもない。この学校に三年間在学している間に、兄妹の中では一番多感な性質であるRは学校側のお膳立てにそっくりのって、一人の青年とデートするようになり、やがて結婚にゴールインした。その通知を突然Rから受けた私共は、娘一人を失くしたようなショックを受けた。黄色人の娘と結婚したという知らせを受けた青年Aの両親の驚きは、私共のそれよりもはるかに大きなものだったに違いない。

（『あれから、どう変ったか』『ふるさとの唄』新潮社、昭和三十六年〈一九六一年〉八月）

昭和二十七年十月に路易子は米人の地質学者、アーサー・P・ピアスと結婚した。昭和二十九年五十四歳の石坂は路易子の嫁ぎ先の招待を受けて夫人同伴で渡米することになった。作家として戦後間もなく渡米を経験した者としては稀な存在であった。

石坂夫妻はデンバー市に赴く途中、旧日本軍が奇襲攻撃をした真珠湾があるハワイに立寄った。「戦争中、卑怯な敵国人として非常な憎しみの対象になっていた日本人が、両手をあげて無条件降伏をしてしまうと、彼等のその憎しみがだんだんに変って一つの関心となり興味となっている」と感じたり「殊にアメリカ人は物事の勝敗がハッキリすると、あとはサッパリして感情にこだわらない人種であることは、いろんなスポーツの例をみてもハッキリしている」（『長男アメリカに行く』昭和二十六年八月）と記したりしている。ヴァモント州のピアス家の別荘で二週間ほど生活を共にし、帰国の途次在米中の長男信一の案内で、イギリス、フランス、スウェーデン、ドイツ、スイス、イタリアを巡遊して八月七日に帰国した。

昭和二十五年の朝鮮戦争、二十六年の日米安全保障条約の調印、二十七年の血のメーデー事件、二十八年の吉田茂内閣の「バカヤロー解散」などを引き継ぐ昭和二十九年は、沖縄米軍基地の無期限保持宣言、ビキニ環礁での水爆被爆、自衛隊の設置、死者十六人を出した二重橋事件、教育二法案日教組反対闘争、私鉄総連、近江綿糸、日本製鋼などのストライキなど騒然としていた。国外ではダレス国務長官の大量報復政策の発表、ベトナム人民軍がディエンビエンフーを占領し、仏ラニエル内閣がインドシナ政策の行き詰まりで総辞職、中国では人民解放軍が金門・馬祖両島を砲撃し、十月にはイギリス軍がスエズから撤退すると、アルジェリアで武装蜂起が起きてアルジェリア戦争が勃発した。原爆もの、占領秘話がベストセラーとなり、野間宏の『真空地帯』が話題を呼ぶといういまだ戦後を重く引きずる混乱の年であった。そんな物情騒然たる中、石坂夫妻は洋行したのであった。二人の子供達を留学させたのも本人達の将来を考えたことは勿論、日本が無暴な戦争を始めて悲惨な結果を招いた偏狭さを知り、広い世界を学ばせることが日本の国のお役に立つだろうと考えた結果であるとも述べている。石坂にとって外国旅行は興味の尽きないあこがれでもあった。

旅行の期間は三ヵ月ないしは六ヵ月の予定だが、もし身体の調子がよく、旅費も間に合えば、アメリカからヨーロッパにまわりたいと思っている。いずれにしても、石中先生の海外旅行は、レクリエーションよりも新しい疲労を背負いこみに行くようなもので、お金はたくさん使って得るところは皆無といった結果に終ることは、火を見るよりも明らかである。しかしまた、そういうムダも、人間の生がいには一度ぐらいあってもいいだろうと考えて、ともかく出かけることにしたのである。　（『石中先生の洋行』昭和二十九年一月）

石坂洋次郎は若い頃にはひどく痩せた体型で夜蚊と諢名されていた。戦中フィリピンに従軍した折も食欲減退、不眠、微熱に悩まされた。石坂は頑健な体ではなかった。「弱い両親から生まれた私は、彼らに輪をかけたように虚弱な子供だった」（『いしンざか』昭和三十五年十二月）と記しているように晩年大病もしている。「今度もそういうことだろうと、今から覚悟を定めている」と作品中の石中先生が心配したとおり、石坂はスイスのユングフラウを見学した際に予期した病魔に襲われてしまった。ユングフラウは急峻な斜面をアプト式列車でスイッチバックしたり、岩盤のトンネルをアッという間に駆けあがり一気に眺望絶景の雪溪の頂に立たせてくれる。石坂はこの時の経験を『ふるさとの唄』（講談社、昭和四十年十月十六日、「ユングフラウの思い出」昭和三十六年一月）と『現代日本文学アルバム・石坂洋次郎』（学習研究社、昭和四十八年〈一九四三年〉十一月一日、『ふるさとの山に向いて』昭和四十七年十二月）にそれぞれ記している。

一九五三年ヨーロッパ旅行をした私共は、七月下旬にスイスのインターラーケンの運河に臨んだホテルに泊っていた。スイスというところは全体の景色が絵葉書のそれのように整いすぎてもう一つ自然の素朴な味わいに乏しいような気もする。晴れた日を選んで私と長男は一泊の予定でユングフラウに登った。例の長いトンネルに入ると酸素が稀薄になったのか、私は胸苦しくなってずっと座席に横になっていた。やっと頂上のホテルに着いて、荷物を置き戸外に出ようとすると胸がしめつけられるように苦しくなり、思わずその場にしゃがんでしまった。高山病だと長男がいう。仕方がないので室にかえってベッドにもぐりこんでしまった。夜の食事だけはやっと食堂まで出ていってとったがただ食物を喉につめこんだというだけで味もなにも分らなかった。

長男は傍にやって来たガイドと明日未明スキーでユングフラウに登る約束をしていた。元気なものだなと感心する。私のように虚弱な体質の父親からこんな長男が生れるとはこれいかに——と苦しい中でダジャレを呟いてみたりした。食堂からすぐ寝室に引きあげた私は胸が痛んで安眠が出来ず一晩中寝床の中で輾転としていた。時々は唸り声をもらしたりした。（略）ヨーロッパ旅行をした人はたいていユングフラウに登ってるようだが話を聞いてみると私のように高山病でグロッキーになった人間は珍しいようである。私はそれが元来が蒲柳のたちだった私の健康のバロメーターになるものだと思っている。特に心臓が弱く耐久力に乏しいのだ。そしていつかはそれが私の命取りの病いになることだろうと覚悟している。それだからってもう相当な年齢だし改まった感慨などはない。――ただユングフラウ登りは私の心臓が並外れて弱いことをはっきりと教えてくれたというまでだ。

帰国後の石坂の随想集『生活の唄』（三笠書店、昭和三十年〈一九五五年〉五月三十日）にも『人物のいる風景』（東方社、昭和三十年十一月十日）にもこの洋行のことについては筆数が少ない。それは既に『石中先生の洋行』でその結論を書いてしまっているからである。「観てまわった感想だって今からちゃんと決まっているようなものだ。外国は金持ちで日本は貧乏であり、外国は公衆道徳が発達しているが日本はひどく遅れており、しかし日本人にはやはり日本が一番住みよいウンヌンといったようなところである。まあ病気もせずに帰り、帰って外国人とペラペラ自由に意見を交換したというようなダボラを吹かなければ、石中先生の場合、旅行はまず成功だったものと考えてもいいであろう」と書いたとおり娘の嫁ぎ先の家族に触れた文章やアーサー・Ｐ・ピアスの仕事、娘一家の帰省のことなどを僅かに語っている。いかにも石坂らしいのは「デンバー市は次回冬季オリンピック大会開催の候補地に指定されておったのに自然の環境破壊を招く恐れがある。金がかかりすぎるなどの理由で候補地を辞退したのである。このことなど目立つことには何でも熱っぽくアニマル化したがる日本人が一つの人生訓として受けとってもいいのではないだろうか」と着いたばかりのデンバー市の新聞報道を見ての見解を記している。いかにも文化や生活に視点を置いて描き続けた作家の眼を物語っている。

『若い人』の舞台となった函館遺愛女子高等学校はメソジストエピスコパル教会婦人伝道教会によって創立されたもので、路易子の夫アーサー・P・ピアスの母親は、サウスダコタで一人暮しをしているが、「彼女はエピスコパル派の熱心な支持者だという話を聞いている」と「ふるさとの山に向いて」の中に記し、自らもその奇しき因縁について驚きの筆を走らせている。

作家と作品懐胎の地 —— 伊豆

石坂洋次郎が晩年を伊豆で過ごしたことは余り知られていない。川端康成、梶井基次郎の名作が生まれたのもこの地である。伊豆は温泉の地で著名人が逗留した旅館も多い。中でも湯ケ島の落合楼は山岡鉄舟の命名になり、創業当初より明治の元勲をはじめ、島崎藤村・田山花袋・

木下杢太郎・北原白秋ほか多くの文人墨客著名人が訪れた。白秋作詞の「湯ケ島節」は今も歌い継がれている。川端は「尾崎士郎や宇野千代氏、梶井基次郎等の伊豆湯ケ島文学は私の手柄でもある。あんなに文士が陸続と不便な山の湯を訪れたのは伊豆としても空前であらう」(『思い出すともなく』『文学的自叙伝』毎日新聞社、昭和四十四年四月二十三日)と書いている。伊豆と作家の関係を書いた文献は『文学のふる里・天城』(天城湯ケ島町教育委員会、昭和五十八年三月)『天城の史話と伝説』(天城湯ケ島文化財保護審議会委員会編、未来社、昭和六十三年四月)『伊豆の文学——その風土と作品』(勝呂弘、長倉書店、昭和六十三年四月)『文士たちの伊豆漂泊』(鈴木邦彦、静岡新聞社、平成十年十二月)などが挙げられ、他にも多い。

伊豆半島と伊豆七島が駿河国から分かれて伊豆国ができたのが七世紀末であった。『日本書紀』にも「伊豆国に命じて船を造らせ、その船を枯野といった」と記されたように海上航路の要衝であった。江戸時代は土肥、湯ケ島、河津などで金山が開掘され、幕末には戸田(へた)村で初めて洋式帆船が作られた。伊豆は「走湯神社」の神が祀られるように、熱海、伊東、熱川、稲取、下田、伊豆長田、修善寺、土肥など温泉が多く、どこを掘っても湯が湧き出る出湯の国である。天城峠を越える下田への旅は川端の『伊豆の踊子』で余りにも有名になったが、伊豆半島を縦断する下田街道は三島大社前で東海道と分かれて南下し、狩野川を遡り、大仁町、修善寺、湯ケ島を経て天城峠を越え河津川を下って湯ケ野に出、稲生沢川に道を取って下田港に到る全長約六十キロの古い街道である。諏訪神社寄進文に応仁三年（一四七〇年）に湯賀野村の地名が確認できる。明治三十二年（一八九九年）に三島・大仁間に豆相鉄道が開通営業され、大正五年（一九一六年）には大仁・湯ケ島間にバスが通るようになり早くから開発が進んだ。沼津に御用邸ができると明治三十九年（一九〇六年）には、久邇宮朝彦親王の第八王子鳩彦王が朝香宮家を立て、別邸が作られた。明治二十二年（一八八九年）に天城山は皇室の御料林となり、明治三十五年（一九〇二年）には御狩場となった。猟期には皇室関係者や東郷大将など日露戦争の軍人達が鹿や猪狩りに訪れた。中でも熱海には大正天皇が皇太子の頃の避寒地として熱海御用邸が設けられると多くの上流階級の別荘地となった。明治二十年（一八八七年）から昭和戦前までには浅野長勲（ながこと）・蜂須賀茂韶（もちあき）など五爵家が十二家、後藤象二郎他政治家・外交官・官僚など十三家、軍人安保清種他四家、郷誠之助などの実業家四家、医師なども多い中に、柴四郎・有島武郎・坪内逍遙などの文学者もおり、この地からは木下杢太郎こと太田正雄を輩出しており、東海岸町の国道一三五号線沿いに、尾崎紅葉の『金色夜叉』の碑もあり、早くから文学に書かれた地でもある。

石坂洋次郎は大正十二年（一九二三年）に長男信一が生まれた時、石坂洋次郎自身慶応義塾大学国文科の学生であったので家族を郷里に置いて芝区三田南寺町南台寺に下宿した。同宿に歌人の大坪草二郎がおり友人達と伊豆に度々遊びに出かけ創作を試みたが完成作品は出来なかった。翌年郷里の妻子を迎え大森新井宿に転居した。友人達と連れ立って伊豆に遊んだ経験は大正十四年（一九二五年）五月に完成した『海を見に行く』に昇華されている。身辺に取材した私小説には違いないがロマンに満ちた詩的世界に結晶化させている。石坂洋次郎はこの原稿を南部修太郎に託して青森県立弘前高等女学校に奉職した。以後伊豆とは縁が断たれるが、昭和十四年（一九三七年）一家をあげて上京し大森区田園調布に居を構えると再び伊豆に足が向くようになる。翌昭和十五年三月に世田谷区玉川奥沢に転居し本格的に作家生活に入るや六月に伊豆谷津温泉で『美しき暦』を書き下ろし、最初の長編として新潮社より「新作青春叢書」と冠し刊行された。谷津温泉は河津川の南側にあり奈良時代に僧行基が発見したと伝えられている。石坂が宿泊した石田屋は明治六年（一八七三年）創業の老舗である。大正末期創業の玉峰館もある。

『美しい暦』は戦争直前の作品で「私が中間小説とよばれるものを書き出したのはこの作品が最初のもので、その意味でも私にとっては忘れ難い作品の一つである」と述べて作者自ら「中間小説」と位置付けたが「世の中にはいやな事が沢山ある」と作中の田村邦夫に語らせているように石坂自身にも思う所があったに違いない。

この頃悪い癖がついて、旅に出ないと書き物が出来ないやうになった。勤めを止めて小説を書く生活に入った當初に私が立てた日課の理想は、㈠つ午前中及び午後は三時まで執筆。㈠つそれより夕食まで散歩と運動。㈠つ夜は読書と雑用。といふのであったが、三日と続けてそれを実行した例がない。家で書き物が出来ないといふのは結局私の至らないせゐである。

それはともかくとして、私は去年も今年も五月から六月にかけて南伊豆に滞在してゐた。伊豆の町から木炭バスで二時間あまり、賀茂郡下河津村といふ所であるが、ここは海に臨み山を負ひ河を挟み、その上村内の各所に温泉が湧出してゐるので、仕事を兼ねた気保養には好適の土地である。

私は田舎に生まれ、田舎に長く暮してゐたせゐか、東京の生活には今以て馴染めないでゐる。どこがどう窮屈なのかはっきりは云へないが、時たま朝夕の混雑時の電車などに乗り合せると都会生活の辛さをしみじみと感じさせる。あれは文字通り人間の鮨詰といふものだらう。あの中にはさまれてゐると道徳も芸術も信念も、人間生活の高貴なものはすっかり押出されでしまふやうな味気なさを覚える。子供等の学校の都合さへ無ければいますぐにでも田舎に引越してしまふんだが……。私は何時でもそんな消極的な気持ちで都会生活の中に暮してゐるのだった。南伊豆の明るい海と山の風光は、さういふ私を、魚が水にかへったやうなゆっくりした気分に浸らせてくれた。（略）

さういふ時、私の心には、何時も同じ一つぎりの反省がうす雲のやうに翳ってゐるのであった。それは目前の海や山が、お前は追ひ詰められた仕事を抱へていま此處を歩いてゐる。もしさうでなく、仕事は日課として自宅でキチン〳〵と果し、此虞へはただ気を養ふだけの目的で来てゐるんだったら、私達はお前に、私達のもっと深い美しさを見せてやることも出来るんだが……。お前の生活は何かしら健康でない――、そう囁いてるやうな気がすることだった。

そんなことは書き悩んで疲れた私の神経がひき起す微弱な錯覚にすぎないことは分りきってゐるのだが、しかし一概に否定しきれないものを感じながらも、私は土をけだるく踏んで歩きまはるのであった。私の顔は一日増しに黒く陽灼けしていくが、一抹の憂への表情は能面のやうに私の顔に固定してゐるに違ひなかった。（略）

（『村童と紳士』『小説以前』共立書房、昭和二十一年〈一九四五年〉十月二十五日）

右の文は昭和十六年（一九四一年）六月に書かれたものであるが、石坂は上京後の都会での生活、度重なる転居、人付き合いの辛さで精神的にも肉体的にも疲労困憊していたことがわかる。『美しい暦』は昭和十四年十一月から翌年三月まで完成に五ヶ月を要した。以後の『青い山脈』等の評判作の先蹤を成すが、一方では『若い人』の類型を脱し切れない弱さを内包している。石坂自身そのあたりを逡巡していたのであろう。『村童と紳士』は河津川の鮎釣りを見ているうち、東京から来た紳士が小さな鮎一匹釣ったことに焦りと欣喜しているのに対し、村童が釣り上げた半(なか)らの鮎をそっと逃がしてやったのを見て次のように自らに言い含めるように終文している。

ははあ、さういふ訳なのか。私は呆気にとられた気持で村童の粗末な身軽い姿を改めて見直した。何か聞いても、眼を光らせるばかりで返事をしないのが分ってゐるので、私は黙ってゐた。釣りなど結局覚えなくともいいんだ！。（略）それから飛躍して私は仕事は毎日の日課として自分の家でキチン〱と果さう、そして旅に出るのは休養を取るだけの目的にしよう、という何時もの反省を思ひ浮べ、海や山や空などが、私を責めてゐるやうな例の錯覚に襲はれたのであった。村童の脛や足の赤い艶が、私の眼底にいつまでも鮮やかに残ってゐた。

（『村童と紳士』昭和十六年〈一九四一年〉六月）

石坂洋次郎はこの村童の鮎釣りを見て悩みが雲散した。『美しい暦』を書き上げた時点ではこういう悩みは抱いていない。初の長篇を書き終えたという安堵感に充ちた文章を書いている。伊豆に保養に来ていた外交官試験をパスした帝大生と毎日散歩しながら小説のことや帝大生の経験した風変わりな医者の話しを聞きながら日を過ごしている。

私は伊豆に旅立つ前「医者のゐない村」といふ文化映画を観た。それは私の郷土である東北地方の農村を取扱ったもので、深い雪に閉ざされて文化の恵みを知らずに暮してゐる農民達の一面の生活が手際よく纏められて居ったがA君が私に語った二つの挿話は、明るい海と青い山に囲まれた「医者のゐる村」の愉しいスケッチであるとも云ひ得よう。私はＹ温泉に四十日間滞在して体重を一貫目もふやし、原稿を三百三十枚書きあげて東京に帰って来た。さういふ小説はさだめし読者にとっては迷惑なことであらうと、いまから恐縮してゐる次第である。

「医者のゐる村」（昭和15・7）

（『私の鞄』実業之日本社、昭和二十三年六月十五日）

石坂洋次郎はこれが機縁となって毎年冬には避寒の為伊豆今井浜で生活するようになる。昭和十六年十二月に石坂は陸軍報道班員としてフィリピンに派遣され、翌十七年七月に第一回新比島文化建設懇談会に参加、十二月に帰国するや翌十八年三月、大本営報道部より占領地行政視察の名目で再び比島に派遣された。戦争中は弘前に疎開、昭和二十一年九月に大森区田園調布に転居するまで慌しい生活であったため、温泉好きの石坂も時局下温泉行は断念していた。だが石坂はこの頃から夫婦でゴルフを習い始め執筆を再開すると夏は軽井沢で冬は今井浜で過すようになった。温泉と石坂は切り離せないのである。

伊豆急今井浜海岸駅から海に沿って三分も歩くと「今井荘」という数奇屋造の風格ある旅館がある。昭和天皇や歴代総理大臣も訪れたという由緒ある老舗旅館で、石坂洋次郎もここを常宿としていた。昭和二十四年今井浜に滞在していると志賀直哉、吉川英治、杉本健吉が訪れた。二、三日同宿したのは先輩の大作家の目が石坂に注がれていた証左でもある。同時期に石坂も当時熱海に住んでいた谷崎潤一郎を訪ね歓談している。現在この時の写真が伊豆市湯ケ島にある伊豆近代文学博物館に収められ「石坂コーナー」が設けられている。伊豆近代文学館がある昭和の森会館には伊豆を作品の舞台にもつ、明治以降現在に至るまでの文学者の資料を集め、それぞれの作品と伊豆との関わりを示す資料を展示している。石坂コーナーには『光る海』が展示されている。石坂は今井荘に滞在して白い砂浜や今井浜高原を散歩し、撞球や麻雀を楽しんでいる。今井浜での生活は極めて心休まる日々であった。

映画人と言えば私の原作をたくさん脚色しているこれもI君が、私達が年末から一、二ヵ月滞在する南伊豆の温泉宿に遊びに来たことがある。お前は早速温順しいI君を麻雀仲間に誘い入れた。ある日約束の時間にI君が麻雀部屋にやって来ない。すぐに腹を立てやすいお前は私を呼び出して、部屋にいないI君を一緒に探してくれという。

二人で廊下づたいにI君を見つけようと出かけた。どうも温泉に入っているらしいという女中さんの話だった。好人物であるI君の長風呂はこれまた有名で、泳ぐでもなく、唄うでもなく黙って一時間ばかり浸っている。男風呂は庭や松並木や砂浜や海、水平線上の伊豆の島々が見はらせる、ひろくて明るい浴室だった。脱衣場の籠にどてらが一つ脱がれてある。それを見るとお前は頬をこわばらせた。

（『黒いリボンを結んだ妻の写真』『文藝春秋』昭和四十二年五月）

昭和三十七年（一九六二年）六十二歳の石坂は一月に『バーの女』を『小説新潮』に発表するとまもなく今井荘で胆嚢炎を再発した。前年の十二月に石坂は軽いノイローゼで東大病院精神科に入院して月末に退院したばかりであった。石坂の身体にも老いの兆しが見え出していた。胆嚢炎は昭和三十四年五十九歳の時軽井沢で雨中ゴルフをやって肺炎を患い胆嚢炎を併発し軽井沢診療所に二週間入院したことがありその再発であった。下田の菊池病院で治療を受け東大木本外科和田博士の手術で一命をとりとめた。石坂は「ともかく病気また病気で、その上家庭の状況も思わしからず、この時期は私にとって人生何度目かの危機であった」（『著者だより』『石坂洋次郎文庫』14、新潮社、昭和四十一年）と記している。石坂がようやく危機を脱すると翌年から妻うら子がリウマチを患い、両国同愛病院に入院し、以後昭和四十六年まで同病院、慶応病院と五、六回の入退院を繰り返す療養生活が続くことになる。

この頃石坂は毎夏七月から九月まで軽井沢の山荘で避暑を兼ねて仕事をするようになる。ある日新軽井沢コースにゴルフに行き、身仕度をして順番を待っていると五十年配の吉田という男から「私はこの四月木本外科で手術を受け、貴方と同じ病室に入り、同じ看護婦さんに付き添われましたよ。貴方、危かったんですってね」と話しかけられた。「吉田さんのいった言葉が切実な実感を伴って私の胸に食いこんできた。それまで身近の者から私の症状が危いものであったことを何べんも聞かされていたが、私は大げさにいって私をおどしているのだろうとしか考えなかったものだが、初対面の吉田さんにそういわれると、それではほんとに生死の境を彷徨していたんだなと、今さらのように恐しい思いがした」それきり忘れていると数ヶ月後の新聞に電通の吉田さんがガンで亡くなった記事が出ていた。「軽井沢でたった一度だけお目にかかったあの日の吉田さんとの問答を思い出して哀悼の念に堪えなかった。吉田さんは胃カイヨウだとばかり信じて自分がガンだということを知らなかったのだ」(『たった一度だけ会った人』『ふるさとの唄』昭和三十八年二月)と記している。軽井沢での生活の様子は昭和四十七年の『残り少ないページ』に書かれている。戦前旧軽の『つるや旅館』に滞在し、戦後山荘に住むようになった回想を当時軽井沢に別荘を持っていた文壇人との交流や作家それぞれの特徴を見事に把えた文壇史ともなっている。

昭和四十六年、七十一歳の石坂洋次郎は八月十八日、五十年間連れ添った夫人うら子を六十七歳で失った。この時期石坂は既に老境にあって筆数も少なくなっていたが、十月になると『妻の名は「うら」』を『婦人倶楽部』に書くと『亡き妻「うら」を偲ぶ』(『小説新潮』)、『黒いリボンを結んだ妻の写真』(『文藝春秋』)、『日記』『風景』『風のような記録』(『小説新潮』)、『残り少ないページ』(『小説新潮』)などの亡妻記を次々と書いた。こうした亡妻記を集成した『風のような記録』(新潮社、昭和四十八年一月三十日)は一風変った夫婦の在り方を伝えながらも人生の終末を迎えた石坂の心境がよく伝えられている。

私は無造作に引き受けて次々といわゆる思い出を書きまくった。書くことは五十年連れ添った妻に死なれた空しさと、さみしさを埋め合せることでもあったのであろう。人生の中年期にいる三人の子供達は、そういう私のことを精神に異常を来たしたのではないだろうかと心配をしている節もあったようだが、大丈夫、私は妻に死なれたからといって自殺をはかるような純情派の人間ではない。そう言えば、文学者には昔も今も自殺者が多いようだが、妻に死別したショックで自殺した人は一人もいないようだ。それどころか、自殺の心理が独断的で分りづらく、残された妻子を悩ませる例が多かったようである。

右の文章は「はしがき」であるがここには八篇の思い出や心境を記した文が収められている。晩年の石坂は少年時代の温泉に行った思い出を数多く残している。『思い出の中の女たち』（『小説新潮』昭和四十七年六月）には「私は中学五年生の時の夏休み、一人で碇ヶ関に湯治に行った。三年生の時は温湯、四年生の時は嶽、五年生の時は碇ヶ関と三人兄弟の中の私だけがこんなわがままが出来たのが何故なのかいまもって事情がはっきりしない。（略）私は湯治に行くたびに町かたの娘たちとちょっとした関わりあいをもったわけである」と書いて性的な体験や恋愛経験をユーモラスな文章に乗せている。温湯（ぬるゆ）でのタメ子、嶽（だけ）温泉での山形マリ子、碇ヶ関（いかりがせき）温泉での中川明子などと過した温泉での幼稚な性的体験を『石中先生行状記』（『小説新潮』昭和二十三年）風な文章で書いている。同じような話は『ふるさとの唄』の中にも「まるまるつかまれた話――女性読むべからず」などという嶽温泉での猥談まがいの文章がある。晩年の石坂はこのような類の小説とも随想ともつかない作品を多く残している。

昭和五十六年十一月八十一歳の石坂は、伊東市吉田字風越に転居し、ここを終の住み処と定めた。石坂の教え子高橋昌洋は「先生の命数をそれとなく予感した老主治医は、最終の地を、先生の好きな伊豆の地に勧めたという。蜜柑山を切り拓いた別荘地の中腹に簡素だが欧風の新居が建てられ、緑の芝生を敷きつめた広い庭があった。晴れた日は大島も見えたという」(『回想の師　石坂洋次郎』新潮社、平成六年九月)と記している。石坂の瞑終の地、吉田風越は伊東駅から国道一三五号線で六キロほど南に下り小室山を過ぎた時点で吉田の地名があり、ここから右に折れ大室山の山麓を昇るようにして細い舗装された山道を一キロほど行った所である。伊豆急線川奈駅で降り住宅街を通って小室山公園を見ながら山麓を登ると二・六キロぐらいでこちらの方が近道である。川奈ゴルフ場と一碧湖に挾れた静閑な地で松林越しに伊豆急の電車が走る姿やその先の相模灘の海、晴れた日には大島まで見渡せる眺望絶景の地である。高橋昌洋の著によれば長女の広子が身の回りの世話をし石坂はいつも昔のように背筋をピンと伸ばし、身ぎれいにしてハンサムな老人で、時々「天気がいいと海もよく見えるんだが……。うちは温泉も出るんだよ。この山の持主がぼくを知っていて安く譲ってくれたんだ」と話したという。いかにも温泉好きの石坂である。晩年はアルツハイマーの症状も併発していたという。昭和四十七年、妻を亡くした翌年の作品に『日記』がある。

南伊豆の今井浜にいる。尾ケ崎の長男一家、東京の長女一家、みんな引き揚げて私一人になった。（略）一人きりだと何となく退屈で長逗留はむずかしい。それに私は戦争前の昔からこの温泉で冬を過してきたものだが、そのころはのんびりしていた環境も、道路が舗装され電車が開通し、つぎつぎと旅館がふえて、山は別荘分譲地になり、土が踏める散歩道がなくなり、すっかり俗化してしまった。日本全国の名勝地がそうなのだろうから仕方がない話だろうが……。

このように山が分譲されるのを嘆いていた石坂であるが、昭和六十一年十月七日にこの地で逝去するまでの五年間毎日温泉に入りながら、やや痴呆は進んだが安穏な余生を過している。それにしても伊豆在住は、石坂の人生八十六年間の中六十三年に及んだ。伊豆は石坂がこの上なく愛した地であるが、現今この地における石坂の扱いについては、私には少々不満が残る思いである。

モラルとしての恋愛『暁の合唱』

石坂洋次郎は昭和十四年三月に十四年間にわたって青森と秋田で過ごした教員生活を清算し

て一家を挙げて上京した。同年一月から『主婦之友』に連載を開始し、昭和十六年一月で完結した『暁の合唱』はその意味でも上京第一作であり、プロ作家第一作ともいえる記念すべき作品である。

石坂は昭和十二年に刊行した『若い人』が翌年に右翼団体から不敬罪と軍人誣告罪で訴えられた。このことを期に、職業作家として立つことを決意し上京をした。石坂は後年、それまでの自らの足跡を次のように回想している。

私の文学は大都市でもなく、郷里でもなく、私が十二・三年間教員生活を送った横手の町で、目立って成長し、そして花を開かせた。横手から東京に出た時、私は作家として生計を立てていくことが楽だった。

それから今日まで、文学者として、私が歩みつづけた足跡を顧みると、横手時代の出発当初ほど、私の作品は文学的な香気が高く、東京に出てそれ専門の生活に入ると私の作品は、青春物などと呼ばれて通俗性が強まった。

（『石坂洋次郎』「現代日本文学アルバム」学習研究社、昭和四十八年十一月）

右の回想は昭和四十七年十二月に『ふるさとの山に向いて』と題して書かれ、ここに「東京に出て」と記されている作が『暁の合唱』を指し、本作が大衆文学と純文学との接点に位置する作とする通説もこの回想からも頷ける。森英一は本作を「中間小説」と位置付けている。本作が持っている健康的な明るさ、ユーモア、庶民性、開放性などに従来と異なった新鮮味があった。多くの大衆文学が英雄的な行為を描いて、そこに可能性としての人生を憧憬させ定着させる方法を取っている手法と比較すれば、本作も読者を大衆に置いている点で通俗小説といえる。

『暁の合唱』はヒロイン斎村朋子が女子師範学校の入学を諦め、自動車会社の社員として働く決意をする場面から始まる。昭和十年代の職業婦人の増大に伴う時代状況の設定であることは言を俟たない。斎村朋子は車掌と車の整備をしながら乗合バスの運転も習い始める。「女性のバス運転手」という設定が特筆できる。当時の憧れの最先端であったキャビンアテンダントを越えている。流行歌となった「東京のバスガール」でも女子車掌という時代に女子運転手を主人公にしている。この仕事はやっと平成の時代になって社会的に認められる職業となっている。本作が大衆通俗小説と評される所以は、この後の小説の展開でヒロイン朋子が放恣的な生活を送る美貌の青年・小出三郎と出会い、様々な紆余曲折を経て婚約にまで到るストーリーが中心となるからである。本作が通常の恋愛小説と異なる点は、三郎の愛人である英子と朋子が三郎を巡って殴り合いをする場面であろう。ここには敗戦直後の昭和二十二年に『肉体の門』(『群像』連載後風雲社刊、昭和二十二年)を発表した田村泰次郎の「肉体が思考するとき真の人間性の確立もある」とする立場に通底する近代性がある。その後朋子は車の整備も修得し、運転手試験にも合格し、車掌としても様々な体験を通して、精神的にも肉体的にも成長し、職業婦人としての自覚も確立して、職場内でも信頼され、また人間的にも幅広い存在として成長する姿が描かれていて爽やかである。車掌として体験する出来事の多くは、津軽や横手の住人の素顔がそのままの素朴な姿で登場し、躍動感溢れる筆致で描かれている。本作は五章「彼女達」までは『若い人』(『三田文学』昭和八年五月～昭和十二年十二月)に続く女学生の風俗描写と同質の内容と描法であるが、六章「生活へ」から十四章「勤務日誌その三」までに石坂の本領がよく発揮されている。十五章「野火」から「終曲」までは、若い男女の「愛の合唱」に向けて、恋の曲折と成就の過程が描かれ、三部の構成から成る作品である。

磯田光一は「石坂洋次郎を通俗作家として一蹴するようなオプティミズムは少なくとも今日では清算すべきだ」(『石坂洋次郎論』『文芸』昭和三十八年〈一九六四年〉九月)と述べ『暁の合唱』を次のように評している。

「暁の合唱」に踏みきったとき、石坂文学の方向は完全に定まっていた。それは処女作の昔に振り捨てた故郷の再認識であり、大衆という更に大きな故郷への復帰であった。それは自己主張の純文学から大衆を喜ばす効用の文学への転向でもあった。

石坂洋次郎の登場人物はことごとく平凡な人間たちである。それはどこにでもいる人間であり、どこにでもある悩みを悩む人間である。その庶民意識を貫く原理はあらゆる過度を警戒する中庸の美徳にほかならない。過度は不幸の源泉であり、庶民の智恵は過度を緩和し、過度によって中道から外れた者を中庸の美徳に引き戻す。「暁の合唱」は過去に傷を持つ不幸な人間が、中庸の美徳によって再生をとげる物語である。

（『昭和十年代の一側面』『現代日本文学大系』筑摩書房、昭和三十八年九月）

磯田が解説に当たって念頭に置いているものは石坂洋次郎の文学経歴であろう。石坂文学始動期の私小説『金魚』（『経済往来』昭和八年七月一日）から風俗小説『若い人』（改造社、昭和十二年〈一九三八年〉）を経て、転向作品と見做される『麦死なず』（『文芸』昭和十一年八月一日）を書いて、この作品を契機に生活の場を東京に移し、青春小説『暁の合唱』を書いて職業作家として成長したという道筋であろう。石坂自身「善蔵の厳しい訓練のムチの下から逃れ去った私は、一転して安易な道を辿り、通俗小説の流行作家になった」（『葛西善蔵氏のこと』『文芸』昭和九年一月）と述べるように『暁の合唱』を論じるには葛西の「私小説的リアリズム」の傘下からの脱出を抜きにしては語れない。同郷の葛西には絶対的孤独と徹底した自己主張があり、人間的にも破滅型の私小説作家という形態を持っていた。

津軽という風土からか、本州の最北端という地理上の性格からか、ここから葛西善蔵や太宰治という破滅型の作家が育ったように、石坂にもそうした生き方に傾斜してゆく可能性は弘前や横手での教員生活の中にもあった。『麦死なず』という自己弁証的性格の強い作品を書き、妻のある男との出奔という事件を契機に、住み家にも、文学にも、自己の放縦な生活にも訣別して『暁の合唱』という明るい・庶民受けする作品に転向した背景には、一方では人目につかない、昭和十年代の思想的転向の一面もあったに違いない。

石坂自身「私は気鋭孤高な文学者である前に、まず善良な一個の市井人であらうと心がけている。作品はよいが人間が駄目だ。人はよいが作品は落ちる。かりに文学者に対してそういう二様の評し方が許されるとすれば、私は躊躇なく後者のいき方を選ぶものである」（『わが行く道』『三田文学』昭和十六年八月）と書いて、葛西文学に繋がる告白小説『麦死なず』の泥臭いリアリズムから逃れ、『暁の合唱』という青春大衆小説に転向し得た姿勢を述べる一方で、そのまま横手に留まれば告白体の小説を書き続けたであろう危機も物語っている。

丸岡明は石坂の姿勢を含め本作を「主婦之友に連載された長篇《暁の合唱》は朝日新聞に書かれる筈で中止された作品である。しかしそれは結果から云うと、おそらく別種の作品になったことだろう。折角の機会をはばまれた打撃が作品を無傷にして置いたとは考えられない」と述べる。その真意は、作中の人物をこれほど開放的に、これ程新時代的に描けなかったとする見方であり、石坂の持つ放縦性と作品の近代性と大胆な主人公朋子の行動や思考を時代が相入れなかったであろうとする意味が含まれている。

『暁の合唱』は十五章から終章に向けて、若い男女の恋の成就への過程が一挙に描かれる。朋子が虫様突起炎で入院手術を受けたり、信吾の愛人米子に寂しい生活を強いたり、映画のフィルムを豪雨の最中に届けたり、冬山スキーで遭難しかかる場面や事件は、すべて人間を孤独の心理状態にして、然る可きパートナーを求めさせる伏線で、その結果斎村朋子と小出三郎、米子と浮田という二組のカップルを誕生させる。大衆小説という作品の持つ性格からかプロットがやや安易であるが完全に葛西の膝下から逃れ得ている。

発表当時は宮本百合子が「作品の世界は、その中の主人公達が常識と一種の卑俗さによって敗北している」と酷評し、十返肇が「安直な場当り的モラルを投売りする皮相な明朗色の頽廃的作品」（『時代の作家』昭和十六年三月、明石書房）と評したが、この作品の持つ明るさ、庶民性、風土性、健康な肉体、大胆な行動、すべてを世俗的な常識と見做しては些か苛酷すぎよう。作品の基調は、封建臭を多分に残していた陰湿な日本風土の殻や旧弊を破って成長してゆく朋子と三郎の愛の物語は、青春の生命賛歌で、登場人物によって健康な市民文学を形成させ得ているのもある時代状況下、日中戦争の勃発から世界大戦へと拡大してゆく状況下での最大限の行動と発言であった。その後十返肇は『石坂洋次郎論』（『昭和の作家たち』英宝社、昭和三十年）で明朗な民主主義といっている。平松幹夫が次々と起こる危機や人生の難問を切り抜ける朋子に「二つの運命の転換期に追い詰められた時、人間の智恵が無意識のうちにも賢明に働くことの証明でもある」（新潮文庫『暁の合唱』解説、昭和二十九年三月）と評し、時代状況との関わりに触れた上で、本作が「人生を正しく賢く生きるモラルへの指針を与える作」としてやや体制順応的な擁護論を述べるのも石坂の身近に居た人だからである。

「終曲」の章で、瀕死の三郎を励まし、朋子が愛の告白をする言葉に「私が私の愛情を告白したからって、私達がちゃんと結婚式を挙げるまでは私の身体に一切触れないことだわ。（略）私達が神様の前で誓いの式を挙げるまでは決して私を感覚的な欲望の対象にしてはならないの。約束してくださるわね」と、男に対して貞節を誓わせ、女性から愛の告白をさせる大胆な行動を描いている場面がある。朋子の肉体の放姿性や観念の進歩性を強調しながらも道徳的に処理をしている。同様の描写は『草を刈る娘』（細川書店、昭和二十三年三月）のモヨ子が時造に貞操を誓わせる言葉と同全で、こうした点が宮本百合子の指摘する常識なのであろう。

貞操や性モラルを問う作品は『暁の合唱』の半年前に書かれた『美しい暦』（新潮社、昭和十五年六月）あたりから現れる。それを十返肇が「安直な場当り的モラル」と評したが、戦時中の狂信的倫理を強要された時代と、長い間の封建的モラルに縛られた性観念の代弁とすればそれまでのことだが、戦前には「貞女二夫に見えず」として女性に貞操観念を強いる考えが一般的であった。「許婚者があるが以前ある男性に接吻された。汚れた体で結婚する資格はないのでしょうか」という悩み相談は大正三年のものである。「女性は結婚するまで処女を守り、生涯に男性は夫だけである」とする貞操観や純潔意識が一般的で、石坂の描くこの時期の作品が当然そうした通念を踏まえていることは確かである。『若い人』で奔放不羈な行動が世間の批難の的となった江波恵子を「華やかで放姿的で無惨で美しい」女性として造形し、間崎と恵子が結ばれる場面は戦時下にあって却って瑞々しい青春の情念が頽廃的な明るさを伴って大衆に迎えられたが、その後の国民精神総動員運動などの時代の変化が『暁の合唱』では許さなかった。「結婚まで童貞を守りたいが、女性経験のある友人の言葉に迷う。古い道徳観か」という悩みは昭和二十年の男性の相談であるが時代は次第に自由恋愛を許さなくなっていた。『暁の合唱』は用意周到に登場人物の恋愛の始末を付けているが、朋子の発言は石坂らしい大胆な発言をさせている。平松幹夫はこの点を擁護し「そうした健康な良識が愛情と合体した時に人生の負傷兵をも暖かく抱擁して正道に立ち戻る可能性を与えている作品」としているが、大森郁之助は『若い人』と『暁の合唱』との間でヒロインの類似性を指摘し、その挫折とを説いている。だがこの二作の間に国家総動員法が施行され、やがては出産でさえも国家に管理されるようになる時代状況があった。石坂は本作で朋子が車掌としてバスに乗車中に出産に遭遇する場面を描いてジェンダー認識の在り方を示している。

当初朋子は妊婦を忌み嫌っていた。バスの中での出産だからではない。女の運命に対する不服からである。「女だけが出産といふ原始以来の約束で、大地に低く固く縛りつけられてゐる事は公平なことであろうか」という疑問を持っていた。だが赤子の出産に立ち会う中に「すべての女性が力を合はせて闘ひ、そして常に勝つていかなければならない共同の宿命」、として受け止めるようになり、「女の方がずつと大地に足を強く踏みつけた生活をしてゐると思うと、自分が女であることに涙が惨みさうな誇りを感じた」というように認識が変化する。この体験を通して朋子は女性の特質を見極め、職業婦人として目覚め、会社の女性を集めて「車掌だけの修養会」を結成し、改善要求に立ち上がってゆく。だがこれを朋子の弱さとしたり、朋子がプロレタリアートとしての自覚を持てなかったとし、挫折を指摘し石坂を体制傾応派や非進歩派とする見方もある。左翼問題にケリを付け、青春小説に移行した石坂にとって、朋子の姿勢は時代状況に抗し得るぎりぎりの物言いであり、石坂はこの時点で「健康な、多くの人を楽しませるやうな文学」（『わが文学論』『三田文学』昭和十年六月）を書くことを決意し勇み足をしなかった。

職業婦人の急増に呼応し洋装や断髪をした女性は、作家達にモガと命名され、好んで作品に描かれた。洋装や断髪は女性の外見だけでなく、社会進出して時代の束縛から逃れる女性自身の自立志向の表れであった。斎村朋子は良妻賢母という女性像から解放され家庭の束縛を振り払った女性である。石坂は戦時下の国内状況、婦人翼賛会、銃後の守り、などがさかんになってゆく中にあってこうした女性をぎりぎり描ける所まで描き通した。戦後一気にファッションが開花したように、石坂の作品もこうした下地があって戦後も迎えられたのである。

斎村朋子が女子師範学校を諦める理由は「私の左手の薬指は小さい時分に怪我をして関節の

屈伸が不能なのです」と書かれている。大森郁之助や遠藤周作が石坂文学の差別性を提示したように『若い人』にもそれはある。「娼婦の私生児として産れ、白濁した血の流れを継ぎ、哀れな不具の網膜を具えた少女」として描き、朋子の「私は教育を受けたんだからもつとましなお話しが出来る」という発言には明らかに差別性がある。だが歴史的に「人権意識」の覚醒が遅い日本で、時代的にも人権が否定された状況も考慮せねばなるまいが奥野信太郎は「作品の特徴のひとつはそこに現われて来る青年男女が、常にその後景をなしていることである。作者は登場する青年男女がいかなる親から生まれ、いかなる環境によって育てられたかということを極めて重視する」と指摘するのは、石坂のこうした描写を初期自然主義文学の残滓と見るからである。奥野が言うように朋子は恵子の後身者と見ることができる。だが恵子が紙一重の危険な早熟な娘で、頽廃的な脆さが魅力となっているのに対し、朋子は極めて道徳的であり、健康であり、逞しい破天荒な行動で素朴な性感を発散させる成熟さが魅力となっている。勿論『暁の合唱』でも朋子の両親、異母弟の銀二郎との性格差異や環境を描いている。この点で『若い人』と『暁の合唱』との家庭状況、環境、性格などの自然主義的状況設定に類似性があるが、ヒロインの在り方には明らかな違いがある。斎村朋子は「呼吸の強い、健康的な、多くの人を楽しませるやうな文学」の女性として描かれている。朋子の精神的成長を「私の彼もまた、神様でも王様でも騎士でもない。私よりかずつとましであるとしても、やはり私と同じやうに沢山の欠点を備へた一個の男性であるにすぎない。そこに二人の生活を建設していく努力と歓喜がある」と言わせている点で朋子は恵子よりも遥かにおとなである。大政翼賛会の傘下に愛国婦人会と国防婦人会が統合され、大日本婦人会が結成された昭和十五年という戦時体制下にあって、津軽や横手の素朴な人情と進歩的な男女の恋愛を描いて少しも憚らなかった。石坂の男女観は戦後も一貫していた。その意味で石坂の文学は戦時中から民主主義的性格を備えていた市民文学として評価できるであろう。

第五章　司馬遼太郎の文学世界

教練服からの出発

平成十三年（二〇〇一年）九月一日に起きたニューヨークの世界貿易センタービルの崩壊テロ行為は全世界を震撼させた。アメリカは外にテロと内に経済不況を抱え深刻な事態におかれている。日本も同様に長びく不況と不良債権の未処理、金融ビッグバンを眼の前にしたペイオフの実施、更には相次ぐ證券業界の不正利益供与、土地投機の破綻とバブル経済の崩壊、それに続くリーマンショック後の長く続いている経済の不活性など様々な憂慮すべき事態がいまだに解決されず尾を引いている。いずれも司馬遼太郎が早くに指摘した問題である。同時期に経済問題に警鐘を鳴らした堺屋太一、多くの経済専門書を著わした竹中平蔵、二人ともその鋭さを買われて大臣を務めたが、目立った効果がみえなかった。司馬遼太郎は二人に先駆けて『土地と日本人』（一九六七年、中央公論）を書き、『天下大乱を生きる』（一九七七年、潮出版）を著わし、田中角栄の『日本列島改造論』の破綻後の様相と日本人の精神の荒廃とを指摘している。『アメリカ素描』（一九八九年、新潮文庫）で病める米国を指弾し『この国のかたち』（一九九六年、文藝春秋）で日本への文明批評を強め、あるべき姿を提起している。司馬は早くから土地への投機が引き起こす社会の混乱を危惧し、日本の土地政策に警鐘を鳴らし続けた。司馬にとって土地は人間の生存の基盤で、風土が人間を作るという視点で多くの歴史小説を書いて来た。故に初期の紀行は小説の主人公や舞台となった地の調査から始まった。歴史の転換期に現れた人物を照射してゆく上で、司馬は日本人は多様な血を持っていて、それは日本人にとって誇りであり、日本人の祖先は混血を繰り返すことによって優性の血を体内に廻らし、逞しい生命力を持った民族になったことに思い到った。

司馬遼太郎の紀行は歴史を遡行することから始まっている。昭和四十三年（一九六八年）一月から一年を費して十二の土地を探訪した。「その風土的特質から、人間個々の複推さを解こうというのは危険であるにしても、その土地々々の住人たちを総括として理解するにはまず風土を考えねばならないであろう。いや、時によっては風土を考えることなしに歴史も現実も理解しがたい場合が屢々ある」と『歴史を紀行する』（文藝春秋、一九六九年）で書いているように、司馬がこれまで小説に描いた地に足で降り立ち、歴史と人間と風土の切り結ぶ土地で日本人の精神発達史を読み解こうとしたのであり、日本人の祖形を求めての旅であった。

司馬は敗戦を栃木県佐野で米軍の上陸迎撃要員として迎えた。この時「日本はなぜ敗れたのか」という決定的疑問が生まれたという。それは常に脳裏に残りやがてそれが「日本はなぜこんな国になってしまったのか」という大きな疑問となって司馬を紀行へと向わせることになる。それは昭和四十七年（一九七二年）五月の韓国取材旅行から海外にも向けられるようになる。

「なぜこんな国になってしまったか」を知るためには「日本人はどこから来たか」を知る必要があった。前年一月から文藝春秋に連載を開始した。『歴史を紀行する』は二十五年二ヶ月に及ぶ「日本人の祖形」を探す旅となっていったそれらは『街道を行く』三巻（朝日新聞社、昭和五十八年（一九八三））にまとめられた。その間に歩いた街道の数は国内・国外合わせて七十二街道にのぼった。司馬は「私にとっての旅」と題して「人間という痛ましくもあり、しばしば滑稽で、まれに荘厳でもある自分自身を見つけるには書斎での思索だけではどうにもならない。地域によって時代によって様々な変容を遂げている自分自身に出遭うには、そこにかつていた――或いは現在もいる――山川の中に分け入って、ともかくも立って見ねばならない」（『ガイド街道をゆく』朝日新聞社、昭和五十八年七月三十日〜十一月五日）と語っている。『街道をゆく』旅は司馬遼太郎にとってほかならぬ「自分自身を見つけ」「日本人の祖形」と出遭う旅であった。今、ふたたび司馬遼太郎ブームともいえる余熱が続いている。司馬遼太郎という存在を、「戦後の自虐史観、暗黒史観の呪縛から日本人を解放した国民作家」であるという物語の中に収束させようとする動きも顕著になっているがそういう歴史観を生じさせ、国民に日本侵略史観を植えつけたのも司馬であるという説も生じている。

混迷する日本、迷走する国家、私達は羅針盤を持たず荒海の航海を続けているような感がある。それ故大きな物語が望まれるのであろう。物語の居心地のよさに身を委ねれば人は苦痛を伴わない。それぞれが自己検証を回避することもできる。確かに司馬遼太郎は戦後の日本人に、日本人という漠とした存在に、明治という国家を作った人々を提示して勇気を与えた。『風塵抄・日本に明日をつくるために』（産経新聞社、平成八年〈一九九六年〉）を書いて、日本の危機的状況と在るべき姿を指摘したが、石原慎太郎や田中康夫のような身の処し方は決してしなかった。司馬は常にそのような問題はどこから生じ、どう対処すべきかを求め、在るべき姿を保っている国々を訪れるという方法で自ら自問自答している。それが司馬遼太郎にとっての紀行であり、紀行は政治が目的ではなかった。

昭和五十年（一九七五年）に司馬は日本作家代表団の一員として、北京、西安、延安、無錫、上海、洛陽を歴訪する。田中角栄が中国を訪問し、日中共同声明が調印されてから約三年後、司馬にとって作家となってから始めての訪中であった。日中国交正常化については米国の怒りを買ったり、台湾との国交が断絶されるなど、思わぬ事態も生じさせたが、田中角栄という類い稀なる宰相によって、日中貿易や資源問題を解決し今日に至る日本経済繁栄をもたらした。この旅については『長安から北京へ』（中公文庫、一九七九年）にまとめられる。時期としては文化大革命の末期でもあったため、司馬の視点は「中国文明の普遍性」というテーマの周囲を巡りながら当時の新中国の動向にジャーナリストとしての関心を示している。その後も司馬は、長江下流域の江蘇省と新江省『江南のみち』、中国西南部の四川省『蜀のみち』、雲南省の旅『雲南のみち』

と紀行を続け、昭和五十九年（一九八四年）には華南・福建省への旅『閩のみち』を辿り、約十年に及ぶ中国紀行を通して、中国文明の普遍性をテーマにしたわけであるが、その後、平成五年（一九九三年）七月に七十歳で台湾を訪ね、そこで司馬は国家の存立の難しさを痛感した。それは遡ること約三十年前、司馬は大阪外事専門学校時代以来の学友陳舜臣と対談した折に、訪台を約したことがあった。その約束を三十年ぶりに果したのであったが、そこで司馬は思わぬことから総統の李登輝と対談する。その時司馬は李登輝の言葉に衝撃を受けたと語っている。

李登輝さん自身は今も日本人のよき精神を持っていると言いましたね。その意味はね、文化の卸元であるはずのあなたたち日本人はもうそのようなピュアな精神をなくしてしまったでしょう。だけど私たちは、日本人が失った大和の心を大切に持ちつづけているんですよ、と言っているようでした。「日本人のよき精神」とは、他人を思いやり、社会に対して奉仕するという、いわば人間が社会人として生きていくうえでの基本的な優しさを指しているのです。

（『世に棲む日日』中央公論社、昭和四十七年）

ここには既に失われてしまった日本人の高貴な精神性を台湾の李登輝総統をはじめ、台湾の人々が保ち続けているという驚愕がある。同時に中国との国交貿易を断っていた台湾を切り捨てての日中国交の再開であって、台湾との友交関係を保ってきた状況を一変するできごとであった。当然のこととして両国の中で台湾友交を堅持すべきという意見もあった。司馬はそのことをいちはやく知りたいと思ったのであろう。二十五年間様々な国に足を運び、様々な土地を精査し、日本が急激に移り変わる様を見続けた旅人は、敗戦から再生したはずの国が、その国や精神の在りようが、土地の荒廃と破壊によって再び滅びようとしていると訴え続けて来た。七十二の街道を旅して日本人とはという命題を掲げた司馬の解答は次のような惨澹たる感懐であった。

地面というのは、僕らがそこで拠って立っているところであって、しかも、最後にはそこに骨が埋まってゆくわけで、そして、そこで歴史が展開されたり、人生があったり、とにかく地面というのは、われわれそのものなのに――われわれがまあ長い間、千年かけて培ってきたモラルというものも崩壊するなあ、と。と、なるとですね。太平洋戦争を起こした日本と、それで負けて降伏した日本のあの事態よりも、もっと深刻な事態なんじゃないかと。昨日の続きで今日も生きているといった程度の生き方を、これからも続けていったら、もうジリ貧もなにもいつの間にか日本という国自体がなくなってしまうかもしれません。そこまでの事態だと思うんで。

（『司馬遼太郎全集』三巻、文藝春秋、昭和四十年）

日本の土地問題や土地政策を問題にすると日本の総ての地方に当てはまり「日本における近代国家とは何か」という単一の問題に帰趨する。それは国家というものが、領土と権力と民との三つで成り立っており、土地が荒廃すれば国が成り立たないという司馬の持論でもあったからである。司馬は昭和四十九年（一九七四年）に沖縄を訪れる。沖縄の本土復帰は「複帰」という問題に限らない「統一国家と歴史の共有」という点に於いて、本土と沖縄の人との間に隔絶された住民意識の決定的な違いを見ている。無論そこにある問題も土地の貸借という問題が根本にあったのである。司馬遼太郎の紀行の眼差しは一貫して土地に向けられていたのである。司馬は日本人が昔から持っていた律儀さや実直さを諄々と説き小説中の人物を通して描いた。日本人が「公」への奉仕の精神を失い、「私欲」に走り格調の高い精神を失った原因を紀行を通して探し続け、読者に警鐘を鳴らし続けたが、司馬の言説を巧みにすり換えようとする奸計を持った輩もいたのである。「住専の問題がおこっている。日本国にもはや明日がないようなこの事態に、せめて公的資金でそれを始末するのは当然なことである。その始末の痛みを通じて、土地を無用にさわることがいかに悪であったかを、国民の一人一人が感じねばならない。でなければ日本国に明日はない」と司馬が述べた文章を引用した議員の質問で政府は公的資金導入を決定した。勿論そこでは司馬の後半部分の発言は黙殺されていたことはいうまでもない。思慮もリアリズムもない議員が司馬の言説を巧みに政策利用したように、国民作家としての文章が、本人の意志にかかわらずひとり歩きをしていく危険もある。司馬は学生時代に初めて旅に興味を持ったことを『無銭旅行』という文章にして雑誌『ハイカー』（昭和三十六年三月）に掲載している。

女を買うほどの度胸もないし、酒を死ぬほど飲んだところでつまらない。結局、せっかくうまれあわせたこの国の一部を、たんねんに歩こうということになった。日本地図を見た。熊野がいい、そうだ、とあいづちを打つ仲間が三人できた。夏の終りのころ、私たちは吉野の下市口の駅に集合した。申し合せたように誰もが教練服だった。

司馬遼太郎の紀行はこのようにして始まり、七十歳の台湾行を最後にして終わった。司馬は「今ならまだ間に合うかもしれない、皆が知恵をしぼれば」と言い残して、平成八年（一九九六年）二月十二日人生の旅を終えた。

司馬遼太郎の最初の紀行は昭和四十三年（一九六九年）から一年を費して、十二ヶ国を探訪する旅であった。この後司馬は十年に渡って世界を歴訪し、その時々に思い到った事象を紀行作品としてまとめている。『歴史を紀行する』（文藝春秋、昭和四十四年）、『人間の集団について』（産経新聞社、昭和四十八年）、『長安から北京へ』（中央公論社、昭和五十一年）、『歴史の舞台』（中央公論社、昭和五十九年）、『アメリカ素描』（読売新聞社、昭和六十一年）、『西域をゆく』（潮出版社、昭和五十三年）などに纏められ出版された。司馬遼太郎の紀行は歴史を遡行することから出発している。小説の主人公や舞台となった地の調査から始まっている。歴史の転換期に現れた人物を照射する上で、日本人が多様な血を持っていること、日本人の祖先は混血を繰り返すことによって優性の血を体内に廻らし、逞しい生命力を持った民族になったことに思い到った。多くの旅を通して日本人はどこから来たのか、日本人の祖形はどこにあるのか、こうした疑問を解く旅が司馬の紀行であった。それ故に紀行と小説は連動しているのである。最初の紀行である『歴史を紀行する』の中で、司馬は「その風土的特質から、人間個々の複雑さを解こうというのは危険であるとしても、その土地々々の住人達を総括として理解するにはまず風土を考えねばならないであろう。いや、時によっては風土を考えることなしに歴史も現実も理解し難い場合が屢々ある」と書いているように、歴史は風土によって作られ、人もまた風土と深い関わりがあるという認識を持っていた。そこで司馬は、これまで描いて来た小説の舞台の地に、足で降り立ち、歴史と人間と風土の切り結ぶ土地で日本人の精神発達史を読み解こうとするのが旅であり、それを纏めるのが紀行であると思いたった。司馬自身、作家を志すに当って日本の在るべき姿はどのようなものか、という疑問を絶えず持ち続けていた。昭和二十年（一九四五年）に栃木県佐野で本土防衛のため軍の上陸迎撃要員として、敗戦を迎え「日本はなぜ敗れたのか」という決定的疑問が生じたことに端を発している。この「なぜ」は常に司馬の脳裏に残り、やがて時代の変遷と共に「日本はなぜこんな国になってしまったのか」という大きな疑問となって司馬の行動を規定した。

『ガイド街道をゆく』（朝日新聞社、昭和五十八年）で司馬は「人間という痛ましくもあり、屢々滑稽で、まれに荘厳でもある自分自身を見つけるには書斎での思索だけではどうにもならない。地域によって時代によった様々な変容を遂げている自分自身に出遭うには、そこにかつていた、或いは現在もいる人間に会い、山川の中に分け入って、ともかくも立ちて見ねばならない」と記している。風土が人間を作る、という視点で多くの歴史小説を書いてきた司馬遼太郎という作家にとって、旅は必然の行為であったのである。

司馬遼太郎はその旅を通して歴史にも触れてゆくこととなる。それらの作品は初期のものは忍者小説や剣豪小説など時代物的色彩が強いが、次第に史料的要素を強くしながらも歴史小説へとシフトしてゆくことになる。そこには旅で出合う歴史に焦点を当てながらも人物を照射してゆく書き方になってゆくのである。しかし司馬は完全に虚構性を排除することではなく、フィクションの要素を含む小説として完成させてゆこうと試みるのである。つまり読者を楽しませるためのエンターテインメントとしての歴史を記述してゆくのであり、またその人物の行動や思考には司馬独自の視点が加えられてもいる。そのために丹念に史料を調査する必要があった。司馬はそうした視点をこの紀行から得、そのため司馬にとっては旅は必然の行為となったのであった。

だが司馬は歴史に現れて来る人物にとっては、迷惑な話でもあるが、一人の主人公を描くに際しても、主人公の動きを軸に歴史を語る列伝形式をとることが多く、また自分の好きな人物しか取り上げなかった。お気に入りの人物であればマイナス面には触れない一方、敵役は徹底して悪く書く。それは『新史太閤記』（『小説新潮』昭和四十一年二月～昭和四十三年三月）が文禄・慶長の役（朝鮮出兵）を始めとする豊臣秀吉の晩年の愚行に触れていないことや、『坂の上の雲』（『サンケイ新聞』昭和四十三年四月二十二日～昭和四十七年八月四日）における、名将・東郷平八郎と愚将・乃木希典の対比からも明らかである。司馬の歴史小説における史実の改変は、主人公のヒーロー性を際立たせる創作上の必然からなされていると考えて間違いあるまい。完全無欠な偉人が困難を乗り越え、激動の乱世を乗り切ることで成長する冒険小説的でもあり教養小説としても楽しめる展開――史実を曲げてまで娯楽性にこだわった物語が、多くの読者に夢と希望を与えたので、司馬は〝国民作家〟になったのだろう。だが偉大な指導者が戦争というプロジェクトを成功させる物語が、高度経済成長期の若者の夢を代弁するための〝演出〟であることを見誤り、司馬の歴史小説がすべて史実であると錯覚すると、藤岡信勝『汚辱の近現代史』（徳間書店、平成八年十月）の「歴史教育の立て直しのためには、司馬史観がどんなに大きな意味をもっているか、計りしれない」といった笑えない主張まで出てきてしまうのである。司馬の歴史小説を考える時は、それが史実と虚構の混合物であり、どこまでが史実でどこからが虚構なのかに常に留意する必要がある。また司馬の描く歴史は詩情を伴って描かれている。それらは、みな哀切な最後を遂げる人物に対するリスペクトでもあるからであろう。

詩情は詩興ともいう。美しいと感じた感興を詩として表現したいと思う気持ちをいう。また詩的味わいや情趣を持った作品をいう場合もある。司馬遼太郎はまとまった詩集や歌集、句集などは残していない。昭和五十四年（一九七九年）八月から五十六年二月まで『中央公論』に連載され単行本となった『ひとびとの跫音』の最後には「誄詩（るいし）」として死者の功績を称える一文がある。この文中にはまことに詩情溢れる一文があり、ひとびとを描きながらも正岡子規を描き、その周囲のひとびとに思いを到す情熱はまさに詩情と呼ばれてよいであろう。また『草原の記』は平成三年（一九九一年）四月から平成四年二月まで断続的に『新潮45』に書き継がれた作品で、モンゴル・中国・日本の歴史に触れながら虚空のモンゴルを想像したイメージを書き綴っている。この中で「かねがねかれらの存在そのものが詩であると私は思ってきた。詩は散文に移しがたい。ことさらに移すとすれば私がいま書いているようなかたちをとるほかはない」と記している点に司馬の詩的観念がある。そうした司馬の作品と詩情に対して山崎正和は「紀行であり、評伝であり、心奥の詩の散文化でもある文章は自由な座談調で書かれていながら一点のむだも弛みもない」（『毎日新聞』平成四年七月十三日）と絶賛をしている。司馬の作品から詩情を見るのならば、『燃えよ剣』（『週刊文春』昭和三十七年〜三十九年）では土方歳三が新撰組の組織を作り、武士の美意識に燃えつつも散華する姿を〈滅びの美〉として捉えている点にも詩情を認めることができるし、〈滅びの詩情〉は『猿ヶ辻の血闘』（『週刊サンデー』昭和三十八年）の会津藩士大庭恭平と薩摩藩士田中新兵衛の自害について「なんのために自害したか、かれの場合もまた、当時の会津人になってみなければわからない」として描かれている。自分が奪われた刀を衆人の前で示される恥辱を受け、潔白にも拘らず自害した田中、そうした卑怯な方法と闇討ちで田中を滅したことを恥じて自害した大庭恭平、この二人もまた詩情溢れる筆致で描かれている。

『燃えよ剣』、『桜田門外の変』、「王城の護衛者」などの主人公である、土方歳三・有村治左衛門・松平容保らは人間が実に純粋である。それだけにその最後の悲痛さや美しさは読者の肺腑を抉るものがある。『峠』(『毎日新聞』昭和四十一年)の河井継之助も皆〈滅びの美〉の中に生きている。司馬は『オール讀物』昭和三十九年十月号に『天明の絵師』という短編小説を書いている。蕪村の内弟子の呉春の生涯を描いているが、この作品を描くに際して司馬は現伝する蕪村の書簡など種々の資料を駆使している。この作品に蕪村の一人娘「絹」(通説は「くのこ」が抱く呉春との間の淡い恋物語を描いているが、蕪村句「五月雨や大河を前に家二軒」が絹の婚家との破綻を詠んでいることを知った司馬は俳句に興味を寄せるようになった。「ふりむけば又咲いている花三千仏三千」という作や、『桜田門外の変』では治左衛門の辞世として「岩が根もくだけざらめや武士の国の為にと思ひきる太刀」などという和歌を挟んでいる。司馬遼太郎は東大阪市中小阪に居を構え、この地で生を終える。前句は大阪府河内長野市茶花の里公園に据えられた句碑の一句である。「私にはこの地に対するやみがたい想いがある。この土地とは上町台といってもよく、大阪といってもいい。或いはこの台地のむこうにひろがる海ともいえるし、その上にうかぶ雲ともいえる。さらにいえば、この地で営まれてきたひとびとのいのちへの愛(かな)しみともいえるかもしれない」と『草するにあたって』という文章に書いているように、司馬は生地の大阪をこよなく愛していた。大正十二年（一九二三年）に大阪市浪速区西神田に生まれ、昭和十八年から昭和二十年の敗戦までの二年間学徒出陣による軍隊生活、加古川の戦車連隊に入営し大陸に渡り、陸軍戦車学校の課程を終えて牡丹江に赴任したのを除いて終生関西を離れることのなかった司馬にとって、異郷の地で望郷の歌をうたう必要はなかった。それ故に『故郷忘じがたく候』（昭和四十三年）には司馬の思いが詩情溢れる筆致で描かれているのである。司馬はこうした人物を描きながら更には『街道をゆく』という紀行を書き続けてゆく。そこに詩情を求め、日本人のルーツを捜る旅をも心にかけているのである。それがこれらの故郷に対する熱い思いとなって書かれている作品なのでもある。その思いは更に明治という時代を切り開いた人々にも向けられ、『明治という国家』という時代が何を意味しているかを問い直している。近代日本を作りあげるために奔走した青年が抱いた志を『坂の上の雲』に書き、対極に幕府側の旗本あがりの人物に焦点を当てている。明治という国家は薩長ばかりが作りあげたものではないのである。

『街道をゆく』

『街道をゆく』は昭和四十六年（一九七〇年）一月一日号から平成八年（一九九六年）三月十

五日号まで『週刊朝日』に連載された紀行シリーズである。連載回数千百四十七回。訪ね歩いた街道は実に七十二道。二十五年二ヶ月に及ぶ連載期間は司馬遼太郎の作家生活のおよそ三分の二の年月を占める。文字通りのライフワークといえる。作品は全集にも収録され朝日文芸文庫四十三巻となって刊行されているが、最後の一巻『濃尾参州記』は未完のまま終っている。実際その場に身を置き、そこに古代から現代までの歴史軸を代入しながらその時々の現在地点の割り出しを続けている。単行本や文庫本になっているが初出草稿に加筆や訂正は一切加えていない。司馬はこの紀行を書くに当たって膨大な取材ノートを残している。目的地の歴史、地誌、人物史、関連文献、地図と地名、気候、遺跡配置、言語、民族、人種、民族史、民俗文化史、こうした項目を丹念に調べた上で取材旅行に出る。実際その地に足を下ろした時点で予備調査からは得られない、その一瞬の空気と言葉から臭ぎ取ったものとで埋められている。昭和四十五年（一九七〇年）十二月から司馬は『湖西のみち』を旅し、翌年一月に連載を開始し、その一年間だけでも竹内街道、甲州街道、葛城みち、長州路、という四つの街道を書き上げている。この取材は小説家司馬遼太郎と連動し、ここから『燃えよ剣』『最後の将軍』『世に棲む日日』が誕生した。そして韓国に渡りモンゴルへと旅は続いてゆく。

『街道をゆく』の旅は日本人のルーツを辿りながら日本という国の成り立ちを考え、その過去を現代に照らし合わせて日本の姿を見詰めてゆく旅であった。日本人は様々な人種の混血ではあるものの、その有力な先祖の一つはモンゴル高原に端を発し、満州を経て朝鮮半島を南下し日本列島に渡来した人々がいると仮定し、その人々が来た道を逆に辿りそのルーツに迫ろうとしたのであった。第一回の近江から竹内、関東、葛城、本州の旅はこの地が朝鮮渡来人と濃密な関係にあったことを探る旅であった。モンゴル紀行はこの圏内がウラル・アルタイ語という同種の言語を持つ文化的に同じ遺伝子を持つ民族と仮定しての旅であった。『南蛮のみち』は昭和五十八年（一九八三年）に連載が開始されるが、途中満州とこの地にいた女真族が抜け落ちていたのを繋ぐ形で『韃靼疾風録』という女真族の興亡を描いた小説を残している。司馬は『南蛮のみち』を境に、これ以前は日本とは何か、日本人はどこから来たか、という祖形を意識しているが、これ以降は国家とは何か、民族とは、文明とは何か、という規模の大きな観点が取り入れられ濃厚になっている。旅の集大成が昭和六十四年（一九八九年）連載開始になった『オランダ紀行』である。ここではオランダ人を軸に世界史の中での国家・民族・文明というテーマを展開しつつそれを緊密に過去・現在・未来の日本に結びつけながら旅が続けられてゆく。司馬にとってオランダは日本という特殊な存在を世界的な規模で、国家論や文明論の中で考える場合の格好な触媒であったに違いない。

司馬遼太郎の紀行の眼差しは一貫して土地に向けられており、その土地を左右し掌握する国家の権力に向けられ、その垣間垣間に見せる歴史の断層を踏まえながら土地問題を把えている。

それは司馬の脳裏の根本には現代の私たちの足下に直結する土地問題、更には領土・国土への疑問があったからである。そういう視点で見れば現代もその断層の一つなのであろう。

『天下大乱を生きる』

『天下大乱を生きる』は、司馬遼太郎と小田実との対談を昭和五十二年（一九七七年）に一冊にまとめて潮出版社から刊行された。田中角栄の逮捕を間に挟んでいるので土地に対する歴史観が根底にある。日本の土地問題を遡行すると太閤検地にまで及び、この問題の抜本的な解決は天皇制と関わらざるを得ず、応仁の乱、明治維新を凌ぐ変革・革命が必然となってくる。当時の公害問題、エネルギー危機、二百海里、対ソ交渉、日韓問題など今に引き継いでいる天下大いに乱れる諸問題を二人の志士が論じる形式で小田と司馬の二人が対談した。

司馬はハンガリー動乱の時ブダペスト大学の学生を指導した咎で各国を転々と亡命していた小田を、当時は未だ構想半ばの『竜馬がゆく』の竜馬像として見ていたと述べている。竜馬に擬せられた小田は、司馬を緻密で大きな計算が出来る人であるから明治維新の志士を計算で為し遂げた革命児として描けたとしている。二人は昭和二十年の日本の敗戦以降の時代現象を歴史を逆照射する方法で論じ問題を明らかにする。

本作は「我らが生きる時代への視点」と「現代国家と天皇制をめぐって」それに「法人資本主義と土地公有論」の三章から成っている。二人の主論となる要旨は「まず自衛隊は滑稽な存在であり、日本は戦略を持てない国とする。昭和元年以前の戦器は世界中が石炭が主力であったから何とか日本も国家の体を保っていたが、石油が戦器の主力になると軍部も国家も虚構の防衛論を語り戦線を拡大していった。以来現在も日本はフィクションの国家となっている。明治政府の開明的な点は実体が伴わないのに先を見越して近代化の布石を謀った。この点で明治と昭和は決定的な違いを見せたと力説するのは、資源論に根差した司馬遼太郎の歴史認識を如実に語っており、そうして国家観と領土問題を関連づけているのである。

「ベトナムに平和を！市民連合」こと「べ平連」は中年男が始め、それに老人まで参加して年齢層を網羅した友人関係が成立し、年齢の上でも運動の内容でも排他性はない。歴史的に見ても日本は総てが天皇を中心とするタテ社会で、総ての機構が下請け的性格を持っているため土地が投機の対象となり土建業や建設業界に総てが集中したと論じている。司馬は小田が現代の坂本竜馬だと繰り返し述べ、小田もべ平連の活動に共鳴した学生は将来被害者側に身を置く者で、官僚としての出世を考えている学生は参加していなかったと述べている。

三章は司馬の歴史観と小田の現代史観との対比という形で進行している。日本の政党も企業も個人を超越した法人として機能し、企業の社員も政党構成員も法人に対する忠誠心で成り立つ極めて封建的な体質を停めており終身雇用制が日本人の特質と述べている。

本書の中心テーマは国家と天皇制と日本人の気質を中心に論じられているが、土地問題も重要なテーマとして扱われる。日本は土地が商品となり投機の対象となった。それにより公害も含めて矛盾を含んだ先進国となった。その発端が列島改造論であり、その破綻が天下の大乱を引き起していると結論づけている。土地についての不安は自分が属する社会に安じていられないという国家不安に繋がり、精神の重要な部分を荒廃させたまま現在もいまだ解決の糸口も見えないでいると結論づけている。

『兜率天の巡礼』

『兜率天の巡礼』は昭和三十二年（一九五七年）十二月『近代説話』に掲載された。昭和三十五年（一九六〇年）に『豚と薔薇』（東方社）に収載され、平成十三年（二〇〇一年）に『ペルシャの幻術師』（文春文庫）に再収されている。近年夢枕獏や京極夏彦などが陰陽道や妖術の類に材を取った小説を描いているが、本作はそうした作以上に精巧な技法が凝らされ、技術や技巧という描き方によらず、説話構成が緻密で幻妖的な美が鮮やかに表現されている。『近代説話』は寺内大吉と司馬によって「小説に新しい説話性を回復し、詩心に根差した斬新な物語」を描くことを理念に発足した同人雑誌である。泉鏡花以来、幻想小説は衰兆を見たが司馬の作品は、発想、想像力、素材などが特異な斬新さに充ち、情念溢れる瑞々しさを伴っている。太平洋戦争中に南朝の公卿北畠顕家について新説を立てたという理由で戦後、京都の大学を追放された閼伽道竜は終戦の日に最愛の妻波那を失う。死の数日前妻は発狂し道竜に青色を帯びた恐怖の眼差しを向ける。（小説の伏線）それは明らかに異邦人に向けた恐怖と嫌悪に充ちていた。その意外さから道竜は異常な執念で妻の血統とルーツの追究に駆られる。妻の遠い祖先はユダヤ人の移民団の子孫であり、彼らは古代キリスト教の一派であった景教（ネストリウス）の信徒で、日本に渡来した際秦氏の一族だと称しダビデ（大闢）の礼拝堂を建て、それが大避神社で仏教渡来以前だという。衝撃を受けた道竜は文献を読み漁って想念を凝らすうち道竜の身は古代の東西文化を遍歴巡礼することとなってゆく。

道竜の幻想の巡歴は播磨の「いすらいの井戸」の名から、「やすらいの井戸」の名へと連なり、大和に到り、更に洛西秦氏の創建による上品蓮台院の弥勒堂の兜率曼荼羅図に逢着する。蠟燭の灯で眺めているうち道竜は曼荼羅図の中に妻の波那を見出す。道竜の意識は曼荼羅図の中に入り、弥勒堂は炎上して焼死体となってしまう。仏説では天は九つの天で出来ておりその一つが兜率天である。釈迦入滅後五億年の思索を続けているのが弥勒菩薩で兜率曼荼羅図では、弥勒はキリストで天国は兜率夫で釈迦とキリストは共に似通うものであるとしている。

道竜が兜率天へ旅立つくだりは鏡花以来の幻想美を超えたストーリーと想念の極致にある。現在世界の人々の眼はアフガニスタンにありイスラム原理主義が取り沙汰されているが、東と西、ペルシャと赤穂、二つの文化、景教（ネストリウス）に纏わる奇説という特異な素材を司馬独自の歴史観とグローバルな視点から把え、主人公道竜の魂魄は時空を超越して巡礼し、古代と現代、現実と幻想の間をワープする。閼伽道竜、ネストリウス、司馬遼太郎の三者が交錯しながら詩的な情念も加えて描かれている。

ネストリウス派の末裔が秦氏であるという説は大正末期に英国人の景教徒ＡＧゴードンによって立てられた。以来明日香に残る奇石や遺跡を拝火教（ゾロアスター）の祭壇としたり、散楽雑伎を行なう傀儡師や山伏修験者達を祆教の裔とする説が紛紛としたが、本作が書かれた頃ペルシャ文化に対する人々の関心は皆無であった。本作は宗教性と幻想性に満ち、説話構成であるが、従来の純文学・大衆文学を超越した作品で司馬は学説の祖述に対して疑問も投げている。本作品もまた街道を見、土地と人間とを結び、民族を見、国家を考え、文明を考える旅でもあったのである。

昭和三十一年に『ペルシアの幻術師』で第八回講談倶楽部賞を受賞した。これを機に小説をてがけるようになり、司馬遼太郎の筆名を用いるようになった。この作品は西暦一二二三年の夏にペルシア高原の東プシュト山脈をのぞむ高原の町メナムを背景に繰り拡げられる殺戮図であり、砂漠の簒奪者ポルトルとその命を狙う幻術師アッサムの対決が筆太に描かれている。

第六章　家族という人の絆

新聞連載小説と石川達三

三島由紀夫はある雑誌の書評座談会で石川達三の作品を取り上げて「石川さんは小説家というよりも、社会啓蒙家のようだ」という発言をした。確かに石川達三は日本社会のあらゆる分野やその襞をその文学空間として描いていった。読者は彼の文学を読むことで、日本の社会のメカニズムを学んでいけたといっても過言ではなかろう。特に社会について発言した著書に『不安の倫理』と『戦後二十年』があるが、ここには石川達三の社会認識が余すところなく描かれている。昭和五十一年の『石川達三と五木寛之』（『国文学　解釈と鑑賞』第四十巻八号、至文堂、一九一四年）は「社会派の系譜特集号」であった。その巻頭で自己の戦いの後を振り返って簡潔に「自己の文学を語る」と題して次のように述べている。

私は社会の浮薄な流行が気になってならない。その傾向に対して警告を発し修正を要求したい。中国との戦争の初期に、あの戦争礼賛の危険を感じて『生きている兵隊』を書き、戦後は軍人たちを敵のように非難することの間違いを修正したい気持ちから『望みなきに非ず』を書いた。戦後の好景気と開発ブームの中では『傷だらけの山河』を書き、道徳性崩壊の世相に対しては『青春の蹉跌』を書いた。

これは石川達三の文業を自ら要約した発言である。ここには的確な時代認識と実相の把握が描写されている。それは時代の諸相を捉えながら今日的課題をも提示しているといえる。石川達三が一躍時代の寵児となったのは、戦後新聞小説作家として活躍したあたりからである。当時新聞小説の名手といわれた作家には、『田之助紅』（昭和二十一年）の舟橋聖一、『青い山脈』（新潮社、昭和二十二年）の石坂洋次郎、『てんやわんや』（昭和二十三年）の獅子文六、『帰郷』（昭和二十三年）の大仏次郎らがいた。石川達三も競い合うように『読売新聞』に『望みなきに非ず』（読売新聞社、昭和二十二年）『悪の楽しさ』（講談社、昭和二十九年）を書き、『毎日新聞』に『風にそよぐ葦』（新潮社、昭和二十四年）『青色革命』（昭和二十七年）というように書きまくった。中でも『朝日新聞』に連載された『四十八歳の抵抗』は翌年（昭和三十年）新潮社から単行本として刊行され、翌々年には文庫版として版を重ねた。『望みなきに非ず』も『四十八歳の抵抗』も当時一種の流行語となり、社会現象ともなった。更に『朝日新聞』に『自分の穴の中で』（新潮社、昭和二十九年）、『人間の壁』（新潮社、昭和三十二年）などを連載した。新聞小説のコツは、林芙美子によると「筋で釣って余白で読ませる」ことだそうである。改行や会話で生じる空白の多い小説欄が、ぎっしり詰まった活字で真っ黒な紙面の下方でオアシスのように浮かび、そこがお楽しみというわけであるが、石川達三はそれを逆手にとり、連載読物だからといって無意味な改行や会話の多様は読者への妥協だといって斥けた。そのため石川の新聞小説は、他の紙面と変わらないどころか、却って黒く詰まっているような重圧感すら与えた。常にわが道を求めて進む石川達三がそこにいる。それが石川達三の小説作法であった。

今にして思えば、敗戦から昭和三十年初頭は新聞小説が最も華やかな時代で、朝日、毎日、読売の三大紙の発行部数は業界では四百万部といわれていた。中でも新聞小説が好評な場合は、成人国民の八割が購読したといわれている。当たらぬ場合でも四割の人が小説を読んだといわれている。昭和二十二年石川達三は『読売新聞』に『望みなきに非ず』を連載した。この作品は新聞小説として記録的成功をおさめたが占領軍からクレームがついた。その時のことを達三は『経験的小説論』（文藝春秋社、昭和四十五年〈一九七〇年〉五月）で次のように述べている。

原稿の検閲は厳重なものであった。新聞小説の原稿は一週間分ずつまとめて持って来いと命令された。「望みなきに非ず」は元軍人が登場するので米軍の検閲は手きびしく、初めのうちはずたずたに切られて差し戻された。私はそれを押し返し、何度も交渉して削除された部分を復活させたりしたものであった。

石川達三は戦前に『生きている兵隊』（中央公論社、昭和十三年、後に河出書房新社、昭和二十年）で権力に反抗し、『風にそよぐ葦』（新潮社、昭和二十五年）では戦時体制のゆがみと抑圧を暴露した。戦後は時代と社会の中に揉まれる人間の姿や生き方を総合的にたどる方法で小説を書いた。だが戦後の新聞小説で活躍した石坂洋次郎や獅子文六、林房雄、火野葦平、井上靖、舟橋聖一、山岡荘八、村上元三、室生犀星、川端康成、太宰治などの多くの作家が占領軍の統制の中で、占領軍の推し進める政策と思想・文化指標に従い半ばそれに添うような形で小説を発表していたのであった。占領政策の普及に努めさせられた点が戦後作家の不運でもあり、新聞小説そのものが担わされた使命でもあった。

昭和二十年九月九日にマッカーサーは、日本管理方式についての声明の中で、間接統治と自由主義助長の方針を発表した。翌十日には、言論及び新聞の自由に関する覚書を発表し検閲を開始した。翌十一日には、自由主義化と人権確保の五大改革を断行した。一方では十月一日に個人の信書などの郵便検閲指令を出し、四日には政治的・民事的・宗教的自由に対する制限撤廃の覚書の通達を出し民主化を推進した。だがその五日後の十月九日には東京の五大新聞の新聞記事の事前検閲を開始した。占領軍は統制検閲と撤廃を巧みに操作して日本統治と民主化を推進していったのであった。石川達三は昭和三十八年に中央公論社の特派員として日本占領後の南京に赴いた。そこで石川は「生きていることの息苦しさ」を覚えたとも言っている。石川はこのころから近衛文麿内閣の掲げる戦争理念や国民教科の方向に対する少なからぬ批判を抱いていたことは確かである。

戦後新聞小説には、ＧＨＱによる占領政策の下で、ＣＩＥ（占領軍総司令部民間情報局）による日本人の性教育と民主主義の促進啓蒙を担うための検閲を受けた青春小説、女性解放小説、自由恋愛小説、などが次々と発表された。石坂洋次郎は風俗小説作家として、石川達三もまた風俗小説、風刺小説、ユーモア小説作家というレッテルを貼られてしまった。昭和二十三年の冬に発表された石川達三の『泥にまみれて』（新潮社）も泥まみれの結婚生活の末に良人を自分の胸の中に包んで柔らかく温めてやる女性の幸福を描き、昭和二十四年には『風にそよぐ葦』を『毎日新聞』に連載し、葦沢悠平という確たる信念を持った自由主義者を主人公にして、戦中、戦後の言論弾圧への復讐を描いているが、そういう石川達三の態度は概して、「古くて封建的」であるとか「女性を軽蔑している」という批評が多くを占めた。戦後とともに女性解放が合言葉となり、自由解放運動が推進され、男女平等、女性参政権、恋愛・結婚・離婚の自由、そして家族制度の崩壊による家父長権の喪失、性の解放、これらはすべて占領軍が推進する民主化策の結果によるものであった。小説、映画、演劇はこの目的を遂行する内容が盛られていなければ発表することは許されなかった。新聞小説はこれらの指標を盛り込みながらストーリーが展開されるように検閲を受けた。それゆえに石坂洋次郎の作品と石川達三の小説のストーリーは極めて類似している。だが類似している以上にまた異同も大きく、洋次郎はＣＩＥの支持に忠実に民主主義小説を描いた。正確にいえばそれは、民主主義が何であるのか、民主主義とはどのようの生活なのかをわからず手探りでそれを顕現しようとしたのが石坂洋次郎であった。無論石川達三もわからなかったが、石川達三はリアリズムの方法を持って描いたために、作品に現実が加味された。『自己の文学を語る』の中で繰り返しているように、占領軍の事前検閲に抗弁し、自宅を右翼の立看板で囲まれても屈することなく持論を率直に述べて批判を受けた。敗戦後の民主主義の中で時代の新しい風に立ち向かっている姿は、単なるレジスタンスではなく、反骨精神に予言性すら孕みながら激動の昭和文学における社会派を代表して孤軍奮闘している。

石坂洋次郎が浪漫的大衆小説作家として戦後の世相を描いたのに対し、石川達三は社会派小説作家としてジャーナリスティックな視点から現実を描いた。ジャーナリストとしての視点が石川達三に社会派小説作家の地位を与え、様々な意見を吐かせていった。例えば戦中の「大東亜共栄圏」という発想が侵略主義だと批判されていた昭和二十二年に『風雪』を書き、自分は昭和十四年頃に、産業の計画化、交通機関の共同経営、政治、国防の協同、貿易の共同経営を行なうひとつの連邦のような東亜共栄圏を舞台としたユートピア小説の構想を持っていたと語っている。ユーロの統一貨幣が使用され始めたEU連合のようにまさに今日のヨーロッパ連合やアメリカに対応するアジア連合の実現を期待する二十一世紀の国際関係を先取りする鋭い視点を含んでいる。また『経験的小説論』（『文学界』文芸春秋社、昭和四十五年）では、日本語があまりに散文的になり、朗読に耐えうる魅力的な文章が喪失したことに起因する『青年達の学力低下』という一文を書いている。また『不安の倫理』（講談社、昭和三十年）では、『ニュースと生活』と題して、当時九州でカービン銃強盗を働いた男性と情婦が捕縛されて上京する彼らの会話を放送局員が車中に潜入して聞き書き録音して放送した事件に関して「これはニュースでもなんでもない。ただ民衆の物見高さに迎合するだけのものだ」と手厳しく批判しているのは今日のワイドショーの下品さの先取りであり、痛烈な批判に社会派を自認する石川達三の姿がそこにある。現代の情報の洪水を自立的に処理することの重要性を説くと共に、二十一世紀の「メディアリテラシー」問題に早くから着目していたからこうした言説が出てきたのであった。『自立と中立』（昭和三十年）や『群像と孤独』（昭和三十六年）では、占領軍から与えられるまま自立という教育を受けてこなかった日本人が群集心理に踊らされ「自己喪失的中立主義」や保身的な「事なかれ主義」に陥る危険を述べ、流行に振り回される群衆の自己喪失を指摘している。中でも卓見非凡な作品は『作家と自由』（昭和三十二年）と題する東京新聞に連載された作品である。一見戦後民主主義が根付いたかに見える昭和三十年代において、実は戦前の教育勅語が育んだ全体主義思想が日本人の本質を支え、その本質が将来日本社会の衰退をもたらすことをはっきりと予言していたのである。

石川達三の教育に対する識見と提言は今日の日本の教育においても非常に有益なヒントを提示している。『自由と倫理』（昭和四十七年）では恋愛・政治・女性について独自の論を展開し、中でも女性の在り方、精神的自立の厳しさを無意識に恐れ、携帯電話でのメールで不特定多数の他者と絶えず形だけで結びついていないと不安を感じる現代の女性、マスコミの造るある種のブームに取り付く女性、数人寄ると夫の悪口に花を咲かせる女性、こうした女性の自立心の欠落と本質とを鋭く描いている。これは占領軍が横浜に駐屯する前に、内務省の通知通達により占領軍のための慰安所を全国に設置させた欺瞞的女性開放政策を見ていた石川の鋭い視線から生まれた論である。中でも教育に関する提言は最も多く見出すことが出来る。

1、『家庭教育について』(『文学界』昭和二十五年三月)

2、『私の教育ノート』(『婦人公論』昭和三十五年一月)

3、『幼稚園』(『不安の倫理』昭和三十年七月)

4、『浪費教育』(『不安の倫理』昭和三十年七月)

5、『農業と教育』(『文芸』昭和四十一年三月)

6、『大学数育』(『文芸』昭和四十一年三月)

これらは学校教育以上に家庭教育の重要性を説き、家族制度の廃止に伴う家父長権の喪失、それに伴う家庭内での見せかけの公平、親と子の在り方の喪失の現状を厳しく指摘し、具体的な家庭教育を提言している。日本の教育を鋭く分析、また幼稚園児教育の重要性、あるいは漠然とした教養主義ではなくて実社会の職業と結びついた技術的な大学教育の在り方を提唱している。実践的大学教育や子供の個性を伸ばす初等教育、あるいは大学を出て大会社や官庁に勤めるだけではなく、それ以外の人生行路を見出せる教育の在り方、などを提案している。これらはいずれも現在の教育界が注目する視点であり、その意味でも石川達三の教育問題への造詣がいかに深いものであったかを知ることが出来る。

『人間の壁』は徹底的に関連資料を調査し、教育現場に足を運んで勤務評定をめぐる闘争や教職員組合の実情を聞き取るという、足で取材し現場を確認する執筆の姿勢から生まれた作品である。昭和三十三年から三十四年にかけて一年八ヶ月に渡って『朝日新聞』に連載された作品であった。ここには日本の教育界の歪みだけにとどまらず、家庭教育と学校教育両者の充実が描かれている。家庭の精神的病が問題視され石川の先見性が鋭く提示されている。石川達三は教育問題の中に日本の社会問題のすべてが集約されていたことを認識していた。戦後日本が抱える様々な社会問題がすべて教育問題に収斂されていることを石川達三は認識し、それが占領軍の推進する民主教育に起因することも把握していた。占領政策は完成をみることなく、昭和二十六年に放置された。一月にマッカーサーは日本の再武装の必要を強調したが、四月には罷免され後任にリッジウェイが任命され、ここから日本の戦後は大きく自立を迫られるようになるが、そこに教育の未来図は示されていなかった。前年の昭和二十六年六月に起きた朝鮮動乱により日本に駐留していた占領軍の多くが朝鮮戦争に移駐した。マッカーサーはそのために日本の再軍備を強調したのであった。

『不安の倫理』（講談社）は昭和三十年に書かれた作品であるが、石川達三はここに「民主主義の混乱」という文章を書いている。石坂洋次郎は作品の中で積極的に民主主義を描いたから、このような意見は残していない。むしろ石坂洋次郎の描いた家庭や家族は今日の総体的家族の姿を示している。石川達三は同作品で次のように述べている。

もしも家庭の中で、親と子とが平等の権威を持ち、平等の自由を主張するならば、一方が保護者であり、他方が被保護者であるという立場とは完全に矛盾する。保護を受けるものが保護を与えるものにある程度従わなければならないのはどのような政治社会においても、どのような一般生活の面においても当然のことであろう。（略）

もともと民主主義と称するものは国家の政治の在り方であって、封建主義、帝国主義なとど比較される言葉である。ところが日本では民主主義を家庭の中にも持ち込み、男女間の愛情関係にまでも持ち込むというような驚くべき行き過ぎを示している。（略）

私は前に親の許しを得ずに勝手に学校に退学届けを出した大学生の例を書いたが、この家庭の親たちも自信と権威とを持って自分の子供を叱ることが出来なかったようである。つまり子供の自由意志を尊重することが民主的であるという考え方に親たちが禍されているのである。

石川達三は今日の家庭の姿を、親としてのあるべき姿の喪失をこのように予見しているのである。こうした感情は石川達三の文章のテーマからも推測することが出来る。『私の少数意見』（新潮社、昭和三十五年）では「礼節」、「礼儀知らず」、「将来の生活」、「性の解放」、「幼稚園」、「大学の伝統」、「学制改革案」、「生命の尊重」、「農業と教育」、「低俗文化」、「社会科教育」、「自由の在り方」、「大学教育」など様々な方面から提言を試みている。「自主性」についてその一端を垣間見ることとする。

近頃の若い人は上長の言うことを聞かない。老人の言葉に従うのは自主性がないのだと思っているらしい。忠告を受け入れない。我を張る。異を立てる。自分が間違っていても押し通す……というようなやり方を自主性と勘違いしているのだ。こういう自主性のゆたかな女が家庭婦人になったら、配偶者も子供も大迷惑をこうむるだろう。これではまるで自分と社会とを調和させ、家族や交友間と円満にやっていくことは不可能になって、身辺にいらざる風波を起こすに違いない。

このような意見である。昭和三十年の考えであるからこれをいかに見るかはそれぞれの思いにゆだねたいが、こうした石川達三の意見は「古くて封建的」と非難されている。今日、今の時点からこうした石川達三の立場はどう見えるであろう。同じ時期に書かれた『家族制度がなくなって』という文章も、「戦後家族制度というものが法律的に廃止されて以来十年になるが、その影響がかなりはっきり現れてきたように思う。家族は結婚から始まる。結婚については家族制度があった時は一家を創立するのだという考え方が基本にあった。長男ならば家督を継承するという責任感が付いていた。従って配偶者を選ぶにも厳密であった。つまり結婚は明らかに家というものの建設であった。今では家についての責任感が極めて薄れてきた。結婚が建設的であるよりも消耗の性質を持ってきた。当事者二人の幸福のための結婚というエゴイスティックなものとなった」と記している。石坂洋次郎の作品は進歩的であった。性のおおらかさ、大胆さ、開放家族、家の進歩性などが、あたかも先進国の映画を見るようであった。それゆえに百万人の作家として石川達三よりも数倍国民の支持を得た。それは占領軍の推進する教育政策に忠実であるかどうかという点で二人に大きな違いがあったのである。

石川達三の「老人文学」

私事で恐縮であるが、私は敗戦の二ヶ月前に生まれた。戦中派と呼ばれるべきか、戦後派と称されるべきか。学費や小遣稼ぎのために小学校五年生から高校に入学するまで新聞配達をした。朝二時に自転車の荷台に新聞束を括り付け、村中の家に四時間ほどかかって配達をした。そのようなことから自ずと新聞掲載の小説を読み耽るようになっていった。単行本を購入することなど百姓の小倅には到底できなかった。

今にして思えば、敗戦から昭和三十年初頭は新聞小説が最も華やかな時代で、三大紙の発行部数は大凡四百万部といわれた。新聞小説の隆盛については前節に述べた通りである。

石川達三は戦前『生きている兵隊』で権力に反抗し、『風にそよぐ葦』では戦時体制のゆがみと抑圧を暴露した。戦後は時代と社会のなかに揉まれる人間の生き方を総合的にたどる方法で小説を書いた。だが戦後の新聞小説で活躍した、石坂洋次郎、獅子文六、林房雄、火野葦平、井上靖、舟橋聖一、山岡荘八、村上元三、大仏次郎、林芙美子、織田作之助、室生犀星、川端康成、太宰治、などの多くの作家が占領軍の統制の中で、占領軍の押し進める政策と思想・文化指標に従い、半ばそれに添うような形で小説を発表していたのであった。占領政策の普及に努めさせる点が戦後の新聞小説が担わされた使命でもあったのである。

石川達三に対しては、古い、封建的、女性を軽蔑している、という批評があったがそれは真の女性解放が何であり、真の民主主義が何であったのかを理解せず、占領軍の政策を闇雲に突き進もうとした人々で、新生日本にとって何が大事なのかを見出せない人であった。

戦後は特に女性解放が合言葉になり、自由解放運動が推進され、男女平等、女性参政権、恋愛・結婚・離婚の自由、そして家族制度の崩壊による家父長権の喪失、性の解放、これらはすべて占領軍の政策であり、すべての芸術（小説・映画・演劇）はこの目的を推行する内容が盛られていなければ発表することを許されなかった。新聞小説はこれらの指標を盛り込みながらストーリが展開し一回毎に完結するよう検閲を受けた。それ故石川達三の小説と石坂洋次郎の作品とのストーリは極めて類似している。だが洋次郎は最後までＣＩＥに忠実であったが、レジスタンス魂を内に秘めた石川達三は最後の結末で占領政策に対し自己の本音と信念とを付け加えることを忘れなかった。

『四十八歳の抵抗』は、昭和三十年十一月十六日から、翌年四月十三日まで『朝日新聞』に連載され、新潮社から単行本として翌年六月に、文庫版はその二年後に刊行されている。『望みなきに非ず』も『四十八歳の抵抗』も一種の流行語となり、『四十八歳の抵抗』は社会現象ともなった。作中の主人公西村耕太郎の人生最後となるであろうアバンチュールは定年間際のサラリーマンの憧れとなった。こうした社会現象を引き起した後続の作品に吉行淳之介の『夕暮れまで』や渡辺淳一の『失楽園』がある。石川、吉行、渡辺の三作品がいずれも社会現象となったという点において、それは社会的に大衆の欲する所を代弁しているか、あるいは潜在的な願望を適格に把え得たものか、あるいは既に社会的な事実として広がりつつあったものか、そういう事象を主題としているということで共通していた。『四十八歳の抵抗』の大筋を記しておく。

西村耕太郎は保険会社の次長として幹部社員であり、月給四万二千円ということになっており、世話女房のさと子は既に不妊症となり性生活には関心もない。再来年に銀婚式を迎える。

結婚適齢期の娘理枝との三人家族であり、妻のさと子は今では良人にすべて命令を下すようになっている。人生の終末の框に立った男性が自己の人生を振り返った時、今までの人生に懐疑の念を持ち、このまま死を迎えて良いのかと思い迷う。そんな時の男性にありがちなこととして、西村耕太郎も、何らかのアバンチュールへの誘いに揺り動かされる。家庭と会社という固定した環境の秩序と、動かし難い個人の日常性への反抗とがテーマになっているわけであるから、アバンチュールの具体的な形は多彩であって然るべきであるが、そういう時の男性の要求の多くは女性関係への願望へと向くものであるらしい。それは加齢に伴う性的作用の限界と、肉体の衰えと、死期の確認という心理的要因があって最後の抵抗を試みようとするようである。それを確認せず死を迎えたら後悔が残ると思うようになるのが四十八歳という年齢である。昭和三十年であるから定年は五十歳、その年齢で人生を終わる者もある。つまり現代の不倫問題と同じようなものであるが、大事なことは別にある、という主張がありそれを次に引用しておく。

さと子は善良で貞淑な妻だ。それはそれで宜い。女房に文句を言う気はすこしも無い。しかしさと子という一人の女が、すべての女性なるものを代表している訳ではない。彼女が持たなかったものもあるであろうし、彼女が既に失ったものもあるに違いない。それよりも何よりも、さと子に義理を立てて彼女に縛られて、彼女との間の平和を害しないために、彼自身のあらゆる可能性を抛棄し、欲望を抑圧し自由を拘束されて、いたずらに善良なる良人の仮面をかぶり、事なかれ主義の平々凡々なる生活に甘んじて生きて行くことが、果して良いことであるかどうか。

こうして西村耕太郎の日常生活と妻への抵抗が決意される。一日の小遣が三百円乃至四百円の毎日である。そこで耕太郎は、新しい別の人生、もっと強烈な生き甲斐のある人生、危険な人生を求め始める。しかし「そういう新しい人生に踏み込んで行くためには、まず足に結ばれた重い鎖を断ち切らなくてはならない」と考える。そうした折に青年社員の會我法介がメフィストフェレスとして現われる。つまり狂言廻しである。耕太郎は會我に導かれるまま女性遍歴を始めるがすべて失敗に終る。社員の能代雪江、熱海の元芸者かね千代、古風な造りの酒場のマダム山岸知世子、そうした女性の周囲を悪戯するだけで終ってしまう。その間妻のさと子は電気洗濯機を勝手に購入する浪費癖がある。以前も無断で高価なラジオを買った。

「花嫁というものがこんなに手に負えないものであることを耕太郎は始めて知った。彼女は身を固くして手首をこわ張らせ、唇を慄わせていた。それほど純潔な娘だった」さと子が、いままでは「良人の言うことを聞かない、打って変って良人を叱りつける。良人に嫉妬をする」ようになっている。耕太郎は「青雲の志を抱いていた筈だった。さと子を妻に迎えた時にも絶大にして至高なる幸福を夢みていた筈だった。あの夢もこの夢も消えて虚しい」と思い、自分の生活の規道から完全にはみ出して自由になりたかったのだ。そして若くて美しいユカちゃんと熱海に一泊し、念願を果そうとしたが拒まれて結局失敗に終るのであった。危ない橋を渡りそうな所まで行き失敗するが耕太郎は腹の底から助かった、と思うのであった。

さて『四十八歳の抵抗』と題されると主人公西村耕太郎の人生そのものと妻さと子への抵抗ばかりと思ってしまうが、実は耕太郎その人が五人の女性から抵抗を受け夢が実現できずに終るファルス小説でもある。耕太郎は会社の慰安旅行の出がけに週刊誌と一緒に『ファウスト』を買う。會我法介というメフィストフェレスに導かれ、小心無害なアヴァンチュールを楽しむというファウスト・パロディという大胆な構想と仕掛けを用いた作品であると同時に新聞小説としての必然性も充分に備わっている。娘理枝の年下の青年との恋、婚前交渉、妊娠と家出、未青年の結婚申入れ、これらは戦後民主主義の誤ちに対する石川達三自身の識見でもある。見合婚から恋愛婚への比率が逆転するのが昭和三十年代である。

また随所に当時流行した用語や世相も織り込まれている。法介が持っているヴィタミン剤、ペニシリン、ストレプトマイシン、睡眠薬、脳下垂体ホルモン、などの薬品類もこの頃に開発された。アプレ・ゲエル、ロマンスグレーなどの流行語。島田課長がいつも噛んでいるチュウインガム、女子職員のコーラスにヌード写真会、キャバレーとトランペットやクラリネット、これらが流行したのもこの時代である。中でもライカのカメラは超高級品でもあった。ヌード撮影会にストリップショウなどの風俗、センチメンタルなどの外来語の使用がある。「戦後の日本は慾情の露出時代、愛慾の解放、芝居も踊りも映画も歌も、慾情の濃厚な色で塗り潰されている。これは堕落だ。近頃は若い娘が老人と結婚することが流行らしいが、そういう流行はやはり不健康だね」と耕太郎が語っているのは石川達三のレジスタンス魂である。昭和二十年八月十八日には占領軍向け性的慰安施設の設置を内務省から各地方長官宛に指令させた占領軍は、翌年一月二十一日には公娼廃止に関する覚書を発令している。石川達三はそうした欺瞞的占領政策に義憤を感じていたのであった。「賢明な女は女性解放だとかウーマンパワーだとか馬鹿なことは言わない。女をダメにしたのは片輪で低俗な民主主義と自由と平等である。女に民主政治を支配する選挙権を与えたことは間違いだったと思う」と耕太郎が述べる意図は占領軍から押し付けられたものという意識を示したかったからであろう。電気洗濯機を購入したさと子の弁は「日本の家庭もこれからは能率の悪い女中なんか使わないでだんだんに機械化することね。その方がよっぽど悧巧ですわ。女中ひとり雇えばどうしたって毎月五千円かかるでしょう。それを思えば機械なんか比べものにならないほど安いもんですからね」という言葉であった。石川達三の女性観に対して様々な議論があるが、こうした点はいかように考えればよいであろう。現代社会では性別役割が希薄になり、家事の分担なども差別とされ、家事の一部をロボットに代行させる時代になっている。

老いの文学・老いの美

高樹のぶ子は、昭和二十一年四月九日に山口県に生を得ている。昭和五十五年に発表した『その細き道』が芥川賞の候補となり、その三年後に『光抱く友よ』で第九十回芥川賞を受賞した。初の戦後生まれ女性の受賞ということで話題になった。高樹のぶ子より二十年後に生を受けた向田邦子は、昭和五十六年に『花の名前』『犬小屋』などの短編小説で第八十三回直木賞を受賞している。二人とも同時代に活躍した短編小説家である。同時に二人に共通するものは、人生の断面を鮮やかに切り取る冴えを見せる手法である。その作風は極めて真率な作風と評してよいであろう。

高樹のぶ子が作家活動に入った時期は四十歳であるから遅咲きの花ということもできる。それ故に、作品は極めて繊細で、ぬくもりのある作風といえる。一見平凡なストーリーの展開にも読後の思いは爽快さと親しみが残り、心地よい結末といえる。そういう意味ではストーリテーラーと称される作家といえる。短編小説を描いて、こうしたしみじみとした味を含む作品はそうざらにはあるまい。いわば壮年を迎えてからの作家生活、人生の苦難も酸いも甘いも噛み分けることを覚えた年齢で作家としてスタートを切った。その福分が余す所なく発揮されたといってよいのではなかろうか。同時にそれは、女性として、女性性を描くのには最も適した年齢であったかも知れない。成熟した女性、成熟した感性、完熟した肉体、そうしたものから紡ぎ出される高樹のぶ子という独特の人格に支えられた作品は、危うい所を描きながらもそこに謎を残すのである。

一種のミステリアスなゾーンを形成しながら物語は展開してゆく。もっともあからさまに性を描く年齢でもあるまいが、さりとて老境に入ったばかりともいい難い。中年女性の羞らい、とでもいうべき部分がミステリアスさの中心となっており、謎解き小説ともなっている。恋愛小説は一般に男女の情愛の世界に限定されようが、高樹のぶ子の描く世界は、「大人の愛」といえようか。だからあからさまに性愛の部分は明示しようとしないのである。いかにも持って回ったかのような表現である。直截的に性描写を書く現代とは違うのである。

戦後文学が生んだ新らしい小説型態のひとつに風俗小説といわれるものがある。丹羽文雄、舟橋聖一、石坂洋次郎を有力な担当者とするこの文学は、通俗的な純文学として昭和二十四年頃に最初の流行期を迎えている。最初の流行としたのは、この小説がやがて昭和四十年代に再流行することになるからである。戦後から昭和二十四年までを第一期としたのは、敗戦を契機に抑圧されてきた社会風俗を描くことを基調としていたからである。

高樹のぶ子という作家は、この風俗小説の影響を受けて成長した。これは年代としての論であるが、敗戦直後に生を得た世代は、多かれ少なかれ、その成長の過程で風俗小説に親しく接して来た。人間の内面を描く補助材的な役割として、この時期以前にも小説の中で行われていたが、小説のテーマそのものに社会風俗を描くことができるようになるのは戦後のことである。第二期風俗小説といわれるものが昭和四十年以降のことで、次第にフィクション性を強め、読者の興味を惹くものに変化していったのであった。やがてマスコミの発達に従って、今日の雑誌小説や月刊誌の小説形態となり、それは社会性や、社会生活を描く本来の持つ意味を離れ、現在では社会の生態を描く通俗的な軽い読み物を指す言葉となっているが、高樹のぶ子の小説を端的にいえばこの系列に属する作品群ということができる。

風俗という言葉は、射倖心をそそる遊技や遊興を指す言葉ともなっているが、その時代を特徴づける事象を指す場合もある。小説でいえば、作者の批判精神や思想が作品に反映することなく、単にその時代に生きる人たちの生態を描き出すことに重点が置かれ、世相や食住の様相を一定のスタイルで描いた作品を述べる場合が多い。高樹のぶ子の描く世界はまさにそのような軽いタッチの後味の良いストーリーが巧まざる効果を発揮しているのである。『湖底の森』という作品も男女の愛（時にはセックス）を軽いタッチで描き分けている。「彼はエゾシカの体が、一度沈んだのち一週間後に浮かび上がり、再び沈んだあとは二度と浮上しないことを知っていた。湖底の森に摑まり、湖底の住人となるのだ」という一説にこの小説のテーマは集約できる。また物語冒頭の「二万年前の火山の噴火で川がせきとめられて出来たと言われるこの湖は、いまでこそ道路が開通し、湖畔に旅館が二軒も建っているが、大正時代までは誰もその存在に気がつかなかった」という表現も物語の主人公吉岡の生き方を象徴している。同時にこの湖に棲むオショロコマという魚についても亜希子の存在に通底するものを見ることができる。「火山の噴火で水流が堰きとめられて湖が出来たために、本来海に下るはずの種類が湖を海とみなして特殊な進化をとげたもの」という魚は、海という大海があることを知らず、この湖をすべての世界と思い込み失踪した久美という女性の在り方を暗示させている。このようにすべての結末を湖底の森で象徴的に描き、あからさまに表現しない手法は、まことに見事といわざるを得ない。高木も向田も出版社勤務を経て作家となったその特性をよく生かしている。

平成四年（一九九二年）二月に文藝春秋社から刊行された『湖底の森』には八編の短編が収められている。いずれも恋愛小説といえるが、それは近年多くの小説が描くところの男女の愛欲の世界ではない。この世に男女という性別がある限り、そこで展開される出会いという愛と別れは星の数ほどある。だが人が人を愛し、やがて別れが来るという束の間の幻、夢のように儚い世界、もしやとか、あるいはというような、読者を夢想させる境地へと誘なう筆致には兜を脱ぐよりほかはない。いわず語らずというと小説にはならない。だがそのいわざるところを残すところによって読者に余白を提供する。その余白が読了後に甘いかすかな余韻を提供するとなれば、高樹のぶ子の小説は絶品でもある。

恋愛を甘美なもの、哀切なもの、として描く作家は数少なくなっている。多くは性愛の部分だけをどぎつく描くことで読者を獲得している。現代はそういう時代である。すべてを言葉にせねば理解できない。恋愛もまた性的描写をどぎつく描かねば理解できない。そういう世代が増えている現代に、高樹のぶ子の作品はさわやかな余情を残してくれるのである。小説としての仮構の世界を見事に構築しているたぐいまれなる筆力といえよう。

俳句作品が僅か十七文字で多くの感情を伝えることができるのは、当季の感情を表現する季語を重用（ちょうよう）することにある。季節を表わす季語を適切に、最も効率よく、最も象徴的に使うことによって、その場に座すものや、その作品を読むものに、詠者の感情をいわず語らず伝えることができる。梅桃（ゆすらうめ）、桐の花、メロン、スイカズラ、紅葉、これらは文春文庫版の『湖底の森』に収められた八編の短編に用いられた自然である。いずれも俳句の季題、季語でもある。これらの物を用いて主人公の揺れる記憶や、封印された過去を象徴させる手法は見事なまでに俳句の詠法に近い。この象徴性が読者を同じ世界に導くことができ、共感を持つことが可能となるのである。たとえば『桐の花』という作品についてその表現を見ながら荒筋を記す。

病後の節子は寺の裏山の桐の木が殊更に好きであった。今日もそこまで足を伸ばして桐の木の幹に手を置いていると、自分と同じ年恰好の男が画帳に桐を写し取っていた。ここからこの男と節子の日々の出会いが始まる。だが男は空を飛んだり、桐の枝から花を降らせたりする。

その桐の描写がいかにも性的な感覚描写ではあるが、桐の花の特徴をしっかりと描写把握している。時にはそれ故にはがゆさも感じられるが、この描写法がミステリーとも叙情詩ともショートストーリーとも取れる不思議さを醸し出しているのである。同じように醜悪なはずの老人の性を描いた川端康成の『眠れる美女』(新潮社、昭和三十五年)があるり、老人文学の特色を備えているが、読後には美しさとあわれさを感じさせる名作である。また谷崎潤一郎の『鍵』(中央公論社、昭和三十一年)や『瘋癲老人日記』(中央公論社、昭和三十七年)などは老人の性欲を描いて稀有な作品でもある。

生きること・そして子どもへの執念

藤沢周平は小林一茶についての小説を書いている。それは独特の藤沢にしか書けない一茶像でもある。長編小説であり『別冊文藝春秋』(昭和五十二年)に書かれた作品を『一茶』(文藝春秋社、昭和五十三年)に収め、翌五十三年同社から単行本化され現在も版を重ねている。藤沢が小説『一茶』を書いたいきさつは、昭和五十三年三月号の雑誌『俳句』(角川出版)の『小説一茶の背景』と『信濃毎日新聞』の昭和五十八年十一月十七日の『一茶とその妻たち』という二つの文章から知ることができる。藤沢はこの作品を書くに当たって一茶の故郷の柏原に数回足を運んでいる。「私は雪国生まれだが、北信濃柏原の雪は山形の雪とは違うかも知れなかった」と書いているように『一茶』の中でその体験は充分に活かされている。一茶が永住を決意した「これがまあつひの栖か雪五尺」と詠んだ句の心境を託す場面に活かされている。「北信濃の夜の山野に、きれ目なく雪が降りつづいた。一茶は笠を傾けて背をまるめ、道を見失わないように足もとを見つめながら雪の道をいそいだ」という描写はまさに藤沢の見た雪の夜の光景に他ならない。小説『一茶』は評伝ではない。四部構成の長篇小説で足で確認した柏原の地形風土を実に見事に描いている。この作品が小説であることを物語っているのは、露光という人物が登場することである。「一茶は思わずぞっとしてあたりを見回した。このままいまの暮らしを続けていれば、露光や若翁の運命は、明日のわが運命だと思ったのである」と記し、この架空の人物を通して一茶は攻めの人生へと転換してゆくように仕組んでいる。

誰もが承知しているように、一茶は義弟仙六に父の遺言状の履行を承知させて故郷柏原の永住権を獲得するのであるが、今まではそれを骨肉相争う「いぎたなき一茶像」として描いていた。小説ではそうした「熟談書付之事」についての遺産問題に決着を付けた喜びとは別の「本物の喜び」を書いている。このような点に藤沢周平の把えた一茶観が見事に結実しているといってよい。「家を出て三十年あまり。はじめて安住できる土地を手に入れた喜びが、白髪の一茶を襲っていた」と素直に喜ぶ一茶の像を構築している。だが藤沢周平の描けなかった点もある。

芥川龍之介も同じように『一茶句集の後に』という文章で一茶の句には生活の苦悩があり、たとえていえば悲しい自慰行為で本来ならそういう悲しみこそ小説にすべきであるとしている。藤沢周平も『一茶とその妻たち』というエッセイで妻菊との生活を「菊女帰・夜五交合」とか「婦夫月見・三交」という既述に関しては疑問を提しながらも「精神的にも性格的にも、長く孤独で満たされない年月を経て来たために、一茶の性生活は人生の至福感に直結する」と肯定的に見ているのがいかにも藤沢らしい。芥川龍之介は読後感に「慊焉たり」とのみ記している。

藤沢周平は「友もわれも五十路に出羽の稲みのる」という自句を添え「五十二歳になってはじめて手にした結婚生活は一茶にとって珠玉のような人並みの世界に思われたに違いない」と満腔の讃辞を寄せている。勿論一茶はそうした妻帯者の幸せを句にしてもいるし、藤沢もそれを好ましいものとして描いている。そういう一茶が江戸で俳諧師として認められていく上での庇護者は夏目成美である。藤沢はこの二人の関係を描くに際しては極めて冷淡に描いている。一茶の残した『随斎筆紀』には成美との厚い交友関係が記されている。文化七年（一八一〇年）十一月に夏目成美家の金子が紛失し「我も彼党ニタグヘラレテ不許他出」と『七番日記』に記されていた部分では藤沢も「今度の事件で成美が示した態度は、一茶が心の底深くしまいこんでいる、俳句よみの誇りを無残に打ちくだくものだった」と記している。このことに関してもエッセイでは「成美と一茶の交際には金持ちで鷹揚な遊俳が、貧しい奇才を憐んで面倒をみたいというにとどまらない、もっと複雑なものがあるようである」と記している点は藤沢周平自身が貧しい生活に耐え教師から作家になった思いがあるためであろう。

小林一茶は十四歳で江戸に出て、五十二歳で郷里の信濃柏原に帰住した。本来は帰農を考えていたのであろうが、生家はすでに弟の仙六が家職を継承していた。だが一茶は父弥五兵衛が残した田畑を、檀那寺の住職の調停で弟と折半して百姓となった。翌年五十二歳で妻を娶った。それから六十五歳で没するまでの十四年間、百姓弥太郎として半農半宗匠として生活を送った。そうした一茶像を藤沢周平は愛情を持って描いている。そこには藤沢周平が若い時期に俳句作品を詠んでいた経験があったことにより描けたのであった。

藤沢周平の俳句作品については現在は平成十一年（一九九九年）三月三十日に文藝春秋社から発行された『藤沢周平句集』があるのみである。没後二年目にして刊行されたもので藤沢自身の意志によるものではない。遺作となった俳句作品を友人清水房雄が整理して発刊、解説を書いている。収録されている句は百十一句である。巻頭の作品は「風出でて雨后の若葉の照りに照る」と「大氷柱崩るゝ音す星明り」の二句があり、恐らく山形県東田川郡黄金村の生家での作である。とにかく庄内平野の夏は暑い。まさに猛暑そのものであるから「若葉照り」の頃から植物はよく成育する。そうした状況を「照りに照る」と畳語を使った技巧は美事である。一方冬の寒さは半端ではない。長く太い氷柱は春まで解けない。その替り冬の星は誠に美しい。

山形県新庄生れで藤沢より三歳若年の俳人鷹羽狩行も「みちのくの星入り氷柱吾れに呉れよ」と詠んで周平の句ともども地方俳句の名句といえよう。周平句集の三句目には「陽炎や胸部の痛み測りゐる」という句がある。俳句に詠まれた内容から「根源俳句」「社会性俳句」「境涯俳句」と呼ばれる特色がある。戦中・戦後のある一時期に病を得たり傷ついたりした人々が、療養所での無聊解消の目的で作歌や作句したことがあった。この出発から今日歌壇俳壇で名を成している方がいる。

藤沢周平は昭和二十六年三月に学校職員の集団検診で肺結核と診断され休職して療養生活に入り無聊慰撫のために作句を始めた。俳誌『海坂』は昭和二十一年七月に『あやめ』の名で静岡県二俣町で創刊。水原秋桜子を師系として百合山羽公が主宰した。その後昭和二十五年一月『海坂』と改題し相生垣瓜人が主宰した。二主宰逝去後主宰が交替して現在も発行されている。藤沢周平は『海坂』に昭和二十八年六月号から三十年八月号まで寄稿した。『海坂』俳誌結社所属ののびどめ句会に投句をした。『のびどめ』は篠田病院林間荘の俳句会報であった。昭和二十八年十月号より二十九年九月号までの僅かの間であった。この両誌に発表した句が百四句。未発表、作句年不詳の句が七句、合計百十一句を残している。藤沢は『別冊文藝春秋』昭和五十七年春号に『『海坂』、節のことなど』という小品を寄せ「私の小説を読んだひとなら、海坂とは聞いたことがあるような名前だと思うかも知れない。そのとおりで、海坂は私が小説の中でよく使う架空の藩の名前である。だが実在の『海坂』は静岡にある馬酔木系の俳誌で、種をあかせば、凡そ三十年も前に、その俳誌に投句していたことがある私が、小説を書くにあたって『海坂』の名を無断借用したのである」と記している。

藤沢周平の小品『小説一茶の背景』は俳句専門誌『俳句』（角川書店）に昭和五十三年三月号に書かれたものであるが、「小説を書くようになってから、地方に講演などに行くと色紙を書かされるようになった。（略）バカのひとつおぼえのように、〈軒を出て犬寒月に照らされる〉という句一点ばりである」と書いているが、小説家として大成すると大概そのように自己の境涯を象徴する句を記すようになる。横光利一は「蟻臺上に餓えて月高し」と書き、川端康成は「五月雨や湯に通ひ行く旅役者」、久保田万太郎は「尋めゆけどゆけどせんなし五月闇」、芥川龍之介は「菜の花は雨に汚れぬ育ちかな」などという句を書いている。藤沢周平の「軒を出て犬寒月に照らされる」という句もいわば自画像であり、芥川の「水洟や鼻の先だけ暮れ残る」に匹敵する。「花合歓や畦を溢るゝ雨後の水」「閑古啼くこゝは金峰の麓村」の二句は生家の近くの光景であろう。現在このあたりは小真木原と呼ばれ、体育館や総合運動場があって市民が多く集まるところである。高坂はこの金峯山のふもとに点在する集落である。藤沢は、昭和四十八年『オール讀物』六月号にここ金峯山の麓、小真木原を舞台にして『ただ一撃』という作品を書いている。藤沢の作句年数は、昭和二十八年から三十年春までのほぼ三年間で、年齢的には二十六歳から二十八歳までの人生上のいろいろな出来事がかかわっている時期でもあった。藤沢周平の俳句作品の数は少ないがいずれも端正で破綻がない。昭和二十八年に東京北多摩の結核療養所で作句していた時期について藤沢周平は「私が俳句を作ったのは、正味一年半ぐらいの間だろうか」といっているように初期の作品は病者たる嘆きが詠まれ、また暗く重い人の世の呻きが詠まれている作品も多い。総じて佳品といえよう。

藤沢周平の文学碑は意外に少ない。平成二十九年は藤沢周平没後二十年になる。藤沢周平は山形県東田川郡黄金村に父小菅繁蔵と母たきゑの次男として生まれたが、その生家は今はない。七つ違いの兄が事業に失敗して家や田畑を手放してしまったからである。百坪ほどあろうかと思われる小石混りの畑に道路に面して〈藤沢周平誕生之地〉と書かれた一基の立派な碑がある。ここが藤沢周平の生家でこの記念碑は平成十二年十月二十六日に建立されたものである。ここから南に行った青龍寺地区に開けた畑地には藤沢周平が通った黄金小学校がある。そこからは月山も金峰山も間近に見える。『臍曲がり新左』の舞台となった金峰山に沿って五キロほどの地点に温田川温泉がある。九兵衛旅館の脇道に沿って五分ぐらい歩くと藤沢周平が昭和二十四年から二十六年にかけて二年間勤めた温田川中学校があり、今は小学校のみになっているが、校舎の窓側の植込みの所に藤沢周平文学碑が建っている。本を見開きにしたような石碑で「赴任してはじめて私はいつも日が暮れる丘のむこうにある村を見たのである」と右半分に三行で彫られている。文章の終わりの下段に「半生の記」より、と書かれている。左半分には「花合戦や畦に溢るゝ雨後の水」という句が三行に彫られ、最後に藤沢周平と記されている。碑の右側が学校の入り口となっていて大きな梧桐の木がある。周平の教え子たちによって平成八年（一九九六年）に建立されたものである。

余談になるがこの学校のある地名は藤沢地区と呼ばれている。作家名の姓をこの地名から取り、名は甥の周平から取って藤沢周平というペンネームにした。教鞭をとった学校前のこの文学碑は「先生記念碑」と呼ばれている。庄内藩酒井家の菩提寺である大督寺には『義民が駆ける』の主人公が対決をする銅像が建立されている。海坂藩のモデルとされる鶴ケ岡城跡の西南にあたる、寺の山門には案内板があり、日本で最初の給食発祥の地とも記されている。城の東北・鶴岡駅よりにある総穏寺は『又蔵の火』のモデルとなった寺である。この『又蔵の火』は山形県鶴岡市が江戸時代に荘内藩十四万石の城下町であった頃に実際の仇討ち事件があり、それをモデルにしている。総穏寺境内には相討ちで果てた両義士の銅像が建立されている。文化八年（一八一一年）九月二十二日に二人の男が抜刀して斬り合いをし、双方とも深い傷を負いながら刺し違えて相果てるという事件で、その時の刺し違いの瞬間を銅像にしてある。案内板は大督寺には『義民が駆ける』の作品紹介文があり、三雪橋たもとには『蟬しぐれ』、大泉橋には『秘太刀馬の骨』などを紹介したものがある。藤沢周平にとって、湯田川小学校は僅か二年の勤務であったが、教え子達は周平先生を忘れず、藤沢が死亡する前年に記念碑を建てることを計画した。鶴岡市の名誉市民になることさえ拒否した藤沢周平であったので、教え子の代表が「文学碑は先生だけのものでなく私たちのものでもあります」と説得してやっと藤沢周平の自筆で「半生の記」の一文を記して建立された。それ故に藤沢周平の文学碑はこれが唯一のものである。この文学碑建立について藤沢周平は『碑が建つ話』というエッセイにこの経緯を書いている。平成八年九月十五日除幕式が行なわれた。その他文学碑と称される碑（いしぶみ）はないが鶴岡市内には多くの案内板がある。鶴ケ岡城の城址公園は『花のあと』、日枝神社には『ただ一撃』、藩校至道館には『義民が駆ける』、井岡寺には『紅の記憶』、由豆佐売神社には『たそがれ清兵衛』、高坂には『三月の鮠』、民田には『ただ一撃』、などの案内板がそれぞれの作品にふさわしいような作りで立っている。これらの案内板はいずれも藤沢周平作品の舞台となった場所や城趾や寺々である。藤沢周平が残した俳句は数こそ少ないが、当然あの芭蕉が残した足跡を意識して作られている。

東日本大震災と金子みすゞ

『おくのほそ道』は、松尾芭蕉（一六四四年〜一六九四年）による紀行文である。「みちのく」

の旅の記録であるが、旅の記の形を借りて、風雅の世界を描いた文学作品となっている。芭蕉もまた庄内をこよなく愛した。最上川を下り、庄内の地に何日も宿泊をし、紅花の咲く日を待った。無論立石寺も封人の家のできごとも記されているが、この『おくのほそ道』において心より芭蕉の感動が伝わってくるのは出羽の地である。芭蕉は目前の景よりもその根底にある歴史や古典的な文芸のイメージによって詩心をかきたてられ、伝統的な文芸の美意識を生かしながら、当代の感覚によって風景を織り直している。風雅と世俗、想像と事実、伝統と現在を組み込み、全体が渾然たる一篇の詩を形成している。

「みちのく」の国々は古来より多くの歌人に知られている。能因法師も西行法師も「みちのく」を訪れている。『日本書紀』によると、東北地方に日高見国（ひたかみのくに）と呼ばれる勢力圏があったという。そこは桃源境のような楽土だったという伝承から、北上がヒタカミに由来するとする説もある。方位学では東北は丑寅の方位とされ、表鬼門と称されて鬼が出入りする場所であり、変革を意味するということから古来より畏怖されてもきた。天地開闢の国常立神（くにとこたちのかみ）がその方角に封印されているという伝承もある。そうした風光明媚な土地が平成二十三年三月十一日に大震災に見舞われた。

近代的な土木工学の粋を集めて設計された防潮堤を、魔物のような大津波が乗り越え、街を壊滅させた。同じく科学技術の最先端をいくべきはずの原子力発電所を地震と津波が襲い二万人を超える死者と行方不明者とをもたらした。遺族の悲嘆は想像を絶するものとなり犠牲になった方々への思いは言葉では表現できない辛さと重さを持っている。亡くなった方々の冥福を祈るしかすべはない。また復興への取り組みを心の中に願うしかないがそれも言葉だけでは意味がない。

あの大震災の後に毎日繰り返しテレビＣＭで放映された詩がある。金子みすゞの「こだまでせうか」という詩であった。ＡＣの広告はスポンサーがおりたときのためにあらかじめ用意されており、復興へのメッセージではなかったが印象深い詩である。

「遊(あす)ぼう」っていふと／「遊ぼう」っていふ。／／「馬鹿(ばか)」っていふと／「馬鹿」っていふ。／／「もう遊ばない」っていふと／「遊ばない」っていふ。／／さうして、あとで／さみしくなつて、／「ごめんね」っていふと／「ごめんね」っていふ。／／こだまでせうか、／いいえ、誰でも。

この詩が持っている寂しさと「こだま」が呼び返してくる「一人ではない」という意識、縹渺(ひょうびょう)とした原野が広がる風景、そこで声を出したら「こだま」が応えてくれる。この詩にはそのような力が秘められていたのであった。金子みすゞの詩には「愛と願いと祈り」がある。家族への愛、娘への愛、祖母や弟への愛、そして今は亡き父への思慕の願い、義母となった実母への願い、故郷の仙崎への思慕と祈り、こうした思いが金子みすゞの詩の特質である。金子みすゞの詩は身近な存在や故郷、現在の生活や家族などを詠んでおり、それが詩の魅力ともなっている。槌賀七代は『金子みすゞを支えたもの――家族――』という論文で次のように述べている。

彼女の詩が非現実の世界ではなく、現実に根を下ろした場所、彼女の居る場所で、その場所を詠み、そこから驚くべき発想と発見を私たちに開示し、それが現実の世界の中に「非現実の世界」を垣間見せてくれるからであろう。しかもそれが「人間の本質」に迫るからであろう。忘れてしまった、否、気付かなかった身近な場所の、身近にあるものの存在への気づき、決して特別な場所や新たな、又は、特異な経験が詩を生むのではなく、また、深い思索のみが詩を生み出すのではなく、日々の発見が人格を形成していき豊かな時間を経験させることを、私たちはその詩から感じることが出来、学ぶ事が出来るのである。

(『金子みすゞ　母の心子の心』勉誠出版、二〇〇九年)

金子みすゞの詩の特徴を「気付かなかった身近な場所の、身近にあるものの存在への気づき」と指摘した。この惨事とこの詩から大多数の国民が再認識したのは「あたりまえ」の日常がいかに尊いかということであった。私達は毎日の生活の中で多くの他者と関わり、多大な恵みを受けながら生かして戴き、生きていたのだという思いを再認した。たとえそれが短期間であったとしても、日本全土の地域によって温度差があったとしても、そうした実感を共有したことで国民の連帯が強化された。災害に遭難したことで、非現実と思っていたことから現実を見ることとなった。だれもがそうであるように、金子みすゞもまた夢のような憧れの世界から現実を見なければならなかった。彼女はそこから驚くべき発想を詩心によって、日々の生活の中から詩を紡ぎ出し、人々の連帯と共感を得る世界を作り出したのであった。

東日本を襲った大災害は、日常生活ではありえない人と人との深い繋がり、心の通い合い、助け合う場、こうしたいわばユートピアともいえる世界が出現することが確かにあるという再認識をもたらしたのであった。

青いお空の底ふかく、／海の小石のそのやうに、／夜がくるまで沈んでる、／昼のお星は眼にみえぬ。／／見えぬけれどもあるんだよ、／見えぬものでもあるんだよ。／／散ってすがれたたんぽぽの、／瓦のすきに、だァまって、／春のくるまでかくれてる、／つよいその根は眼にみえぬ。／／見えぬけれどもあるんだよ、／見えぬものでもあるんだよ。

金子みすゞの詩は「祈りの詩である」と言ったのは矢崎節夫（『わたしと小鳥とすずと』ＪＵＬＡ出版局、一九八四年）である。金子みすゞが詠んだのは、身近な家族や故郷、小さいものや力の弱いもの、無名なもの、無用なもの、この地球という星に存在する総てのものに対する祈りのうたであったと述べている。そう考えると「星とたんぽぽ」もあって当たり前のもの、道草に花をつける無用の植物ということになる。ここにパラドックスがある。昼の星は見えなくて当然と誰もが思っている。しかし空や宇宙には当然存在している。こうして詠まれた海や動物や植物などの対象を「童心への憧憬」や「現実と妥協しない詩人の純粋な魂」と捉えたり、「おはなしの国」の「お姫さま」であり続けることを選んだとする説もある。確かに金子みすゞの詩は様々な身近な対象を捉えて詠んでいることから、様々な視点から論じることもできる。「日本人ばなれした発想」「宗教的で法悦の境まで舞い上がっている」「物語性があり」「妖怪性」も備えているという。詩の結末の意外性から「みすゞ得意のどんでん返し」の詩型ともいわれている。緑川新は次のように述べている。

結末の意外性を追求し、そのシステムを律儀なほど守っている童謡詩人を他に知らない。そこに方向性としての古典手法の堅守の意志をはっきり感ずるのだが、こういう傾向は西欧の文学者にこそ共通の一種の使命感の産物ではなかったかと思われる。（略）

彼女は、ひょっとしたら逆説ではなく資性的に、うしろ向きの唯美主義におぼれるセンチメンタリズムを、詩法に持ちこんだ例外的人物であったかもしれない。けれども私たちはその童謡を読んで、唯美主義でもセンチメンタリズムでもなく、彼女の初めて啓いた、宗教的な光のような、恍惚とさせられる美を発見する。最も新しいものを見出す。

（『金子みすゞと夭折の詩人たち』勉誠出版、二〇〇四年）

日本人の孤独死が発表される度に無縁社会といわれた。しかし東日本大震災は、それまで見えにくくなっていた人間同士のつながりを甦らせた。「見えぬけれどもあるんだよ、見えぬものでもあるんだよ」という詩の一節が、それまで失いかけていた「人との関係性」を甦らせたのであった。大震災が発生して以来、緊張感の中で国民全体がひとつに結び付いていた。それぞれが「自分のできること」で何かを果たそうとしていた。昨今の風潮となっていた「自分は関係ない」「面倒なことに関わりたくない」という利己的態度、意図的傍観者の態度が列島から消えうせたということもあった。

意義深かったのは家族への思いが強まり、家族や近所の人々、地域の人々の絆が深まったことにある。日本人は幾度も国難を乗り越えてきた。みすゞの詩が放送されたことによって、何もかもが灰燼（かいじん）に帰してしまい、姿を消してしまった故郷の、復興を願う人々の心に祈りとなって灯を点したに違いない。天皇陛下は「厳しい寒さの中で、多くの人々が食糧、飲料水、燃料などの不足により、極めて苦しい避難生活を余儀なくされています。その速やかな救済のために全力を挙げることにより、被災者の状況が少しでも好転し、人々の復興への希望につながっていくことを心から願わずにはいられません」と述べられた。このお言葉には陛下の祈る心がこめられている。

一本松／一本立つて／海みてる、／わたしもひとりで／海みてる。／／海はまつ青、／雲は白、／赤いお舟／まだみえぬ。／／赤いお舟の／父さまは、／いつかの夢の／父さまは、／一本松／一本松／いつだろか。

（「赤いお舟」）

ここにはみすゞがたった一人で帰るはずのない「赤いお舟」を待っている風景がうたわれている。そこには一緒に泣いてくれる人もない孤独な自分がいる。この一本松は災害の中でたった一本だけ残った、潮をかぶりながらも残った防潮林の松のようでもある。母を失い、家族を失った四歳の女の子が「ままへ　いきてるといいね　おげんきですか」と書いたあどけなさとせつなさを感じさせる寂しさがある。母と一緒に父を待つのではない。一緒に焦がれて父を待つ母はいない。父の不在の淋しさを分かち合う母を持たなかった金子みすゞも父を亡くしたときは四歳であった。沖に出たまま不帰の人となってしまわれた父母を持った子供達の悲しみと孤独感がひしひしと伝わって来る詩である。

夕焼のなかに、／しけだまが赤いよ。／／しけだまの下では、／仔牛（べえこ）があそぶよ。／／もういつからか、／あがつたきりだよ。／／誰もうはさも、／しなくなつたよ。／／夕焼のそらに、／しけだまは赤いよ。／／いつか來る、／いつか來る時化（しけ）を知らすよ。

（「しけだま」）

この詩に詠まれている風景は暴風雨襲来を告げる警報の様子を述べている。海に浮かべた赤い硝子玉のことである。この危険が近づいて来ることを知らせる「しけだま」は三月十一日の大津波が襲って来ることを波に呑まれながらも最後まで人々に避難を呼びかけた声を想起させる。それにもかかわらず二万人もの人々が尊い命を失った。「いつか来る時化を知らすよ」と結んでいるように、人々はその教訓を忘れてしまっていた。『続日本紀』には貞観十一年（八六九年）に陸奥の国で巨大な地震と津波が発生した記録が記されている。震源は宮城県と福島県の沖合で、東日本大震災のマグニチュード九・〇に近かったようである。古来、沖合を震源地とする地震によって三陸海岸は屢々大津波に襲われて来た。近い例では安政元年（一八五四年）に発生した地震で江戸では死者四千人を超えた。その翌月の十二月には東海地震と南海地震が連続した。近代では明治二十九年（一八九六年）六月十五日の夜に発生し、家屋一万戸を破壊し、七千に近い船舶が流出沈没した。死者二万二千人にのぼったと記録されている。昭和三十五年（一九六〇年）にはチリ沖の地震でも大災害を受けた。「災害は忘れた頃にやって来る」と言ったのは寺田寅彦である。寺田寅彦は『天災と国防』（『寺田寅彦全集』科学篇六巻、岩波書店、昭和十一年）という論文で次のように述べている。

わが国のようにこういう災禍の頻繁であるということは一面から見ればわが国の国民性の上に良い影響を及ぼしていることも否定し難いことである。

ここでいっている国民性のすぐれた諸相とは津波の広報中に犠牲になった人々や住民の避難誘導に当たりながら亡くなられた人々のことであろう。犠牲的な精神や無私の精神である。日本人はこうした誇るべき国民性を有しているということである。

雀の墓をたてようと、／「スズメノハカ」と書いたれば、／風が吹いたと笑はれて、／だまつて袂へいれました。／／雨があがつて、出てみたら、／どこへ雀を埋(う)めたやら、／しろいはこべの花ばかり。／／「スズメノハカ」は、建(た)てもせず。／／「スズメノハカ」は、棄(す)てもせず。

（「雀の墓」）

これは雀の死を悼んだ悲しみの詩であるが、被災地では今もなお消息不明の家族を捜し続ける人がいる。またその墓を建てようにも仮設住宅で暮らしているため、叶わない被災者の方々の思いも伝わって来る。「しけだま」が浮く海は波が引いて嘘のような凪であっても、人が住めなくなった街に牛や犬や馬などが放たれたままの姿でおろおろしている景はとても見るに耐えない風景である。

子供が／子雀／つかまへた。／／その子の／かあさん／笑つてた。／／雀の／かあさん／それみてた。／／お屋根で／鳴かずに／それ見てた。

（「雀のかあさん」）

この詩は日本の童話や童謡が持っている残酷さが垣間見られる。屢々みすゞの詩に対して「小さきものへの視点」が指摘される。さみしさを抱える大人たちの童心に訴えかける手法とも称される。あるいはこの詩の最後のどんでん返しも指摘される。ただ見ているしか術のない母雀であるが、心中の痛みはいかばかりであろうと察することもできる。「詩における悲しみ」を日本の昔話を題材にして詠んでいるとも指摘できる。

雀のお宿に春が来て、／お屋根の草も伸びました。／／舌を切られた子雀は、／ものの言へない子雀は、／たもと重ねて、うつむいて、／ほろりほろりと泣いてます。／／父さん雀はかはいそで、／お花見振袖購ひました。／／母さん雀もかはいそで、／お花見お團子こさへます。／／それでも、やつぱり子雀は、／ほろりほろりと泣いてます。

（「雀のおやど―おはなしのうた五―」）

この詩はみすゞがわが子に対する愛情を詠んだのであろうが、確かに詩の素材は昔話で知られる「舌切り雀」である。腰折れ雀を助け、富裕の身となる老女の話は十三世紀にできたといわれる『宇治拾遺物語』巻三・十六話にある。ここに金子みすゞ自身の自分の置かれた状況に絶望した子供の時の姿を見ることも可能である。この詩のひとつ前に書き記されている「海のお宮」も同様の悲しみと物寂しさがある。浦島太郎を百年も待ち望みながら暮らす乙姫の姿も自己の姿であるという。寂しさの原因は「昔の自由を失ったことの寂しさ」でもあろうし、実の弟と知らず互いに「愛」を夢みた若き日の頃か、あるいは「潔癖な人」だったという父を待ちつづける寂しさであったのかは理解し難いが、この詩にもやはりみすゞ自身の姿の投影がある。西条八十に憧れ、西条を父とも慕うみすゞの願いと祈りがあるといってよいだろう。

読者の多くが指摘するのはみすゞが好んで「海」に材を取っていることである。石牟礼の「海を深く慕い、強く憧憬する視線」や折口の「自身の絶えざる憧憬」には屢々海のイメージと愛に溢れた母のイメージが緊密に結びついている作が多い。同じく海を指摘している論文に酒井一字の『みすゞの宇宙』がある。みすゞが詠んだ詩の中には海と関わりを持つテーマが五百余編あり、それぞれの詩には共通したイメージがあると指摘する。「みすゞの心の中には実景の海はもちろん、多くの事象の中にある海が広がっていたのであろう。それゆえみすゞの描いた海は読むものに一体感を誘い、どこかに懐かしさに訴えかける力を持っている」と言い、その海は「懐かしさとそこに刻まれた古い記憶」といえるであろうと述べている。

金子みすゞは山口県大津郡仙崎に生まれて山口県を出ていない。二十六歳という短い生涯を下関で送った。当然みすゞは毎日海を見て暮らし、海から悲喜こもごもの思いを得ている。それ故に故郷仙崎が特別に好きであった。だからこそその風景を「仙崎八景」と題して詩に詠んだのである。『崖の上のポニョ』は広島県福山市の鞆の浦がその舞台のモデルで「仙崎八景」は山口県仙崎で海を共に舞台としているという。どちらの浦も西廻りの渡海船には大事な港であった。

瀬戸内海の海側と日本海側と違っているが鞆の浦はその沖合いに小さな弁天島と仙酔島が、仙崎には弁天島と青海島が浮かぶ。迫り出した半島の先にそれぞれ鞆の浦は仙酔島、仙崎には青海島があり、共に海に向かって半島の右側に弁天島がある。半島には左右対称の鏡のような湾が二つずつある。つまり鞆の浦と仙崎は本州を中心に南北に反転した鏡構造であり、半島の先は瀬となり流れが速く、古来潮待ちの港として栄え青海島の通地区は古式捕鯨の基地であった。

こうして海を詠んだ詩を対比させてその素材を昔話、童話、記紀の神話、その他様々な国内外の、物語を引いて検証を試みている。そうした比較も可能であるし、緑川新が「みすゞの詩法」で述べるように「この妖怪はどう見ても伝統的日本人、それも母性の姿をしているとは思えない。同時にここには濃厚な物語性がある。それもかなり深刻な、小説的な物語が。そういう散文との交錯をいとわない心がみすゞにはある」という論にもなる。こうした物語性、神話性は次の詩からも導かれているのであろう。

瀬戸に／渦まく／夕潮／とほく／とどろく／夕暗／市のひけた／市場に、／海からかげが／のぞくよ。／／子供は、子供は、／どこにと、／何か、何か、／のぞくよ。／／秋刀魚の色した／夕ぞら、／烏が啼かずに／わたるよ。

（「魚市場」）

この詩の奥にある闇の部分、海底の暗さ、海から頭を出す海坊主の妖怪、ここに伝統的な日本の伝統的な母性の持つ闇の深さと子殺し、子間引き殺し、絶え間なく闇に葬られた子供の悲しみと母の悲しみ、それに愛と祈りの物語を看取することができる。

岩手県遠野市は民話のふるさとでもあり、日本の原風景を残している場所ともいわれている。明治四十三年（一九〇一年）に柳田國男が書いた『遠野物語』にも民話や伝承、神話や昔語り、などが筆記され天狗や河童、座敷わらしや山の神などあまたの妖怪が登場する。神隠しや死者が畑を耕す物語もある。宮城県から岩手県にかけての太平洋岸はリアス式海岸と称され風光明媚な土地であり、鋸の歯のように入り組んだ入江の内側は、波が低く底は深い天然の良港であり、太古から利用されて来た。またその美しさは浄土が浜や松島として観光の名所であった。

鞆の浦と仙崎湾とは山脈を背骨にして正反対の位置にある。そのように震災で被災した松島も象潟（きさがた）（秋田県にかほ市）も表裏の位置にある。松島と象潟は芭蕉の『おくの細道』の白眉であり、旅の真の目的はこの両地の湾にうかぶ月を観賞することであった。奥羽の脊深山脈を挟んで、太平洋側の松島と日本海側の象潟は対を為す名勝地であった。芭蕉はそこに辿り着くと、もうそれ以上は北の方に用事はないとばかりにきびすをかえした。「俤松嶋にかよひて又異なり、松嶋は笑ふが如く、象潟はうらむがごとし。寂しさに悲しみをくはえて、地勢魂をなやますに似たり」と記し、当初の旅から強く意識していたところであったことを窺わせる。この象潟も芭蕉が訪れた時は深い入江に潮の干満が訪れる風光明媚な景勝地であったが、安政の大地震の際鳥海山の隆起によって島の点在はなくなってしまったのであった。その前に芭蕉は入江に舟をうかべて楽しんだのである。

仙崎の村は海に突き出た半島のような地形で、陸の雨側には仙崎湾と深川湾のふたつの湾があり美しい良港である。そうした美しい深い港は日本列島にはあまたある。だが東北の良港が壊滅してしまったように、この港もかつて大津波に襲われたことがあった。周囲がすべて海に囲まれ陸地の七割は山地である日本国には、リアス式海岸が多く津波に侵されることは常にあり危険と隣り合せであるのである。また日本にはなんと六千八百五十二の島があり、入り組んだ海岸線の長さは世界で六番目であるということだ。

折口信夫には処女歌集『海やまのあひだ』（改造社、大正十四年、後に『現代代表自選歌集』改造社文庫、昭和四年）がある。「谷々に家居ちりぼひひそけさよ山の木の間に息づくわれは」という歌がある。太古から日本列島に棲んで来た私達日本人の生活のありようがよくうたわれている。山の裾野に貼り付くように、太古よりそうして生きて来た生活空間がある。歌集の表題『海やまのあひだ』にはそうした日本人の切ないほどの独特な「祈り」と生活空間が見事に表象されている。

小松原、／松はすくなくなりました。／／いつも木挽(こび)きのお爺さん、／巨(おほ)きな材木(ざいもく)ひいてます。／／押(お)したり、引いたり、その度に、／白帆(しらほ)が見えたり、かくれたり、／かもめも飛びます、波のうへ、／雲雀(ひばり)も啼(な)きます、空のなか。／／海もお空も春だけど、／松と、木挽(こび)きはさみしさう。／／ところどころに新しい、／家が建(た)ちます／小松原、／松はすくなくなりました。

（「小松原」）

白砂青松という風景が最もよく日本の特色を表し、そういう地が一番美しく、魚介類や海の幸も豊かにある。今回の大震災はそういう山河を一瞬にして奪い壊し、多くの方々の尊い命も奪ってしまった。みすゞの詩には「奪われた者の悲しみ」や「奪い去られた者への祈り」があり「成長への願い」がある。こういう詩もある。愛と願いの詩である。

角の乾物屋の／塩俵、／日ざしがかつきり／もう斜。／／二軒目の空屋の／空俵、／捨て犬ころころ／もぐれてる。／／三軒目の酒屋の／炭俵、／山から來た馬／いま飼葉。／／四軒目の本屋の／看板の、／かげから私は／ながめてた。

（「角の乾物屋の——わがもとの家、まことかくありき——」）

福島県、宮城県、岩手県の被災地にはこうした街々が海に面して広がっていた。仙崎の王子山から見下ろす仙崎湾と深川湾には貼り付いたように暮らす人々の美しい港街を一望することができた。同じように被災地の福島の原子力発電所のある双葉町や浪江町の海岸には五色が浜という美しい浜があった。その名のとおり五色の渚石が敷き詰められた美しい浜辺であった。

災害が発生すると秩序が乱れ、暴動や略奪が頻発するとよくいわれる。しかし時に災害の後には生き抜いた人々の間に親密な連帯感が生まれる。それが個人の寂しさや孤独や喪失感から脱して社会的孤立を乗り越えさせ、復興への機運も生じさせる。この度の大災害において各地で相互扶助の共同体が自然発生的に生まれた。「人を助ける」という無償の行為が各地の避難所で繰り広げられていった。『遠野物語』にも生と死をめぐる話がいくつもある。死者を悼み、身近な人の死を悲しみつつも死後のたましいには行く先があると信じ、時に人はあの世を覗いてみたり、そこからこの世にやって来ることもあると信じたのである。金子みすゞの詩もそうした世界を詠んだものが何篇もある。「みんなちがって、みんないい」とうたうみすゞの心の祈りがだれの心にも優しく温かく響くのであろう。最後に「去年のけふ――大震記念日に――」という詩に触れたい。

去年のけふは今ごろは、／私は積木をしてました。／／積木の城はがらがらと、／見るまに崩れて散りました。／／去年のけふの、夕方は、／芝生のうへに居りました。／／黒い火事雲こはいけど、／母さんお瞳がありました。／／去年のけふが暮れてから、／せんのお家は焼けました。／／あの日届いた洋服も、／積木の城も焼けました。／／去年のけふの夜更けて、／火の色映る雲の間に、／しろい月かげ見たときも、／母さん抱いて呉れました。／／お衣もみんなあたらしい、／お家もとうに建つたけど、／あの日の母さんかへらない。／／今年はさびしくなりました。

金子みすゞの詩が『童話』『婦人倶楽部』『金の星』『婦人画報』の四誌に初めて同時に掲載されたのは大正十二年九月号であった。『金の星』の選者は野口雨情で他の三誌は西條八十であった。八十は「この感じはあの英国のクリスティナ・ロゼッティ女史のそれと同じだ。閨秀の童謡詩人が皆無の今日この調子で努力して頂きたいとおもふ」と賛称した。翌年の六月号までの僅か十ヶ月の間に二十三編が掲載され、閨秀の女史でこそなかったが、金子みすゞの名前はたちまち全国に知られるようになった。また西條は「童謡作家の素質として最も貴いイマジネーションの飛躍がある。この点はほかのひとびとの一寸模し難いところである」と激賞した。しかし金子みすゞの「お魚」を掲載した『童謡』が店頭に並んで間もない大正十二年九月一日に起こった関東大震災は西條八十の生活を一変させてしまった。入院していた妻と疫痢に罹患した三歳に満たない次女を震災で失ってしまった。その悲しみのあまり西條八十は大正十三年四月からフランスに留学をしてしまったのであった。

第七章　昭和の終焉と青春の喪失

水木しげるの『コミック昭和史』

水木しげるの作品『コミック昭和史』は「関東大震災」から起筆され、昭和十四年（一九三九年）十二月までの軍部の台頭と敗戦後の復興を描き、最後に「高度経済成長以降」の日本の歪んだ姿を指摘して擱筆されている。水木しげるは平成元年（一九八九年）『コミック昭和史』全八巻で第十三回講談社漫画賞を、翌々年には紫綬褒章を受章した。昭和六十三年十一月に第一巻を発刊し、終巻までに一年を要した大作コミックである。

大正十二年の大震災から昭和天皇崩御で改元された平成元年までの昭和の歴史を史実に基づき、写真とコミックの挿絵を用いて忠実に再現している。その間に自分史を挟み込み、随所に妖怪を登場させて、水木の自分史と生活史とを描いている。代表作『ゲゲゲの鬼太郎』に登場する「ねずみ男」がナレーター役を務めている場面もあり、水木自身のキャラクターも怪異現象好みの男として設定されている。水木は昭和十七年に陸軍の兵隊としてラバウルに出兵し、爆撃によって左腕を失い、マラリアに罹患して生死の間を彷徨い、奇跡的に生還した。水木が復員したのは昭和二十二年三月であるから、戦地での生活は五年に及んだ。『コミック昭和史』では昭和史と自分史とを併行して描くのに、復員まで六巻を費やしている。

「昭和」という元号は大正十五年十二月二十五日の大正天皇の崩御と昭和天皇践祚が重なるので、昭和元年は僅か六日であった。その六日から以来激動の六十余年という時代に突入するのである。改元三ヶ月後の金融恐慌、それに続く世界大恐慌と満州事変から太平洋戦争へと軍靴の音が高なり、十五年に及ぶ不幸な戦争の爪痕を残した。終戦とアメリカの占領、朝鮮動乱と特需、安保条約とアメリカの政治的、経済的傘下への組み込み、やがて経済大国にのしあがってゆく過程を「水木しげる」の目を通して、銀行員の父の目を通して、三人の男子を戦地へ送った母の日を通して、庶民の目から、不思議な体験と異能の力を持った漫画家の立場から描ききっている。

水木しげる（本名武良茂）の人生の軌跡はそのまま昭和史とも重なっていて、復員後は紙芝居や貸本マンガ家で食を繋ぎ、昭和四十一年に講談社児童漫画賞を受賞して以来、水木漫画の独自な世界を築くまでの血の滲むような履歴を独特なキャラクターに仕立て描いている。『コミック昭和史』には後に水木が最も得意とする妖怪漫画の原点を、水木家のお手伝いさんの「のんのんばあ」の強い影響があったからとしている。戦地で経験した怪異現象も、生還できたのも、幼いしげる少年を諭したり、慈しんだりした「のんのんばあ」の霊のお陰としている。幽霊や妖怪を「夢と現実との間を繋ぐもの」として描いた泉鏡花は、怪異を好んで特異な美の世界を形作った。近代作家が否定した怨念の美学の系譜を今日にとどめ、病める現代の神経の回復を試みた。神霊と悪霊は水木しげるの好むところ、鏡花の系譜に連なるものでもある。幽霊や妖怪は仮に恐ろしいものであっても鏡花は美しく描き、水木しげるは愛着を持って描いた。『コミック昭和史』は魑魅魍魎が暗躍跋扈する激動の時代を特異な神経で生き抜いた水木しげるの自分史なのでもある。

水木漫画での『コミック昭和史』は講談社漫画賞を受賞し、翌々年の紫綬褒章受章に繋がる名作であり、水木の代表作ともいえる作品で、ベストセラーとなる。無論妖怪漫画家の先駆的存在であり妖怪研究家としても知名度が高い。手塚治虫が近未来の都市の様相を描いてそれが次々と現実化していったことにより、手塚は未来予知能力を備えた科学漫画家と呼ばれた。『火の鳥』のような古代歴史漫画もあるが、それは近未来の地球を含む宇宙の対極に存在するものであった。一方水木はそういう認識からすれば非科学的、非現実的な霊の世界を描き続けた。昭和四十一年に講談社児童漫画賞を受賞した名作『テレビくん』も、テレビ放映開始というマスメディア時代の時代現象を鋭く描いた作品に違いはないが、水木の作品には常に科学技術に対する対極としての霊が存在する。『テレビくん』に続き『ゲゲゲの鬼太郎』『悪魔くん』『河童の三平』などが次々とアニメ化され、多くのファンを魅了した。そうした非科学的・非現実的なキャラクターを生成しながらそこに鋭い科学批判を内在させ、主人公のキャラクターに浮かばれぬ霊や荒ぶる霊を鎮める役を負わせている。原子爆弾の開発から原子力発電へと戦器が利器に変わっても、原子の核分裂による巨大エネルギー産出の機構の中に内包する核の不安は拭いきれない事実がある。原子爆弾の投下によって終戦という時代を日本は迎え、明治維新より続いていた戦争と軍部という怪物の姿も消え失せたが、同時にこの世とあの世を共にしていた愛すべき妖怪達もこの世から抹殺されてしまった。

原子力発電所を次々と破壊し、超高速原子力飛行機を叩き落とすゴジラの出現は、人類の持つ原子力への不安を映像という限られた世界ではあったが束の間解消してくれた。手塚が原子力エネルギーによる鉄腕アトムという善人キャラクターをヒーローとして生成させたように、水木は妖怪というキャラクターをヒーローとさせることにより、科学で解明できない闇の部分を鎮める善人妖怪を生成させた。

「昭和」という時代はその名に反する狂騒の時代であり、まさに妖怪の仕業、荒ぶる軍閥の仕儀による狂った時代であった。近頃北一輝や石原莞爾という闇の主や麻薬王が再び闇から目覚めようとしている。水木は紛れもなくこうした戦争やテロという行為がはびこる世を招き、人々を闇の世に導く魔物を悪鬼として描いている。無論深い泥沼に嵌まり込んでゆく「昭和」という狂騒の時代、戦争と侵略という惨い世界に国民を引き入れたのはその名のとおり、政界や軍部で怪物や妖怪と呼称された人々であった。わが国では、中古・中世という時代から妖怪と人間とが共存していた。「百鬼夜行の図」などは滑稽であり愛すべき妖怪たちである。

明治という「明」の文字に象徴される、開明という科学の蔓延るこの世から放逐され抹殺され根の国に押し込められた妖怪達は、人間支配の大いに治まったかのような「大正」という見せかけの時代を静かにすごした。しかし悪鬼が、大震によって荒ぶる妖し、悪鬼となって再び出現したのが「昭和」という時代であった。『コミック昭和史』では常に時代の曲り角に登場する世間を惑わし、瞞しの世を作り出す人物を水木は詳細に説明を付けている。それはこうした人物が眠りから目覚めさせられた悪鬼であり、その所業を本物の百鬼のなせる業と水木は認識しているからである。

平成三年に水木は『のんのんばあとオレ』という作品で文化庁芸術作品賞を受賞した。先述のとおり水木がラバウル戦線で左腕を失いながら生還できたのも「のんのんばあ」の霊力の加護によるものであった。『コミック昭和史』に登場する愛すべき妖怪はすべて水木の危機を救う存在として登場する。科学と怪学、人間と妖怪たちの世とあの世、人の住む木の国と死者のいる根の国、こうした図式対立は水木にはない。根の国に住む妖怪と唯一交信できたのは「のんのんばあ」なのである。水木もまたその加護により妖しを友とするようになる。水木にとって言霊の持つ霊力は「この国」をも動かす力を持った存在ということになる。

「平成」という時代はその名のとおり荒ぶる妖し、恐れる妖しを鎮める世であって欲しいと願う思いが『コミック昭和史』を書かせたのである。ラバウルの南の島のような、水豊かに清く、草木あふれる世の中を切望する思いが「水木しげる」のペンネームに込められているのである。

水木しげるはこの戦争体験を元に平和活動にも力を注ぐようになってゆく。平成七年には「第六回東京平和の日平和展」の催しとして「平和への祈り――水木しげる戦争体験絵画展」を開催している。そのおりにもこの大作『コミック昭和史』に描いた原画を出展している。原画は水木本人が登場する場面では、独特のキャラクターを形作っている。家族像、特に父親は幼いころから放縦でのんき者であった茂少年を愛し、三人の兄弟の中でもとりわけ茂少年には愛情を示し、不思議な話をしてくれる。水木しげるはそうした不思議な話にことさら興味を魅かれて育った。それゆえ家族や本人や町の人々、共に生死を共有した戦友達は独特のキャラクターを形作って描いているが、さすがに戦争の場面や空襲の場面、戦死の場面には迫真性がある。これは戦地でも常にノートや画帳に戦場のスケッチを写しとっていたからである。これらは『ラバウル戦記』『娘に語るお父さんの戦記』にまとめられているが、やはり圧巻は『総員玉砕せよ』であり、水木は戦友の遺骨収拾に再度ラバウルを訪れている。

島尾敏雄の戦後

島尾敏雄は、昭和六十二年（一九八六年）十一月十二日に出血性脳梗塞のために死去した。

妻の島尾ミホによって『島尾敏雄大日本帝国海軍軍歴』が書かれている。それによれば三日後天皇の勅使により「祭粢料」を賜り「勲三等瑞宝章」追賜を授与され、二十八日には特旨を以て位記「正五位」を追賜されている。こうした叙位叙勲は確かに島尾の軍歴、並びに戦後の文学活動に対する栄典に違いはない。だが島尾は昭和十八年（一九四三年）の九月に九州帝国大学を半年繰り上げて卒業し、十月に志願兵として第三期海軍予備学生となり、一般兵科に採用された。陸士や海兵出身ではない。そのため予備学生の多くは特別攻撃隊に編入されるものが多かった。昭和十九年五月三十一日に少尉に任官し、十月に第十八震洋隊の指揮官となり、十一月十一日に奄美群島加計呂麻島呑之浦の前線基地に進出し出撃を待った。この期の体験が島尾文学の骨格を成しているのである。軍歴の大尉の任官は終戦の翌月九月五日であった。

島尾は志願兵となる前に四六判百九十四頁の私家版『幼年記』（こをろ発刊所、昭和十八年、後に徳間書店、昭和四十二年）を七十部発刊した。二十六歳であった。当然まぢかに迫っていた特攻による死を思ってのことで、これは親しい人々に配られた。本人は遺書のつもりであったのであろうが、こうした経緯もあってきれぎれながら小学生時代からの島尾の文章を私達は読むことができるのである。中でも彼が書くことに対して稀有の愛着を持った文学少年であったことに気づくのである。大正十二年の関東大震災によって横浜の家が全壊した。輸出絹織物商を営んでいた父は、横浜の大田町に住居を構えていたが、たまたまこの時家族全員が本籍地である福島県相馬郡小高町に疎開に来ていたので全員が難を免れた。翌年四月に横浜尋常小学校に入学し、児童保護者会発行の雑誌『学之友』に綴り方『ボクノナガグツ』が掲載された。翌年兵庫県武庫郡西灘第二尋常小学校に転校し、この学校では開校以来の神童と言われ、教師が休むと島尾が授業を行なった。

小学校二年の島尾は、父親から謄写版を買ってもらって一人で小冊子を刷りはじめ、小学校三年から兵庫県立神戸商業在学中にかけて五十五冊の小冊子を印刷刊行した。現在判別されているものに『小兵士』と題された十三冊がある。昭和四年に一家が神戸市に移ったので神戸小学校に転校した。その時に島尾の綴り方に手を加えたのが、後に作家となった若杉慧で、二人の長い交流の端緒はこの時に得られたのであった。『幼年記』は、学童期の作品と小説七編、紀行文三編、随筆一編から成っており、その中に「ぼくは小学尋常科」という作品がある。小学校二年以降の綴り方や家族と交わした手紙、日記を集めたもので作家人生の萌芽的作品である。かつて芥川龍之介が幼少の頃に回覧雑誌を作っていたことに極めて似ている。芥川龍之介の小学校時代に芽生えた回覧雑誌は『碧潮』『流星』『曙光』などと題されている。芥川龍之介もこれらの雑誌の中に夏休みの日記や友人との交流を描いている。

島尾の『幼年記』にも『友』と『福田三千也君のこと』など幼少期の友人に及んだ文章もある。特に昭和十三年二月に『扶揺』という雑誌に応募した『原っぱ』は島尾敏雄二十一歳の作品であるが、芥川龍之介の大正十一年、三十一歳の作品『トロッコ』に通う視点で描かれている。『原っぱ』は家族の問題や内面性への注目など初期習作であるが、島尾文学の原点を示唆するものとも評されている作である。

小学生の貫太郎は、学校帰りに電車の飛び乗りをして叱られ、回数券も持って無いことに気付き後悔するが、下りる時にまたひどく叱られる。みじめな気持ちで帰宅すると、母がやさしく迎えてくれ思わず涙を流す。母から貰った切符を届けた出張所の人はやさしかったので、やっと晴やかな気分になる。近所の遊び友達への屈折した思いから、その子と人形芝居を見に行くという妹を連れ出し、危険なトロッコ橋をわざと渡って妹を泣かせ兄妹の愛情を確認した思いになり、友との屈折感も解消される。後半の部分では、原っぱで大好きな女学生房枝が縄飛びをするために、房枝は櫛を持っているように貫太郎に頼む。頼まれた貫太郎は有頂天で大事に持っていたが、汚れている手が気になり急いで手を洗っていると縄飛びは既に終っていて、房枝の機嫌を損ねた貫太郎はみじめな気持ちになる。だがそれも母と銭湯へ行っている中に洗い流された気持ちになるのであった。

素材は横浜ですごした幼少期の体験であるが、吉本隆明はこの習作から島尾の資質の中枢である「関係の異和」に注目をしている。島尾のこの時期の「人間関係の異和感」を実生活に求めるとすれば、幼児期に転居が多くて肌を触れあうような友達関係が築けず、常によそ者意識を持っていたことと、母親が病弱で育児に手が回らず、敏雄は幼児より福島県相馬地方の祖父母の家に預けられることが多かったことも後年の思想形成に影響を与えたと指摘しているのである。一方芥川龍之介の『トロッコ』は、大正十一年三月の雑誌『大観』に発表されている。

主人公の良平は小田原熱海間に軽便鉄道敷設工事が始まったとき八歳で、彼は毎日村外れのその工事を見に行く。工事現場のトロッコに魅せられ、乗りたくてたまらなかった彼は、ある日そのトロッコを動かしているとき工夫に怒鳴られ、みじめな気持ちを味わう。それから十日余りの後、彼は二人の若い工夫の許しを得てトロッコ押しを手伝う。初めは勇んでトロッコを動かしていたが、次第に山の奥へ入るにつれて、不安が増し、彼はその不安と戦いながら目的地に突き進む。その目的地に着いたとき、工夫は「帰んな」と無造作に言う。彼は夢中で夕闇の山道を家へ走り帰るが、家へ着くや大声で泣き出し、母は良平の体を抱えるようにして慰さめるのだが、良平はただ泣き続けるばかりであった。両作品に共通するのが母親の存在である。

短編という手法で一言の無駄もなく一言の不足もなく描き出している。三島由紀夫は「日本独得の作文的短編、トロッコという小物象にまつはる記憶を描いて、それを徐々に人生の象徴へもってゆき、最後に現在の心境に収斂させる、といふ型の短編の中でも最も佳良なもののひとつ」と評価している。しかし作品としてみれば最後の数行はフィクションではなく、「塵労に疲れた彼の前には今でもやはりその時のように、薄暗い藪や坂のある路が細々と一すぢ断続している」という部分には芥川龍之介の晩年の姿が描かれている。そういう点から見れば、少年の日への回想が現実を逆照射する可逆性のある作品ということができる。晩年芥川龍之介は「一塊の土」や「歯車」という作品で自爆してゆく軌跡を描いている。最後の自殺という行為に向かってゆく自己の精神の中で、ふと一瞬の輝を持った『密柑』という作品や『トロッコ』という本作品は、家族や親族といかにかかわっていたかということを想起せずにはいられない。芥川龍之介は若くして文壇を代表する作家となったが、大正九年の『秋』という作品を発表してからはそれ以降次第に現実的なものへの関心を示し始めている。やがては私小説的な作品を試みるなど作家としての新境地をひらこうとしたが成功しなかった。遺稿となった『歯車』などには近代的自我の限界や破綻をうかがわせるものがある。芥川龍之介が自滅への道を歩んだように、島尾敏雄の作品にもそうした意識は充分に存在する。

芥川龍之介の『歯車』は、昭和二年三月二十三日から三十日にかけて書かれ、その後の四月七日に『飛行機』が書かれている。健康が衰え家庭の煩雑さに憔悴し、加えて芸術上の悩みもあって神経は痛めつけられ、将来に対する唯ぼんやりした不安から逃れられない状態にいた。『歯車』の幻視にしても現実の体験であったことは斎藤茂吉宛書簡によっても窺知できる。「地獄よりも地獄的な人生に苦悩し、強度な不眠症と発狂の恐怖におびえ続けている。やがて視野の中に妙なものを見つけ出す。妙なものとは絶えずまはってゐる半透明の歯車だった」とあるように「存在することの危機的人間的心象を分析的に捉えて構築する方法」に芥川龍之介作品の特異性がある。

島尾敏雄も幼少時は蒲柳の質だったようで六歳の頃に大病をした。また小学校に通う頃は定期的に頭痛が襲い視界に歯車の形があらわれる症状があった。彼はそれを「眼華」と名付けたが、この幻覚は芥川龍之介同様終生続いたようである。次第に軽くはなったが晩年まで彼につきまとった症状であった。島尾敏雄の作品『原っぱ』は横浜の弘明寺界隈で出合った出来事である。少年時の綴り方の無邪気さからは測りがたい陰影に富んだ子供の心象風景が語られている。また『日曜学校』には、教会の日曜学校の熱心な参加者だった少年が周囲の人間関係から信仰心を枯らしてゆく過程を描き出していて見事である。また同じ日曜学校を扱った昭和九年の『育むもの』での素直で肯定的な描写とは大きな相違が見られるのである。島尾敏雄の作品は身辺に生ずる機と材を求めて描くという傾向は終生変わらなかった。その意味では徹底している作家といえる。芥川龍之介も徹底的に計算し尽した構図と配色をもって最後まで模索し続けた芸術家であった。その意味で二人はまことに共通して素材を追求して描いている作家であった。

島尾敏雄は、昭和十九年（一九四四年）二月に第一期魚雷艇学生として横須賀の海軍水雷学校で訓練を受け、同年四月三十日に長崎県川棚魚雷艇訓練所に入所し、翌日に海軍少尉士官に任官した。同年七月十四日にまた神奈川県横須賀水雷学校へ赴任している。十月に第十八震洋隊の指揮官となって十月十一日に奄美群島加計呂麻島呑之浦の前戦基地に進出をした。僅か四ヶ月であったが、島尾敏雄も横須賀の海軍水雷学校に赴任したのである。芥川龍之介が海軍機関学校に英語教授嘱託として勤務したのは、大正五年（一九一六年）から同八年三月までの三年足らずであったが、二人とも横須賀の海軍学校に赴任したのであった。芥川龍之介が赴任した時は、海軍機関科将校教育を目的としていた。大正十四年（一九二五年）には本部が舞鶴に移り、横須賀は練習生科が残り、海軍工機学校として独立分離した。生徒には海軍機関将校、同特務士官育成を目的として軍事学、普通学を履習させるとともに、心身を鍛え、軍人精神を養い、人格識見を磨くための訓練が施された。昭和十九年十二月に海軍中尉に任官した島尾敏雄は加計呂麻島で兵隊に、国語、算数、地理、歴史を教えるため、隣村の押角国民学校へ教科書を借りにゆき、大平文一郎を知り、大平父子と親交を深めるようになり、後に妻となるミホと出合うのである。

昭和二十四年十一月号の『文藝』に掲載された『出孤島記』（『島尾敏雄作品集』晶文社、昭和三十六年）により島尾敏雄は第一回戦後文学賞を受賞した。当時の体験を描いた代表的な作品のひとつで、『出孤島記』『出発は遂に訪れず』（新潮社、昭和三十九年）『その夏の今は』（『夢の中での日常』講談社、昭和四十六年）を合わせて特攻三部作と称された。死を前提にした島尾の関心は、「出撃命令を受け取ったときの自分の態度」に向かい、八月十五日の終戦を迎えたときから島尾は「笑いをおさえることができなかった」と告白している。だがそれは「暗い虚脱に裏打ちされたもの」で島尾の終生のテーマとなった感情であった。即時待機の最中に隊をはなれてN（大平ミホ）と密会を重ねるモチーフは特攻三部作に繰り返し描かれる。平野謙は死を前提にした自己絶対化が後年日常に復讐される予兆として「私の靴に彼女の頬をすりつけようとする」仕草と同様の構図が『死の棘』（『群像』講談社、昭和三十五年）にもあると指摘した。

昭和二十九年十月に『文學界』に発表された『われ深きふちより』（河出書房、昭和三十年）は短編小説であるがすぐれた作品である。彼とその妻とは戦争下の南の島で死を見詰めつつ結ばれた。死の観念を仲立ちとして二人は愛し合っていた。やがて九年が経ち、彼自身どこにも辿り着かないでいるうちに、徐々に身近で苦悩している彼女を見いだす。しかもそれは自分がほかの女と交渉を続けていることの鋭敏な反映だと知っていながら決着を一日伸ばしにしている。彼にとっては何事も決着はつかないし、そのきざしすら見えていない。やがて彼女は狂気にさいなまれそうになる。かつて暗く幸福なときには、一人愛されたいというエゴは透明であって、あたかもないかのような存在であったが、それはいうまでもなく愛情とひとつの束になって彼女に深く根差していたからであった。彼女の意志さえ越えた生きもののようにそれは心と体をこわしてしまいそうになる。「直っても一生涯あなたに嫉妬しなくちゃならないと思うと絶望だわ。このまま本当に狂ってしまった方がいい」という彼女を、この女の行方を償いとして徹底的に見守らなければならないと彼は思うのであった。このように島尾はやがて苦しみを背負うことにもなるのである。

長編小説『死の棘』は昭和三十五年から五十一年まで『群像』や『新潮』に連載され、昭和五十二年（一九七七年）に新潮社より一冊となって出版された。この作品で島尾敏雄は第十一回芸術選奨受賞、読売文学賞、日本文学大賞を受賞する。ある家族の夏の終わりから翌年六月始めまでの十ヶ月間の生活を描いた作品である。

妻が夫の情事を知って怒りの発作に襲われる。やがて夫の情事を全て探り出し、彼の嘘を突き止めるために、冷酷で容赦のない彼女の詰問が始まる。妻の発作は度を増す一方で、遂には夫と妻は自殺未遂にまで追い込まれる。こうして一家は段々と社会から孤立し憂鬱な日々を送るようになる。一家は一時夫の故郷である東北に住むが、妻は狂気の発作が悪化して間もなく東北を離れ関東周辺を点々とする。夫は妻の治療を決意し、睡眠薬、電気ショック等の治療の末、妻は精神病患者として病院に収容される。小説の最後では夫は妻の看病のため自分も入院することになる。こうした作品は島尾の「病院記」シリーズと称されるように、後に何遍も描かれ続け島尾文学の中核となる。

『死の棘』以前の『われ深きふちより』と同様『死の棘』の題名も『聖書』からとられたも

ので「パウロのコリント人への第一の手紙十五章五十六節」よりとられている。この題名や内容から昭和三十一年（一九五六年）にカトリックとして洗礼を受けた島尾が自己の経験を宗教的な観点から小説に盛り込んだ作品と考えることができる。粟津則雄（『夢の中での日常』解説、講談社、昭和四十六年）は、この作品を怒りの神としてのミホが罪深いトシオを罰する旧約聖書的世界として捉えている。三島由紀夫は「魔的なものの力」（『文學界』昭和三十七年十二月）の中で不条理な行動へ促す魔的な力の作用から制作の衝動を受けたことを説いている。吉本隆明は、トシオとミホの結びつきをシャーマニズムとの関連で捉えている。桶谷秀昭は、素材の異常さに関心を示す読み方に疑問を呈している。（「島尾敏雄断片」『三田新聞』昭和四十二年十月十八日）このように『死の棘』は十七年間に亘って書き続けられた連作小説だけに多くの人々によって論じられている。これらの評者に共通していることは、罪の告白によって自己の弱さや自己を救うことができない、ということを認め受け入れることで新約聖書に書かれている「罪の贖い」を説いていると考える説である。

島尾敏雄という人物のある部分と、島尾一家の凄絶な様相は『新潮』の平成十一年新年号から十二月号にかけて発表された『「死の棘」日記』に尽くされている。この日記の発表に際して序には夫人の島尾ミホ氏の「公開によせて」という短文が付いている。それによれば、島尾の十三回忌を機に発表に踏み切ったとのことであり、その胸中は「亡夫が生前、毎晩机に向かって、己と対峙しつつ書き綴った心懐の秘め事の証しともいえる『日記』を、遺された妻が公開致しますことに、私は思い悩みました。特に私達家族にとりましての、最も苦渋に満ちた日夜の公開には、かなりの逡巡が先立ちました。然し島尾文学の解明と御理解に幾分なりとも役立ち、又島尾文学に心をお寄せ下さる方々への報恩にもなりますならばと、夫婦共々の羞恥は忍んでも発表に思いを定めました」とつづられている。

芥川龍之介の『西方の人』は、昭和二年八月一日発行の雑誌『改造』に発表された作品であるから遺稿である。島尾敏雄の『死の棘日記』も遺稿である。芥川はこの作品の中で聖霊とは必ずしも聖なるものではなく、永遠に超えんとするものであり、それは善悪の彼岸にある。ゲーテによればデーモンである。悪魔や天使ではない。神とも異なり、マリアは唯の女人だった、といわれるが、あらゆる女人の中ばかりでなく、あらゆる男子の中にも多少のマリアを感じる。マリアは永遠に女性なるものの象徴でないのはもちろんのこと、母性なるものでもない。したがって永遠に守らんとするものと永遠に超えんとするものがあると述べている。この『西方の人』『続西方の人』が創作集『西方の人』として発刊されたのは芥川の死後二年を経過した昭和四年十二月二十日であった。巻末には佐藤春夫の跋文がある。「或るものは文字どほりに必死の努力によって生命をその中に注入しようとしてゐるし、また少数の或るものは心にもない重たげな筆を義務を痛感しながら不機嫌そうに運んでゐるが、いずれとして彼の傷ましい生活を反映せぬものはない。就中歯車の如きは紙背にこもってゐる作者の暗涙がそぞろに人に迫って、心なしには通読出来ないのである。さきの日の颯爽たるすがたは今や悲痛な面ざしに変ったが、彼を愛する読者にとってはこれらの諸篇こそは最も愛惜に堪得ぬものであろう」といっている。また『闇中問答』（遺稿、昭和二年）という作品では、闇からの声に対して「お前の来る所に平和はない。僕は群小作家の一人だ。平和はその外に得られるものではない」といいながらもなお「芥川龍之介、お前の根をしっかりとおろせ。唯しっかり踏んばってゐろ。それはお前の為だ。同時に又お前の子供たちの為だ。これからお前はやり直すのだ」と書かれた悲痛な叫びは、『西方の人』では「永遠に超えんとするもの」と「守らんとするもの」の声となって訴えかけて来る。芥川の初期の作品『藪の中』（新潮社、大正十一年）のモチーフもある女性と芥川との男女関係の問題から発生している。『或阿呆の一生』（遺稿、昭和二年）ではこの女性は「狂人の娘」として登場し、更に『歯車』（遺稿、昭和二年）では「復讐の神」と書かれ、芥川にとってのある暗い影となって登場して来る。芥川から友人の小穴隆一に宛てた遺書には「僕は罪を犯したことことに良心の呵責は感じてゐない。唯相手を選ばなかった為に僕の生存に不利を生じたことを少からず後悔してゐる」と書いてあったということである。江口渙は「芥川の晩年の運命の少なくとも三十パーセントを支配した女性である」と言っている。三月二十七日に芥川は「復讐」の章を書いて、その四ヶ月後に自裁したのであった。

庄野潤三が平成二十一年九月二十一日に八十八歳で死去した。訃報ではテレビもラジオも新聞も「第三の新人」の作家として紹介している。戦争が終わって間もない間に華々しい活躍を始めた埴谷雄高、椎名麟三、武田泰淳、野間宏などの諸氏を戦後派といい、その次に登場した庄野潤三、島尾敏雄、長谷川四郎、井上光晴、西野辰吉、霜田正次らを第三の新人と呼んだ。鉄道の三等車、源氏鶏大の『三等重役』などと同じように第三は最も下の等級というような意味合いがあった。従って「第三の新人」とは蔑称にほかならなかった。左派華やかな終戦直後において、すべてマルクス主義の洗礼を受けている戦後派は、みんなマルキストである七人の侍といわれた。同人の編集する雑誌『近代文学』の応援を受けて日本の文学に乏しいといわれた思想を盛り込んだ小説を書いて、わが国の文学を豊かにしたと称賛され、文壇の時評家は戦後派を褒めるついでに第三の新人の作品を貶した。第三の新人には文芸ジャーナリズムも冷たく雑文一枚の注文すら出してくれなかったと吉行淳之介は言っている。前には戦後派の大家、後ろには派手な新人が迫っている中で、第三の新人達は前門の虎後門の狼を意識しつつ、それぞれが意中の作家を目標にして己の道を切り開いていった。昭和三十年代に入って第三の作家達は「第三の新人」らしく次々と長編小説を書いていろいろな文学賞を受賞していったのであった。

島尾敏雄は眼に映ること、耳に聞こえる身辺のことすべてを書きとめていった。その意味では徹底していた。島尾敏雄の文学は私小説ではない。また評論家も早くから私小説作家ではないと言い、それが定説となっている。平野謙は「野間、椎名らを第一次戦後派と呼び、武田、堀田らを第二次戦後派と呼ぶならば、それら乱世の英雄どもが一応掘りかえした抗道の部分的地ならしの役割を受けもったものが、第三の新人達であった。それら第三の新人に呼応する新しい批評家の一群として奥野、松村、佐伯、進藤、吉本、佐古らが登場した。彼らのうちのあるものはメタフィジック批評を旗印とし、あるいは実存主義的な批評傾向を示したりした」と『昭和文学史』（筑摩書房、昭和三十八年）で述べている。島尾敏雄は夢の中に現実の関係を持ち込んだ。現実を生きるものも夢を見るものも同一人物で、その感受性の持つ本来のしなやかさや怖ろしさを意識した方法で表現したのであった。そうした方法から考えれば島尾敏雄の意中の作家は、颯爽と文壇に登場し、家族に苦悩し、自己と格闘して壮絶な人間世界を描いた芥川龍之介であったといえるであろう。島尾もまたそうした生き方をした作家であった。島尾は『わが小説』（『朝日新聞』昭和三十七年二月二十八日）の中で「自分で自分の小説を分類して、目をあけて周囲を書いたものと、目をつぶってそれを表現したものとの二つになる」と書いている。「眼を開けた」リアリズム主義、「目をつぶった」象徴主義風の作品とみずから二大別するように、それらは意識して書かれたものといってよい。文学への出発を促した「こをろ」の矢山哲治、生と死のはざまを生きた芥川龍之介、『死の棘』は十七年間に亘って描き続けられた二つの意識が融合した作品である。

山田風太郎の文学

昭和二十二年、山田風太郎の応募作品『達磨峠の事件』が『宝石』の第一回新人懸賞募集に入選した。まだ東京医科大学の学生であったときである。山田は、敗戦の翌年（昭和二十一年）の暑い夏、進駐軍配給の蛆（うじ）のわいたコンビーフの缶詰を食べながら、この作品を書いた。創刊されたばかりの『宝石』を読み「この程度のものならおれにだって書けるサ」と、懸賞小説に応募したという。

　頂戴したのはたしか一金千円なりで、学生のせいもあり、いまの二十万以上の使いでがあったような気がして、「作家とはいいものだな」と感じいったのがあやまちのもとで、のちに雑誌の奴隷となる破目を呼び、いまから思うとやっぱりお医者サンになって、武見会長の号令一下、無抵抗の有害無益な人類をイビっていた方が痛快であったかも知れない。

（『私の処女作』『別冊文藝春秋』昭和四十六年九月）

いかにも山田らしい皮肉な書きぶりである。もっとも、昭和二十四年に探偵作家クラブ賞を受賞した『達磨峠の事件』が本当の処女作というのではない。『宝石』が活字になった最初のものではないということだ。後に『滅失への青春』や『戦中派不戦日記』を書いた山田誠也は戦後の生き残りという認識をもっていた。山田自身、『私の処女作』で述べているように、昭和十五年に欧文社（後に旺文社）の学生小説に応募した『石の下』が入選して、『受験旬報』二月号に掲載されている。山田風太郎の筆名を用いたのもこの時からである。文壇にデビューした頃の風太郎について、江戸川乱歩は、『探偵小説四十年』の中で、次のように記している。

探偵小説の戦後派新人の中から五人を選ぶことは割にやさしい。それほど出色の作家がちょうど五人いるからだ。一昨年登場した香山滋、山田風太郎、島田一男、昨年登場した高木彬光、大坪砂男の五人である。

と述べたうえで、

山田風太郎は、作風、容貌ともに小型の芥川龍之介だといった人がある。まだ医大を出たばかりの青年、文学的素養は到底芥川には到らないが、取材の好みといい、大正期ふうのニヒリズムと反自然主義的傾向といい、初期の芥川に似たところがないではない。闘志はさかんで、先輩横溝正史に短篇作での挑戦を申しいで、横溝も莞爾としてこれを受け、本年度において戦いを決せんとしているという佳話がある。

と記している。江戸川乱歩がいっていることは、昭和二十四年のことなのであるが、この年の二月二十四日、京橋の東洋軒で第二回探偵クラブ賞授賞式があり、山田は短篇賞を受賞している。乱歩が語る「ニヒリズムと反自然主義的傾向」という言葉は、山田の文学世界を端的に表現したものであり、それはその後の山田の執筆傾向までも見事に指摘したものであった。

デビュー当時の山田の文学に対する気概は旺盛で、翌二十五年、白石潔が中心となって、香山滋・高木彬光・山田風太郎らが参加して鬼クラブを結成して、七月、機関誌『鬼』を創刊している。この雑誌は二十八年九月まで九号を出して廃刊となった（江戸川乱歩『探偵小説四十年』）。

昭和二十年代の山田は、たとえば怪奇小説『女妖』（『面白倶楽部』昭和二十八年二月）や『贋作コナンドイル』と銘打って『黄色い下宿人』（『宝石』昭和二十八年十二月）を書いている。『女妖』は、二重構造になっている作品である。酒場邪宗門のマダムの妖艶さに引かれた「私」は、マダムから酒場が抵当に入っていると告白され、金を出す代わりに、マダムの体を手に入れる。酒場の権利を持っているのは緒方杢兵衛だという。ところが、意外なことに杢兵衛とマダムは夫婦であった。マダムの話は檜田水鬼が書く小説の中でのことなのであるが、水鬼の妻と編集者の淡路慶造とも半年前から男女の仲になっていたというストーリーである。人間の心の不可解さがテーマとなっているかのようであるが、最後の意外性がきいている。いかにも風太郎らしい、巫山戯た皮肉な作品である。

山田風太郎の作品は、読者の度肝を抜く作品が多い。忍法帖の驚愕以外のなにものでもない発想の特異性。それらは登場人物の名前にしてもそうである。『風来忍法帖』（『宝石』昭和三十二年～三十四年）に登場する悪源太助平は悪源太義平、同じく『風来忍法帖』に登場する七郎義経は源九郎義経、『信玄忍法帖』に登場する忍者蟬丸右近は『今昔物語集』に伝えられている盲目の琵琶法師蟬丸の名前を利用したものであろう。この他、薬師寺典膳（『甲賀忍法帖』）は御子神典膳の名にヒントを得たものであろうか。昼根宰丸斎（『風来忍法帖』）・寝覚幻五郎（『江戸忍法帖』）という名にいたっては、山田の異才が縦横無尽に飛翔したものというべきであるが、こう巫山戯たところに医師としての人体認識を見ることもできる。

私たちは、山田風太郎に対して奇想天外な発想をする忍法小説作家という印象を抱いている。『甲賀忍法帖』・『江戸忍法帖』・『飛騨忍法帖』・『くノ一忍法帖』・『外道忍法帖』・『おぼろ忍法帖』などの講談社の新書判のロマンブックスや『山田風太郎忍法全集』（昭和三十八年〜三十九年）などは、昭和三十年代の忍法ブームの火付け役となり、いわゆる風太郎忍法を創出した。

山田は、忍法帖を昭和三十三年から書き出した。この年の十二月から翌三十四年十一月まで『甲賀忍法帖』を『面白倶楽部』に連載する。ほぼ同じ時期に司馬遼太郎が『梟の城』（連載時は『梟のいる都城』）を『中外日報』に連載し（昭和三十三年四月〜三十四年二月）、三十五年五月に『梟の城』と改題されて講談社から刊行され、これが第四十二回直木賞受賞作となった。村山知義の『忍びの者』は『赤旗』日曜版や『文化評論』に昭和三十五年十一月から三十七年五月まで連載された。尾崎秀樹は、忍者を扱った作品がマスコミの表面に登場するのは、五味康祐が昭和三十一年から翌年にかけて『柳生武芸帖』を連載したあたりからで、昭和三十四年の司馬遼太郎の『梟の城』が直木賞受賞、三十五年に柴田錬三郎の『赤い影法師』、そして村山知義の『忍びの者』などが忍法小説として話題を呼び、忍法ブームが始まったと述べている（光文社文庫『忍びの者』解説）。劇画の世界では白土三平の忍者漫画も流行していた。山田の忍法小説も、こうした忍者小説ブームとほぼ同時期に登場している。

山田は、昭和三十九年十二月十八日から四十一年二月二十一日まで、『大阪新聞』他に『おぼろ忍法帖』を連載する。この作品は、後に『妖異魔界転生』、さらに『魔界転生』と改題された。これは、映画化されたこともあって話題を呼んだが、いわば山田風太郎の作家としての特色が遺憾なく発揮された作品である。『くノ一忍法帖』には「ツツガラシ」といったいかにも女性忍者らしい妖術が用いられている。

山田はもともとキリシタンに関心を持っており、作品の随所にキリシタン関係のことを書いている。たとえば『外道忍法帖』（『週刊新潮』昭和三十六年八月～三十七年一月）がそうであり、また、『魔界転生』でも蘇った天草四郎が戦慄すべき行動をする。現世に執着心を残して女と交わって死ぬと、やがて男は孕んだ女の胎盤を蹴り破って蘇生する。無論、女は死んでしまう。こうして、四郎をはじめとして、宮本武蔵・柳生宗矩・柳生兵庫・荒木又右衛門・宝蔵院胤舜・田宮坊太郎が蘇り、徳川の天下を覆そうとする。それを阻止すべく敢然と立ちはだかるのが、柳生十兵衛である。蘇生した七人の魔界の剣士を操る森宗意軒。まさに奇想天外・波乱万丈という言葉がよくあてはまるエンターテインメントである。

『魔界転生』は、平成八年、角川書店から漫画本（漫画・石川賢）として刊行された。また、平成七年にも漫画として『日刊ゲンダイ』（漫画・とみ新蔵）に連載され、翌八年、リイド社から単行本として刊行され、さらに平成十四年に同じくリイド社から『魔之巻』・『界之巻』・『転之巻』・『生之巻』の四巻として改めて刊行されている。角川版とリイド社版とを比較すると、どちらもめっぽう面白い劇画となっているのであるが、書き手によってこうも印象が変わるものかと驚かされる。

山田は、リイド社版『魔界転生』の「魔之巻」で、「私にとっての『魔界転生』」と題し、冒頭に「私がいままで書いてきた数多くの「忍法帖シリーズ」の中でも、一番いい作品と思っているのが実はこの『魔界転生』なんです」と断り、次のように記している。

　今度は十兵衛が主人公となって敵と闘う作品を書くと決めて、真っ先に考えたのが現代に名を残す剣豪達と十兵衛を対決させたい、ということでした。強い奴と強い奴の闘い、というのは誰もが見たいと思う夢のようなことですからね。しかし、いざ書こうと思うと難題にぶつかるんです。宮本武蔵をはじめとする剣豪達の全盛期が十兵衛と多少ずれているんです。対決させるにはお互いが心身ともに全盛期でなくては面白くありません。そこで出てきたアイデアが一度死んだ剣豪達が、秘術を使って全盛期以上の力を獲得し、転生するというものでした。

こうして、前述の如く、胎盤を破って宮本武蔵らが蘇生するという内容となるのである。山田は、柳生十兵衛に魅力を感じるという。右のエッセイの中で「剣術は凄腕、大名の長男であるのに家を継がず、浮浪人のような生活をおくる姿」に、自分も「そういった自由な生き方をしたい」という「心」を持っているので、魅力を感じるのだとも述べている。これと似たことは、インタビュー『いまわの際に言うべき一大事はなし』（角川春樹事務所、平成十年）でも歴史上一番強い剣豪は「柳生十兵衛が一番強いんじゃないかな」と語っている。十兵衛に対する強い思い入れもあるようである。

文学には動の文学と静の文学がある。このことは、なにも現代文学に限ったことではない。たとえば、『今昔物語集』は〈動〉の文学であり、『源氏物語』は〈静〉の文学であると思う。『今昔物語集』は、登場人物の行動をダイナミックに描き、その行動ぶりから人となりを察知させるという描写をする。山田の忍法帖もまた〈動〉の文学である。忍者の忍法の技も剣豪たちの闘いもまことにダイナミックに描いている。

山田風太郎は、前掲のインタビュー『いまわの際に言うべき一大事はなし』の中で、江戸川乱歩の作品に登場する明智小五郎のようなキャラクターを作らなかったのかという問いに対して、「ええ、つくれなかったね」と答え、作ろうとは思わなかったかという問いに「思いもしなかった」、小説の中で思い入れのある人物はという問いには「別にないね」と回答する。この言葉に偽りはないと思う。無論、作家である以上、自分が描いた作中の人物に愛着がないわけではあるまい。しかし、山田の場合、その場、その場を淡々と自分の心の赴くままに書いてきたということなのであろう。それ故に山田の文学は破天荒そのものなのである。

山田風太郎は、忍法小説やミステリーだけの作家ではない。昭和四十六年一年間に限っての記録『戦中派不戦日記』（桃源社、昭和三十九年）は、山田の自己批判とは別に当時の日本人の若者の行動と心理、そして敗戦時の動揺を克明に伝えている。この頃に目的を失った青年がひきおこす「衝動殺人」の連鎖が頻発するようになるのである。ところで、『人間魔界図巻』（海竜社、平成十四年）を編纂した幅中宏充は、その書の「解説にかえて」で、こう述べている。

私見によれば、山田風太郎の作品は「戦時中の日記」「推理小説」「忍法帖シリーズ」「室町時代もの」「明治開化もの」「生病老死をめぐるエッセー」という、六つの分野に大別される。それらのすべてに通底するのが、乾いたニヒリズムなのである。

しかし、山田風太郎の持ち味は、単に虚無主義の陰翳（いんえい）だけではない。ニヒルな筆致、シニカルな文脈の背後には、明るさ、ユーモア、飄逸（ひょういつ）な趣（おもむき）がさり気なく秘められている。これが山田風太郎の真骨頂なのだ。

これは、山田風太郎文学の本質を鋭く指摘した評言である。風太郎の作品は広範多岐である。

忍法小説、ミステリー、時代小説、明治物、そして鋭い文明批判を含んだ随想など、ユニークさに富みながら、しかも内容の面白さは天下一品である。その面白さは、現実凝視の鋭さと独特の発想に由来する。発想の特異性、これが風太郎文学の持ち味なのであるが、登場させる人物にしても、歴史上の人物を登場させて独特の解釈を加える。『警視庁草紙』（桃源社、昭和四十七年）では、主人公の元南町奉行・駒井相模守や元同心・千羽兵四郎とは別に、山岡鉄太郎や山田浅右衛門など歴史上の人物、三遊亭円朝、森林太郎、夏目漱石、樋口一葉などの文学者が登場する。岡本綺堂の『半七捕物帳』で知られる岡っ引きの三河町の半七の名も見える。注目すべき面白いことは、漱石と一葉がまだ幼い頃のこととして、二人が言葉を交わしている場面を設定していることだ。着想の奇抜さ、しかし、それは決してあり得ぬことではない。きちんと史実の流れを踏まえたうえで、思い切った想像を加えてゆく。山田風太郎の『幻燈辻馬車』（昭和四十九年）や『警視庁草紙』（昭和四十七年）などの〈明治開化物〉の強みはそこにあり、ありそうな事件を描いていることからも、読者はつい引きずりこまれてしまうのだ。

ともあれ、忍法帖であれ、明治開化物であれ、室町時代物であれ、山田風太郎の奇抜な発想は、その一つ一つが他には類を見ない、とてつもなく大きなスケールの作品を作り得ていたのである。山田風太郎の肉体感が彼の戦中体験に根ざしていると考えることはあながち間違いではなかろう。敗戦後にいち早く肉体の復権が唱えられたことでもうなづけることである。

山田風太郎の異色作『一刀斎と歩く』はとにかく愉快であり奇天烈な作品である。本作は昭和三十一年『講談社倶楽部』三月号に掲載された作品であるが、単行本未収録作品である。現在は光文社文庫の『達摩峠の事件』（補遺篇、「山田風太郎ミステリー傑作選」10、平成十四年三月二十日）に収録されている。主人公は極めて気の弱い小野善兵衛というサラリーマンである。小野は怒ることを知らない、いやもともと怒るという勇気を持ち合わせていない人物なのである。小野はある家具の月賦販売会社の集金係である。社長は御子神といい、これも小野が経営する会社であったが御子神に乗っ取られて地位が逆転してしまったのだ。小野家は元は伊藤侯爵家の家令であった。代々伊藤家に仕え、伊藤家が敗戦後華族の特権を失った時、主の侯爵と共にキャバレーを経営したり、養鶏養豚業を経営したがいずれも成功しなかった。小野がある日家に帰ると税金の督促状だけが残され細君の可久子が消えていた。つまり妻にも逃げられてしまったのである。またある日伊藤家の長女沙織から家の主が伊豆今井浜に逃げたのを連れ戻して欲しいとの電報を受ける。永いこと家令を務めていた小野は今でも伊藤を主人と思い忠実に仕えている。伊藤侯は戦後の失敗で精神に異常をきたし、長いこと座敷牢に入れられていたがある時何を思ったか逃げ出して伊豆にいた。小野が南風荘に到着すると元侯爵が床の間に置いてあった仕込杖を手に取って尋常ならざる態であると聞かされる。小野は元主人をひと目見て涙ぐんでしまった。確かに気がふれているように見える。こうして物語が始まる。

仕込杖を手にした元侯爵は「われは伊藤一刀斎なるぞ」と厳かに名乗るや神技に近い剣の冴えを見せ始めた。縁側に来ている二羽の雀をフォークで押え、放つと勢いよく飛び翔った。猫を一刀のもとに、七寸ばかりの松枝を一太刀で切り落した。つまり床の間の仕込杖の妖剣が伊藤元侯爵に乗り移ったのである。その後の元主人はまさに剣聖伊藤一刀斎のごとく神技に満ちた剣の達人となる。止むなく小野は一刀斎を東京に連れ戻すのであるが、これが面白い。ここから山田風太郎の幻妖さが発揮されるのである。まるでタイムスリップでもしたように銀座の街を髪を総髪にした羽織袴の剣豪一刀斎が小野善兵衛を家来として奇想天外な事件を神技の剣を使って解決してゆく。銀座という現代の最先端の街で、あたかもドンキホーテのごとき一刀斎主従は銀行強盗をピストルの弾よりも早く仕込杖で切り倒す。かつて主人と自分を騙し落し入れた連中を痛快な剣技で始末をつけてゆく。元銀座に経営していたキャバレーに乗り込み、一刀斎は小野に命じて演説を打たせ、二人を騙した悪漢達を次々に平らげてゆく。キャバレーを騙し取った殿村の投げた陶の鉢を見事豆腐を切る如く一刀斎は両断したが、その片方が一刀斎の頭に落ちるやその瞬間正気に戻って、仕込杖を投げ捨てて立ち去ってしまう。後に残された小野善兵衛はその仕込杖を拾い手にするや身体にいいようのない勇気が湧き出した。小野はひとり銀座の街を仕込杖を持ち勇気凛々と歩き始める。今度は小野が神技に近い剣の腕前を持ち颯爽と立ち去る。

いやはや短編ながら実に巧妙な出色の出来映えの小説である。いかにも伊藤一刀斎の系図を引く家柄であるかのように突然元侯爵に一刀斎が憑依するのである。だから一刀斎が乗り移った元侯爵は暴れ馬をぴたりと止めたり、投げつけられたピーナッツをパクリと一口で受け止めたり、まさに一刀斎そのものである。小野も気弱な男ながら伊藤家の忠実な家令としての勤めをいまでも果している。初めは狂人と思って恐れていたが、一刀斎と名乗る主人が繰り出す数々の剣技を見ているうちに本当の一刀斎の家来のように思えて来る。いずれもこれは伊豆で手に入れた仕込杖の妖剣の魔力によるものとする発想がいい。気の弱い怒ることの出来ない男が一刀斎と歩いているうちに本当の勇気が湧いて来る。ところが一刀斎が正気に戻ると今度は小野が妻君の髪の毛を一刀のもとに切り落とすような尋常ならざる剣技を備える。それと同時に小野は自分が無敵であると信じ込むのがよい。

『柳生十兵衛死す』は平成三年四月一日から翌年三月二十五日まで『毎日新聞』朝刊に連載され、平成四年九月十五日に上下二巻として毎日新聞社から刊行された。近作であるところから初期の荒唐無稽な忍法物は影を潜め、時代小説の完成作といえよう。小説の発端は木津川の上流、山城と大和と伊賀の接点の河原で柳生十兵衛が血塗られた刀身を持ち、脳天から真っぷたつに両断され横死している場面から始まる。上巻の内容は十兵衛が「新陰流」の奥義を極める過程を能楽師の竹阿弥との関わりで語られてゆく。十兵衛を狙う豊臣家の残党、弟子の七郎、後に明正天皇と称される「月の輪の院」という若くて美しい女院への思慕を巡って物語は展開する。上巻は江戸時代慶安二年（一六四九年）とそれを遡ること二百四十二年前の応永十四年（一四〇七年）の二つの時代設定という前後編から成る。二百五十年前にも足利義満に仕える十兵衛が存在し、江戸時代にも存在したという、二人の十兵衛の物語である。江戸時代の十兵衛三厳と足利時代の十兵衛満厳とがそれぞれ柳生家のお家芸将軍剣術指南役として共に「陰流」と「新陰流」の奥義、秘技を工夫考案する物語である。後編は一休禅師の母伊予に思慕する十兵衛が描かれる。手向う敵は後南朝の遺臣、無論小説であるから由比正雪、坊城具教らの悪役も配されている。下巻は応永十五年と慶安三年の二時代設定である。つまり上巻を反対にしたのが下巻である。同種の事件が二百五十年という時空を隔てて存在し、能楽師と兵法家を結ぶ糸が伊賀の服部一族という狂言世界が風太郎らしい設定となっている。上巻は『花鏡』の「離見の見」という能の奥義を巡ってそれぞれの道を極める姿が小説の背骨、後編は『風姿花伝』の一節「秘すれば花なり、秘せずば花なるべからず」という語を廻って世阿弥と十兵衛が秘技を極めようとする姿が骨となっている。

　下巻ではすべて物語を義満とその子義円、それに一休に収斂させてゆく。一休の父は後小松天皇で北朝、母は北畠親房の娘で南朝の臣。竹阿弥の祖世阿弥の父は服部清次、母は楠木正遠の娘。柳生家は鎌倉期に春日大社の社人であった者が南北朝時代に南朝に仕えた柳生播磨守永珍という家系が明かされてゆく。小説のキーワードは「秘せ」という語で、これはいずれもその出自を隠し通せという暗号になっている。この「秘す」を巡って能楽師と兵法家が秘術を編み出すという構想であって、ここに風太郎の「幻妖」がいかんなく発揮されている。世阿弥が父観阿弥から授かった『風姿花伝』、竹阿弥が語った『花鏡』には「本来は存在しないと思っているのは自分達だけで、今生きているように思っているが、未来の人間から見ればもう存在しない過去に生きている」という奥義が書かれている。能楽師は「能は過去の亡霊を呼び出す技」と得心し、応永の満厳は亡霊となって未来に出現し三厳と対決する。二人の十兵衛は姿を隠す術を会得し、それぞれ「陰流」と「新陰流」を工夫樹立する。合せ鏡のように物語は進行し、最後に十兵衛の死因が明らかになる。

山田風太郎は推理小説家として昭和二十四年には探偵作家クラブ賞を受賞した。その後伝奇的時代小説の分野でも活躍し、話題作を次々と発表する。初め忍法ブームの火付け役となったが、その作風は単に忍者の世界を描くということのみにとどまらなかった。東京医大卒業という経歴からも、忍者や芸の世界を描いてその奥に人間の精神の在りようを究明しようとする目が働いている。柳生一族をテーマとして書かれた小説には早くに五味康祐の『柳生武芸帳』（全七巻、新潮社、昭和三十一年八月〜三十四年六月）があるが、『週刊新潮』に三年間に渡って連載されたが、あまりにも膨大に発展した筋書きのため収拾がつかず未完に終わったが、これは後に東宝で映画化された。柳生一族を政治的隠密集団として捉え、組織と人間、政治の非情さ、剣の美学をテーマとしている。これに対して山田の『柳生十兵衛死す』は芸を編み出す執念と人間の不思議さをテーマとしている。つまり人間の魂の変遷と輪廻転生という仏教的概念と芸道の完成という極めて本質的な問題として浮上させたところに山田風太郎の時代小説の完成品として見ることができる。単なる魔界の世界だけを描くだけではなく、風太郎的摩訶不思議の世界を描いて人間的魅力にまで迫ってはいるが、トリックが二つの鏡を合わせたように工夫されているところにいかにも幻妖の作家らしい趣きがただよっている。なお五味康祐はプロ野球、特に巨人軍に深い関心をもち『一刀斎は背番号6』を『小説公園』に書いている。

浅草オペラと江戸川乱歩

江戸川乱歩の職歴を見て実に驚いた。大阪の貿易商社、鳥羽造船所、東京団子坂での古本屋、東京市吏員、支那蕎麦屋、活版職工、東京パック編集長、大阪時事記者、工人倶楽部書記長、化粧品製造業支配人、弁護士手伝い、大阪毎日広告取り、などの職業を転々としている。大正八年に冬の夜流しの支那蕎麦屋をしている時に妻隆子と結婚した。この頃の冬の夜、チャルメラを吹いての屋台引きは短期間ながら楽しかった、と言っている。明治二十七年（一八九四年）

十月に生まれているから、芥川龍之介より三歳年少ということになる。その縁があったものか、乱歩は大正十四年（一九二五年）、三十一歳で上京して森下雨村、宇野浩二を訪問している。七月に処女短編集『心理試験』（春陽堂）を出版した。その年の一月既に乱歩は『新青年』増刊号に『Ｄ坂の殺人事件』を発表していた。この作品は、棒縞の浴衣と格子戸との錯覚トリックを用いた作品で、ここで名探偵明智小五郎が登場するのである。

大正中期から大正十二年（一九二三年）の関東大震災まで、東京の浅草六区では盛んにオペラやミュージカルが上演されるようになり、多くの文人も見物に出かけた。江戸川乱歩も上京するとすぐにここに通い始めた。浅草は東京都台東区東部の地名で、特に旧浅草公園の地域を指している。ここには金竜山浅草寺があり江戸の時代から参詣が絶えなかった。その門前町で、吉原が日本橋から移転した後は、多くの芝居小屋が集中して繁栄した。明治以降浅草公園となり、公園内には興業や露店商が集まり大衆歓楽街として有名になった。この地の芝居小屋には、明治二十五年（一八九二年）沢村座として開場し、翌年に浅草座となり川上音二郎一派の『意外』や『日清戦争』などが上演され、また子供芝居などで賑わった。同三十七年に国華座と改称した。大正中期には大正デモクラシーの自由容認の風を受け、オペラやミュージカルなどが上演されたが、次第に扇情的気分や卑俗さを感じさせる演目になっていった。この芝居見せ物小屋には、乱歩の名作のひとつとなる『人でなしの恋』に登場する「生人形（いきにんぎょう）」も展示された。

松本喜三郎（一八二五年〜九一年）は浅草観音像にちなんで『西国三十三所観音霊験記』という生人形を作った。松本喜三郎は文政八年に熊本に生まれ、その後上方から江戸に移住し、『鎮西八郎嶋廻り』を出陳し、安政六年（一八五九年）には江戸で『唐土二十四孝』を発表した。明治四年（一八七一年）には一世一代名作『西国三十三所観音霊験記』を東京浅草奥山で発表し、大好評を得て四年間の興行をおこなった。「正座をして両手を付いている姿の様子の手の通りの手付き首の曲り具合」と記されていることからわかるように、いかに生きた人間そっくりの空人（うつせみ）であったかが伝わっている。『人でなしの恋』ではこの人形を作ったのは「安政の頃の名人人形師立木（たちき）某と申す人の作」と書かれ、暗に松本喜三郎を思わせる名となっている。「文楽の名人安本亀八の生き人形なぞをご承知でございましたなら私がその時、ただ一個の人形を見て、あのように驚いた心持を、充分お察しくださることができると存じます」と書いている所から乱歩はこの生人形（いきにんぎょう）を見たに違いない。夫はこの生き人形に魅入られたのであった。平成二十年三月、同志社大学ハリス理化学館において、特別展示「平田郷陽と青い目の人形展」が開催され、生き人形の技法を駆使した作品「粧ひ」などが展示された。作者の平田郷陽（二代、一九〇三年〜八一年）は生き人形の流れを汲んだ人間国宝の人形師である。生き人形とは「男女とも活ける人に向ふが如し」（『武江年表』安政二年、東洋文庫）という人形で幕末から明治にかけて人気を博した紅工見世物で、現在も保存している人がいる。（『アジアの孝子物語』「アジア遊学」一一二、勉誠出版、二〇〇八年七月）乱歩はおそらくこの物語を書くに当たっては、浅草見世物小屋に展示された生人形を見たに違いない。

読売新聞社主催の「ミステリー小説講座・読売江戸川乱歩フォーラム二〇〇八」（平成二十年十月二十六日朝刊）で、昭和三十四年ＮＨＫラジオ放送の江戸川乱歩のインタビューを収めたＣＤの音声が流された。そこで乱歩は、「恥ずかしいんだね、書いてるものが。殊に、専門家に会うことは恥ずかしいんですね。だから会合なんかちっとも出なかった。今でもそういう性格はあるんです。書いている時に人が来ると、手で隠す。小学生なんかがよくそうやるでしょう。ああいう性格があるわね。人間には。といって一方、発表したい精神もある。両方の性格がある。だから戦前はいろいろな伝説がうまれて、蔵の中に閉じこもってヌードの人形の肌を撫でながら書いているっていうようなことを言うんだよ。そういうことは全然ないけどね」という部分がある。ここに出て来る「ヌードの人形」が『人でなしの恋』や『人間椅子』のことを指しているのは明白である。乱歩は創作時は土蔵を改良した書斎に閉じ込もりきりであったそうである。

昭和二十三年（一九四八年）浅草オペラ劇場はやがて、浅草ストリップ劇場に押されるようになっていった。「百万弗劇場」と「美人座」がストリップ専門で、「大都劇場」や「ロック座」「常磐座」「公園劇場」などが軽演劇専門でオペラやミュージカルをやっていたが、やがてこれらの劇場でも軽演劇の幕間には、裸の踊りを見せるようになっていった。座長格で喜劇の大スターだった伴淳三郎やキドシン連の影が薄くなってゆき、遂には全裸ストリップの掛け小屋まで現われる勢いであった。浅草は色とりどりのネオンに飾られたストリートが銀座を凌ぐ勢いであった。そこにはかつての廓で吉原があった。そのネオンの店先で着飾った女が、道をそぞろ歩きをした男達に向かって甘い声を張り上げていた。永井荷風も谷崎潤一郎も川端康成もここに通って作品を残している。浅草オペラが盛んであった頃に川端康成は毎日のように通って少年少女の非行を中心として、関東大震災後の浅草風俗を『浅草紅団』として昭和四年から五年にかけて発表した。荷風はこうした女達を『日陰の花』として描いたのであった。乱歩の作品の多くはこの浅草という場所で興業されていた大道芸や奇術の類いから創作ヒントを得ている。太平洋戦争時には隣組防空団長や町会役員などをして浅草近辺を夜回りなどをして、夜と昼との取りちがえがなくなり、人とのつき合いぎらいが社交的になってしまった。

浅草は浅草人形という独特の人形で有名だが、これは明治十年頃に、東京浅草に住む福島親之が奈良の人形師の刀法にならって作りはじめた極彩色の木彫り人形で、乱歩はこれらを特別に珍重した。乱歩は大正十四年に『新青年』に名作『屋根裏の散歩者』と『人間椅子』を発表する。その着想の奇抜さで注目をひき、怪奇な謎と科学的推理による日本の本格推理小説の開拓と完成の基礎を築いたのであった。同年に書いた『赤い部屋』には後年の恐怖と神経と神秘の要素などが既に垣間見えていた。これらは浅草のオペラ座に通い、そこで上演されていたオペラや、ミュージカルから創作のヒントを得ているのである。乱歩の作品は、作品の怪奇妖美性のために同性愛者と思われたり、夜の密室の無気味な作品があるため、人嫌い、放浪者、酒乱といったあらぬ伝説がある。毎年のフォーラムでの録音にも「僕は誕生日なんてやらないですよ。日頃は、けど六十年にいっぺんぐらい誕生日やってもいいだろうということです。僕は乗り気になったんだね」という発言もあったり、「人の集まる雰囲気が好きであったり、本当は嫌いであったり、両方あるんですね。子どもの時から。時期によってどっちかが現れる。戦前は全然人に会わなかった。そういう時は自分でもどうにもならない厭人癖が」という発言が録音されている。

乱歩の作品がナルシズム的であるという評は沢山ある。多くの芸術家にとってナルシズムの存在は、存在そのものを否定すべき根拠はない。しかし乱歩の場合それは強烈なのである。「自分が一番可愛いのだから、自己蒐集こそ最も意味があるのではないか」という言葉に江戸川乱歩の人生観も世界観も集約されるであろう。人は自分が一番可愛いのである。それゆえに乱歩は、自分を愛し見つめ、自分だけの世界に住み、自分だけの夢をひたすら追い続け描き続けたのであろう。そのための浅草通いであり、浅草オペラ、浅草ミュージックをこよなく愛し続けたのではなかろうか、そうに違いない。

初出一覧

序章　文学に見る家庭
八洲学園大学・日本家庭教育学会共同研究『家庭教育学の構想』平成十八年度
二〇〇七年三月一日　八洲学園大学家庭教育課程

第一章　近代文学に見る孝子
「岩亀楼遊女亀遊の死」特集　アジアの孝子物語『アジア遊学』112　p114
二〇〇八年七月三十一日　勉誠出版
「芥川龍之介ふるさとへの思い」『こだまする家族愛』p91　二〇〇九年四月一日　勉誠出版

第二章　放浪と立志そして破滅へ
「藤村と東京」『国文学解釈と観賞』特集　島崎藤村生誕百三十年　第67巻10号　p39
二〇〇二年十月一日　至文堂
「秋立つまで」『国文学解釈と観賞』特集　葛西義蔵・嘉村磯多の世界　第65巻4号　p157
二〇〇〇年四月一日　至文堂
「或る田舎町の魅力」『国文学解釈と観賞』特集　旅と文学　第72巻4号　p80

「山頭火と尾崎放哉」『山頭火徹底追跡』 p88　二〇〇七年四月一日　至文堂
二〇一〇年五月三十一日　勉誠出版

第三章　裸の自分を書く

「佐藤春夫と芥川龍之介」『国文学解釈と観賞』特集　佐藤春夫の世界　第67巻3号　p65
二〇〇二年三月一日　至文堂

「鵠沼——二度目の新世帯の地」『国文学解釈と観賞』別冊　芥川龍之介旅とふるさと　p92
二〇〇二年一月十日　至文堂

「果てしなく闇い道」『芥川龍之介生誕百年記念号』第二号　p228
一九九二年四月十五日　洋々社

第四章　新生日本と新らしい生き方

「石坂洋次郎の文学と家庭」
八洲学園大学・日本家庭教育学会共同研究『家庭教育学の構想』平成十七年度
二〇〇六年三月一日　八洲学園大学家庭教育課程

「石坂洋次郎・石中先生の洋行」
『国文学解釈と観賞』別冊　石坂洋次郎映画と旅とふるさと　p194
二〇〇四年二月一日　至文堂

「伊豆——作品懐胎の地」同右　p168　二〇〇四年二月一日　至文堂

「青い山脈（日活映画）」同右　p168　二〇〇四年二月一日　至文堂

「暁の合唱」『国文学解釈と観賞』特集　石坂洋次郎の世界　第65巻9号　p97
二〇〇〇年九月一日　至文堂

第五章　日本人はどこから来たのか

「紀行——教練服からの出発」『国文学解釈と観賞』別冊　司馬遼太郎の世界　p176
二〇〇二年七月一日　至文堂

「天下大乱を生きる」同右　p283　二〇〇二年七月一日　至文堂

「兜率天の巡礼」同右　p287　二〇〇二年七月一日　至文堂

「街道をゆく」同右　p215　二〇〇二年七月一日　至文堂

「紀行」『司馬遼太郎事典』　二〇〇八年十二月十日　勉誠出版

「教師」同右　二〇〇八年十二月十日　勉誠出版

「詩情」同右　二〇〇八年十二月十日　勉誠出版

「街道をゆく」同右　二〇〇八年十二月十日　勉誠出版

第六章　家族という人の絆

「石川達三の文学と家庭」

八洲学園大学・日本家庭教育学会共同研究『家庭教育学の構想』平成十七年度
二〇〇六年三月一日　八洲学園大学家庭教育課程
「四十八歳の抵抗」『国文学解釈と観賞』特集　石川達三の世界　生誕百年　第70巻4号
二〇〇五年四月一日　至文堂
「湖底の森――その象徴のみごとさ」『現代女性作家読本⑥　高樹のぶ子』
二〇〇六年八月三十日　鼎書房
「藤沢周平の一茶」『国文学解釈と観賞』特集　藤沢周平の世界　第72巻2号
二〇〇七年二月一日　至文堂
「俳句」『藤沢周平事典』
二〇〇八年十二月十日　勉誠出版
「文学碑」同右
二〇〇八年十二月十日　勉誠出版
「東日本大震災と金子みすゞの四つの詩」『金子みすゞ愛と願い』
二〇一二年八月三十一日　勉誠出版

第七章　青春の喪失

「水木しげるの昭和史」『水木しげるの魅力』
二〇〇二年七月十五日　勉誠出版
「島尾敏雄の意中の作家と文学」『検証島尾敏雄の世界』二〇一〇年五月三十一日　勉誠出版
「山田風太郎の文学」『山田風太郎　幻妖のロマン』
二〇〇三年七月二十二日　勉誠出版

「一刀斎と歩く」同右　二〇〇三年七月二十二日　勉誠出版
「柳生十兵衛死す」同右　二〇〇三年七月二十二日　勉誠出版

あとがき

ごく平凡な日本人といえる私も文章というものに興味を持って生きてきた。サラリーマンや商店主、主婦やご隠居などがお書きになられる文章には立派なものを目にする。たとえば新聞の投稿欄の意見や提案、或いは日常生活の時々の思いを述べられた文章に感銘を受けることが度々ある。それは実際に生活する目で物を見、自分の感情の動きを率直に述べられているからであろう。

同様に私も文学作品を語ったり、思いを述べたりしてきた。その中で世にすっかり忘れられた作家もいるが、作品が心に残って忘れられない作がある。中でもいま一度多くの方に読み直して欲しい作家や作品がある。そういう思いで書いた拙文をいとおしく思うようになってきた。それを全く忘れてしまわない中にまとめ記しておきたいと思い、新典社社主岡元学実氏にご相談申し上げたところ快く出版を引き受けて下さった。そして今回も編集部の皆さんには、雑文の構成から完成までご尽力をいただきました。記して深甚の謝意を申し上げます。

秋彼岸すぎ

中田雅敏

中田 雅敏（なかだ まさとし）
1945年埼玉県に生まれる。文芸評論家。俳人。八洲学園大学教授。韓国韓瑞大学客員教授。早稲田大学教育学部国語国文学科卒業。公立高校教頭、1997年目白大学客員教授を経て2003年より現職。日本家庭教育学会会長、日本文芸家協会、俳人協会、日本ペンクラブ、各会員。
主書『俳人芥川龍之介』（近代文芸社、1988年）
『高浜虚子　人と文学』（勉誠出版、2007年）
『漂泊の俳諧師小林一茶』（角川書店、2009年）
『家庭は子どもの教育の原点』（勉誠出版、2011年）
『教育改革のゆくえ―続・家庭は子どもの教育の原点―』
（新典社、2014年）
他多数。
編著『衣・食・住』（俳句創作百科、飯塚書店、1998年）
『随筆　幻の花』（角川書店、2006年）
他多数。

忘れられた作家・忘れられない作品

2016年10月5日　初刷発行

著　者　中田　雅敏
発行者　岡元　学実

発行所　株式会社　新典社

製　作　SHINTENSHA DP
〒101－0051　東京都千代田区神田神保町1－44－11
営業部　03－3233－8051　編集部　03－3233－8052
ＦＡＸ　03－3233－8053　振　替　00170－0－26932

印刷所　惠友印刷㈱　製本所　牧製本印刷㈱

ISBN 978-4-7879-7922-3 C0095
http://www.shintensha.co.jp/　E-Mail:info@shintensha.co.jp